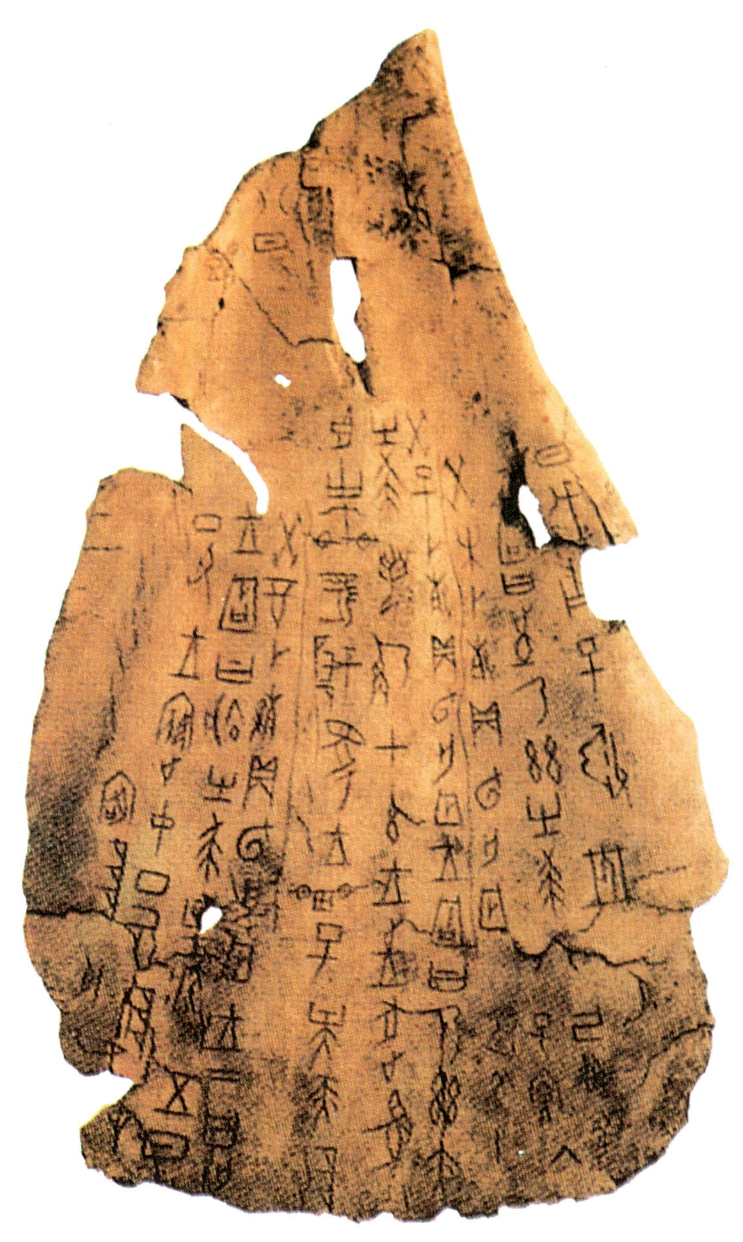

甲骨文　商代　武丁時期

研과 毛筆 研 직경 3.4cm. 毛筆 길이 19.6cm. 1979년 敦煌 출토, 前漢

石板硯 길이 9.0㎝. 1980년 敦煌 출토.
西涼時期 초기 형태의 벼루.

麻紙 1975년 敦煌 출토, 前漢.
중국의 제지기술은 後漢의 蔡倫이 BC
105년에 발명하였다고 알려져 있으나,
이 麻紙는 그보다 앞선다.

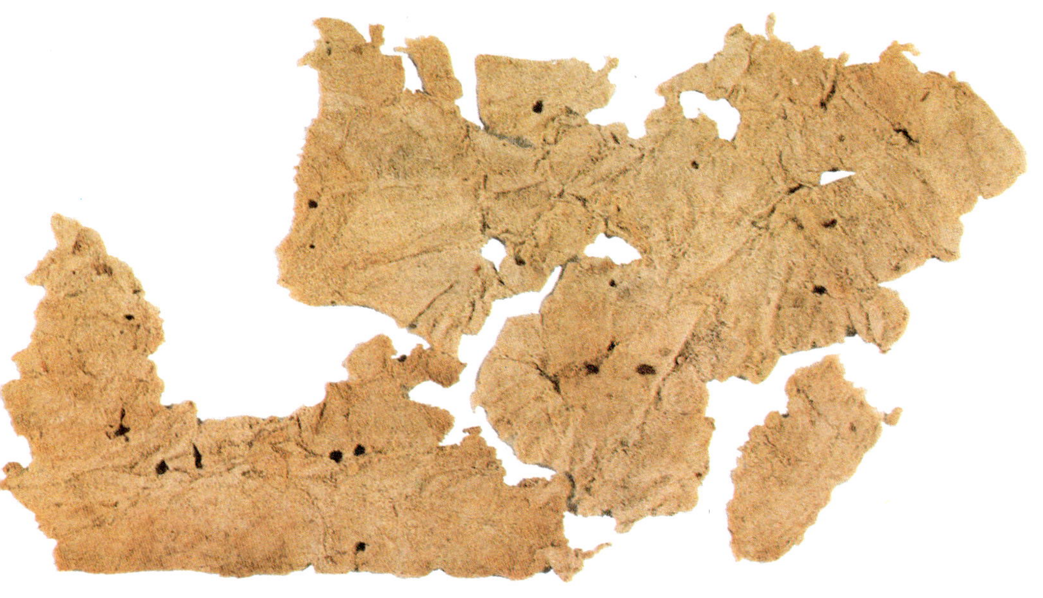

〈中殷父殷〉과 銘文拓本
높이 28.5cm, 周

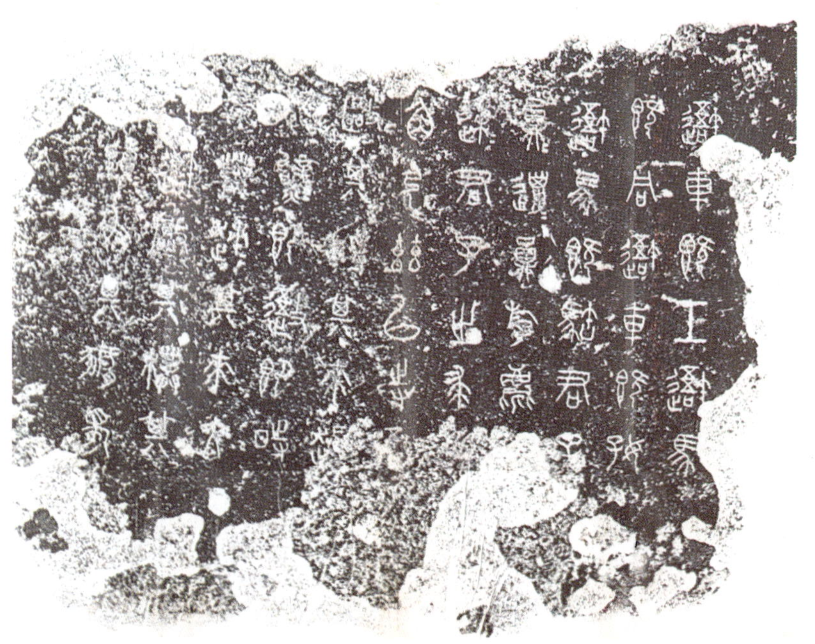

石鼓〈吾車〉와 銘文拓本 높이 60.7cm, 직경 76cm. 戦国初期

〈候史廣德坐罪行罰〉觚簡　길이 82cm. 木. 墨書. 甘肅省 居延 출토. 漢.

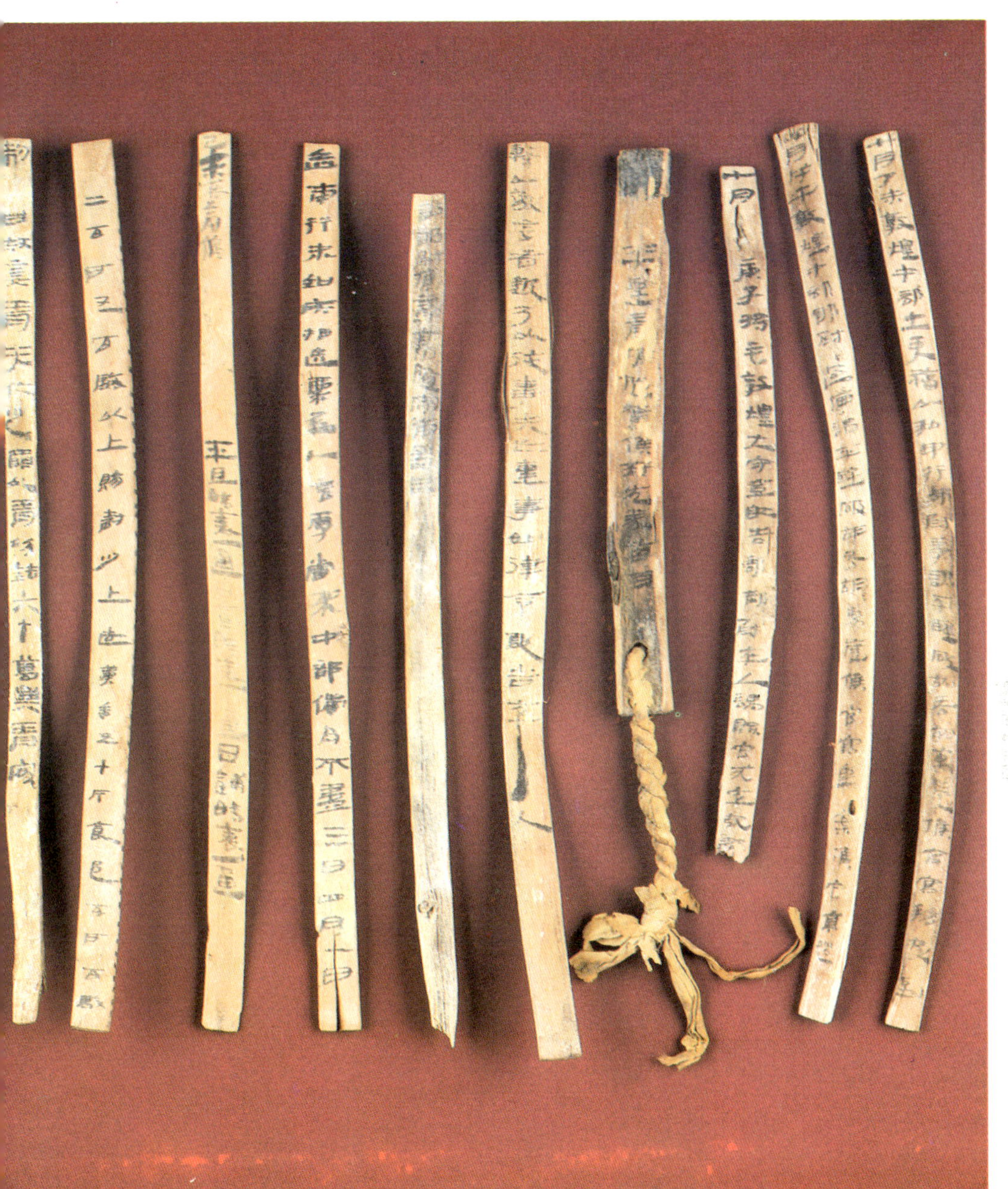

木簡 길이 14.5〜23.5cm. 1981年 敦煌 출토, 前漢.

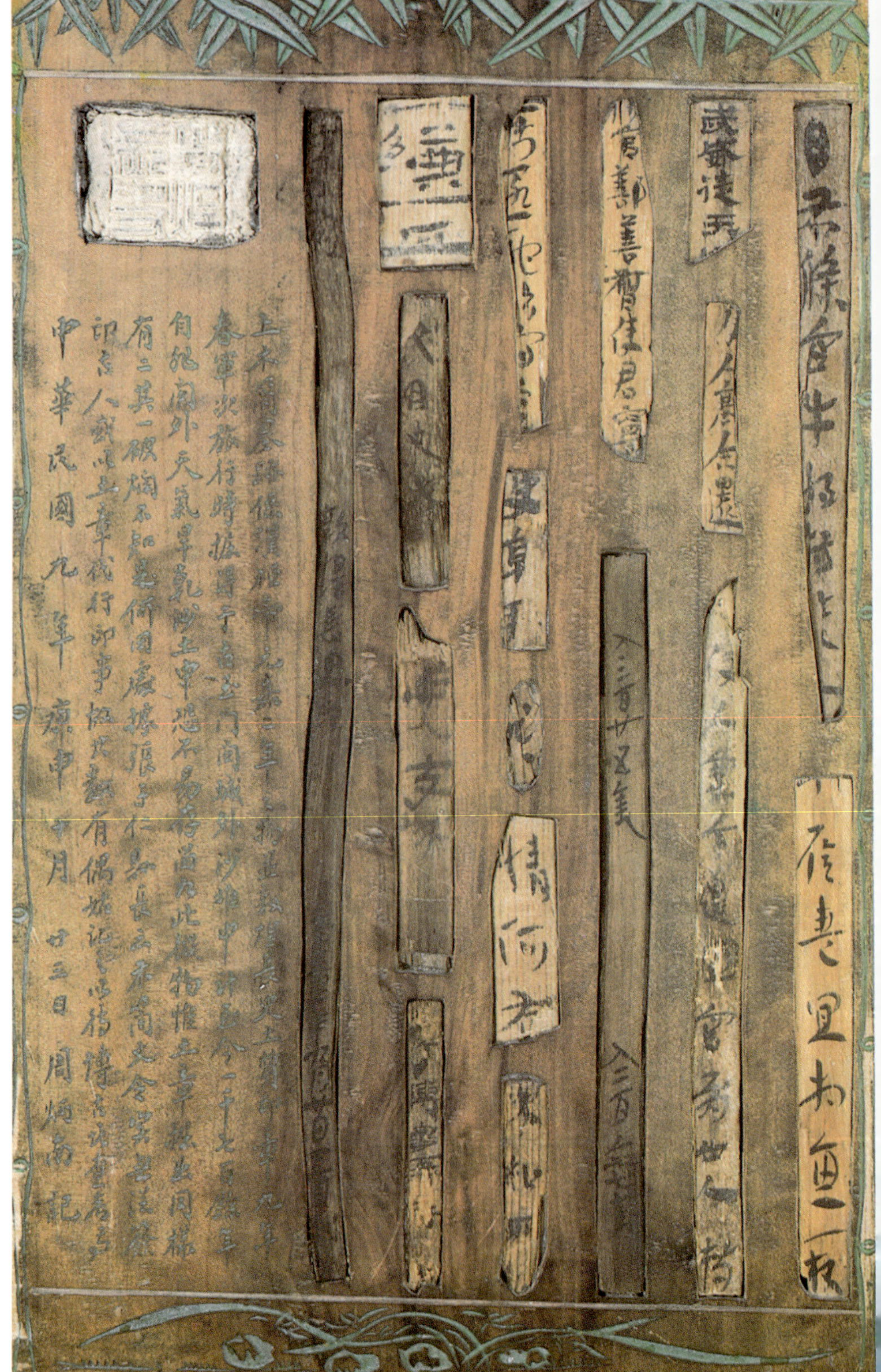

敦煌漢簡

帛書〈戰国縱橫家書〉 높이 24cm, 馬王堆 漢墓 출토

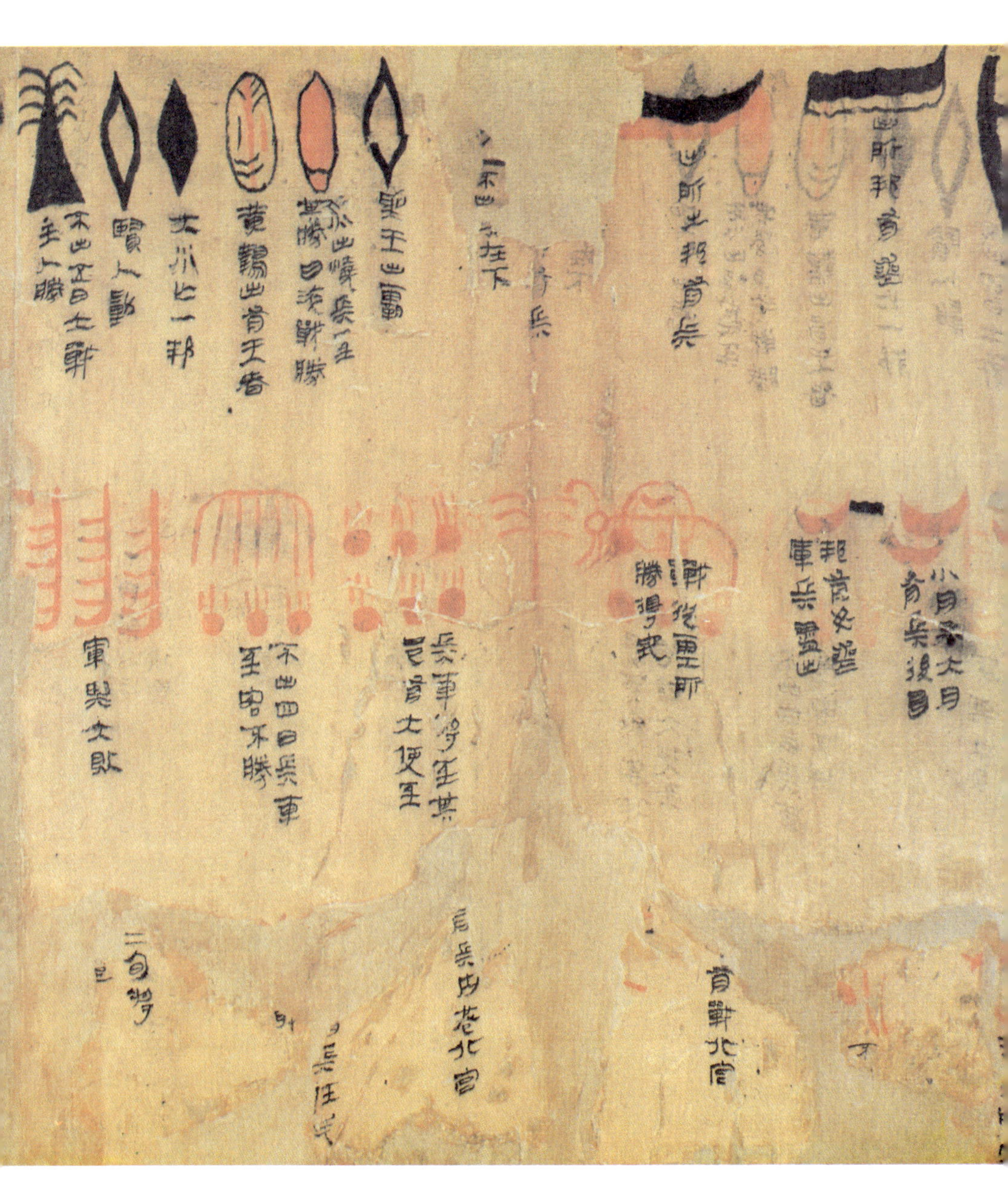

帛書〈天文氣象雜点〉(部分) 길이 150cm. 폭 48cm. 馬王堆 漢墓 출토

帛書〈老子〉乙本　높이 24cm. 馬王堆 漢墓 출토

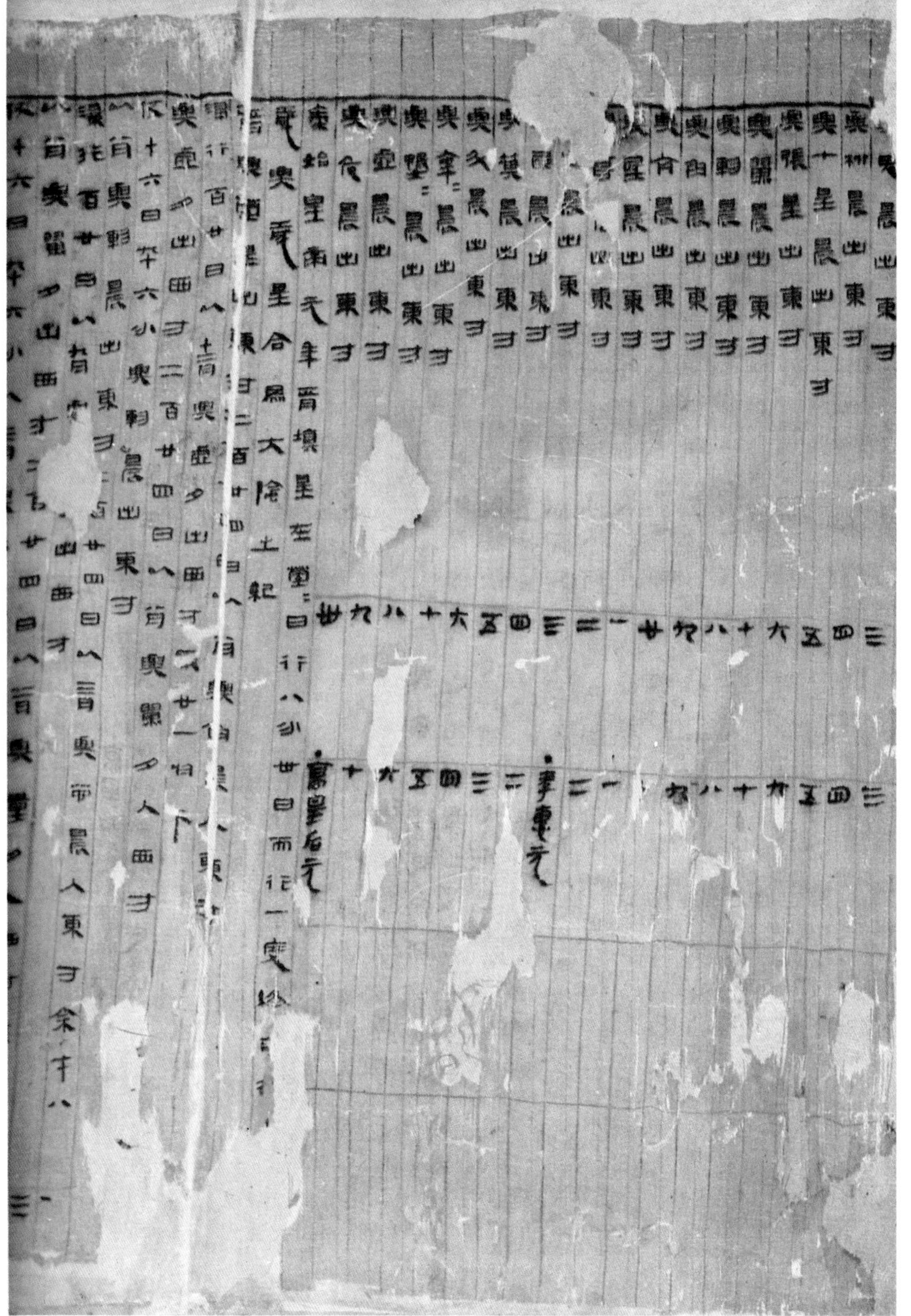

帛書〈五星占〉 높이 48cm, 馬王堆 漢墓 출토

帛書〈五十二病方〉 높이 24cm, 馬王堆 漢墓 출토

醫簡　길이 22.9cm. 馬王堆漢墓 출토

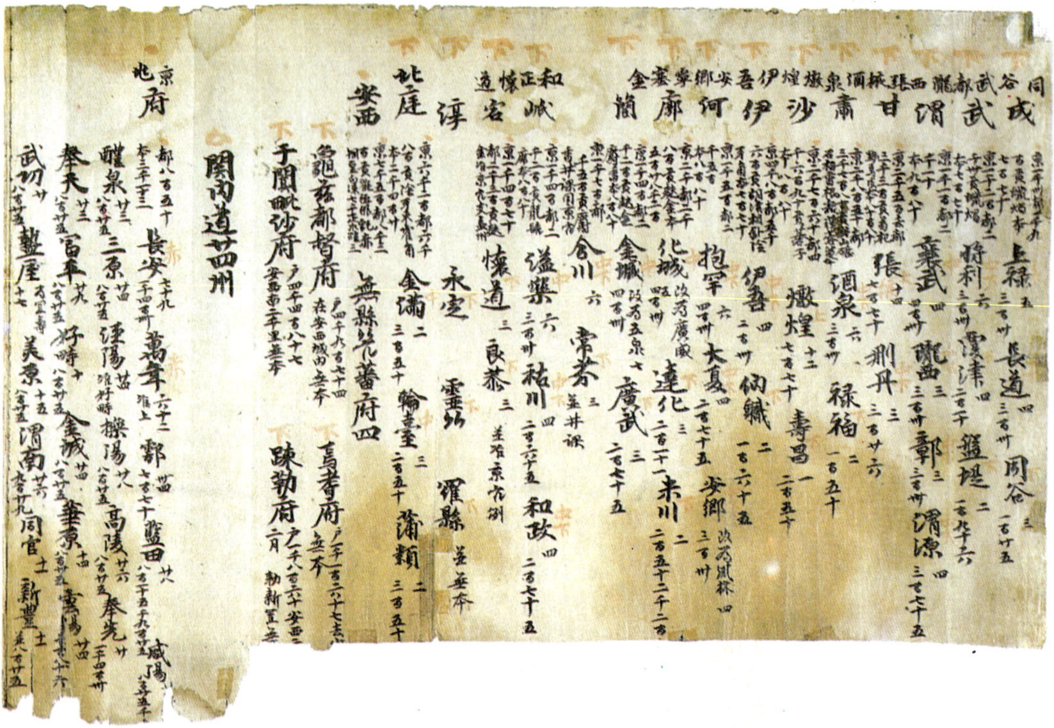

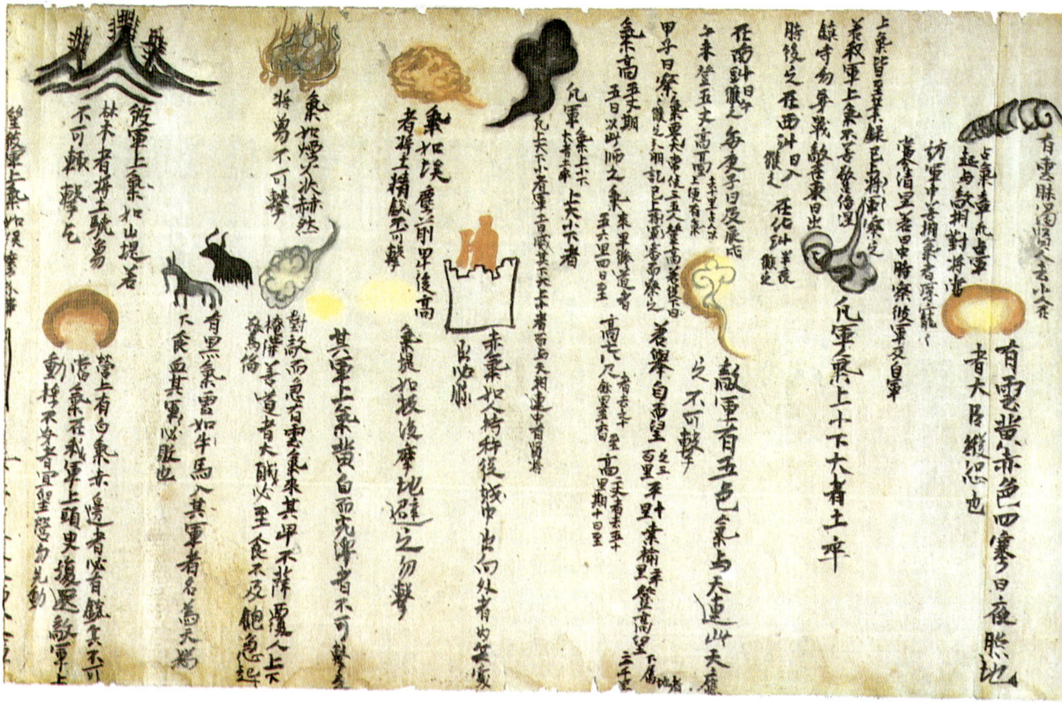

地志(部分, 上)와 点雲気書(部分, 下) 높이 31.0cm. 麻紙. 敦煌 莫高窟 출토 唐

문예신서
11

中國古代書史

錢存訓

金允子 譯

東 文 選

中國古代書史

自序

　　이 책의 원명은 《죽백에 쓰다 書于竹帛 Written on Bamboo and Silk》
로서 인쇄술 발명 이전의 중국의 서적제도와 명문銘文 발전에 대해 종합
적으로 토론한 작품이다. 영문본은 1957년말에 완성되어 1962년 미국
시카고대학 출판사에서 출판됨으로써 《시카고대학 도서관학 연구총서》
가운데 하나가 되었다. 당초 이 책을 쓰게 된 주된 동기는 서적의 역사에
관한 서방의 저작 가운데는 인쇄술이 발명되기 이전의 시기를 다루면서
중국을 언급하고 있는 책이 아주 드물었기 때문이다. 왜냐하면 영어로
씌어진 자료 중에서 참고할 만한 책이 없었으며, 그런 류의 많은 책들이
그 기간을 공백으로 비워두고 있거나 오해를 하고 있었기 때문이다. 이러
한 부족을 보충하기 위해 작자는 그 시기와 관련된 문헌과 실제적인 물증
의 자료를 수집하여 전면적이고 계통적으로 서술함으로써 서방의 학자들
이 세계 도서발전사를 연구할 때 그 방면에 있어 중국문화의 공헌에 대한
이해를 높이고자 하였다.

　　당시 중국학술연구에 관한 서방의 흥미는 아직 보편화되지 않아 전문적
이고도 개별적인 주제를 잡아 연구하는 데까지는 이르지 못했으며, 아울러
이 책의 제재도 비교적 인기가 없었으므로 출판사는 이 책의 독자가 많지
않아 판로가 제한될 것으로 계산하였다. 그러나 뜻밖에도 이 책이 출판되
자 각국의 학자들로부터 한결같은 호평과 추천을 받아 3개월 만에 초판이
매진되고, 연이어 3차례나 중판하게 되었다. 조금 뒤에는 본문 부분이
주영삼周寧森 교수에 의해 중문으로 번역되면서 교열을 부탁받았으나
지지부진하여 완성을 보지 못하였다. 그동안 전한승全漢升 교수의 독촉을
받고 책의 내용 가운데 몇 장章을 뽑아 중문으로 옮겨 《홍콩 중문대학
중국문화연구소 학보》에 선후하여 발표해서 중문독자들의 주목을 받았
다. 1972년 여름에 시카고대학 마태래馬泰來 동학의 도움으로 전면적으로
수정하고 전언前言・도표・부주附注 등을 보충하여 번역하였다. 작자는
아울러 10년내 새로 발견된 자료를 보충하고 호주국립대학의 버나드 Noel

Barnard 교수가 부쳐온 장사長沙 증서繒書 새모본의 사진을 도판에 삽입하여 내용을 증책하고 다시 노정일勞頁一 교수의 심사를 거친 뒤에 후서後序를 써서 보충하였다. 따라서 중문본의 내용은 보다 충실하고 보다 많은 논점이 추가되어 영문본과 똑같지는 않다. 수정과 개편을 마친 뒤에 고故 동작빈童作賓 선생이 갑골문으로 제題한 《중국고대서사中國古代書史》를 책명으로 하여 1975년 홍콩 중문대학 출판사에서 출판하여 국내외의 중문독자들에게 선보이게 된 것이다.

영문본판이 출판되고 오래지 않아 일본의 宇都木章과 澤谷昭次 두 교수의 손으로 일역日譯되었고, 그후에는 竹內信子와 廣瀨洋子 두 분 여사가 합작하여 중문본을 참고로 다시 증정增訂하였는데, 1979년까지 발견된 신자료를 부주附注로 집어넣고 따로이 일문으로 〈참고문언서목〉과 〈사항·서명·인명색인〉을 펴냈다. 또 이를 이어 동경대학의 平岡武夫 교수는 장문의 서문을 써서 한자漢字의 위대함과 중요성을 지적하였는데 매우 심오한 사상을 갖고 있었다. 중문본이 출판된 후에 일문본도 《중국고대서적사 一竹帛に書す》라는 제목으로 동경법정대학 출판사에서 1980년에 출판되었다.

1984년 여름 작자는 다시 고국을 방문할 때, 국내 친우들의 격려를 받아 국내에서 이 책을 간자簡字로 다시 출판하도록 건의하였다. 오래지 않아 북경대학 도서관학과 정여사鄭如斯 교수의 열정적인 도움을 받아 다시 금세기 70년대 이래 새로 발견된 고고자료를 본문과 부주에 보충하고 내용과 도판도 조금 고쳐 다시 증정增訂해서 《인쇄술 발명 전의 중국 책과 문자기록》으로 이름을 바꿔 인쇄공업출판사에서 다시 출판하였으니 참으로 영광스러운 일이다.

작자가 일문본의 서언序言에서 말한 바와 같이, 이 책이 비록 개론성槪論性의 책이기는 하나 선인들이 각기 전문적으로 연구한 성과를 주요한 근거로 삼아 계통적으로 서술하였다. 그러나 그 가운데는 나 개인의 의견도 적지않다. 특별히 지적할 만한 것으로는 대와 나무를 서사에 응용한 차례, 편篇·권卷 명칭의 고증, 백서帛書의 특수용도, 종이의 기원과 《설문》의 「紙」자에 대한 정의定義의 상세한 설명 및 중국문자가 종서縱書로 위에서 아래로 쓰며 오른쪽에서 왼쪽으로 배열하는 순서의 원인 등등에 대하여 모두 해답을 시도해보았다. 그리고 아울러 고대 중국문자기록의 많은 수량·그 연면함과 광범위함 등 중국문화가 창조해낸 다채로운 공헌과 세계문명 속에서 차지하고 있는 특수한 지위에 대해 밝히고 있는 바 독자 여러분의 질정을 바란다.

이 책을 회고해보니 1956년에 시작하여 지금까지 꼭 30년이다. 그동안 계속해서 수정하고 증보하여 오늘까지 이르게 되었는데 처음에는 전혀 생각지 못했던 일이다. 참으로 平岡 교수가 일문본 서문에서 말했던 대로 이 책은 행운의 책이며, 생명을 담고 있는 책이다. 물론 이같은 수확은 각 방면 전문가들과 학자의 협조와 도움, 국내외 친우들의 격려 및 문금文錦과 집안 친지들의 열정어린 지원에 힘입어 이 책의 내용이 진부하지 않고 계속해서 성장할 수 있었다. 삼가 이 기회를 빌어 특별히 감사드리는 바이다.

1986년 6월 시카고대학에서
전존훈錢存訓

증정설명增訂說明

   중국의 고대문명은 역사가 유구하고 생산기술과 과학문화의 수준이 세계의 선두였는데 서적의 발달과정 또한 그러하다. 중국은 매우 일찍 문자를 발명하였고 이로부터 대량의 도서를 창작해냈다. 중국의 문자와 서적은 주위의 민족들에게 영향을 미쳤고 도서의 재료와 제작공예는(종이와 인쇄 같은 것) 전세계에 이바지하였다.

   인쇄술의 발명과 중국의 도서사업에 관해 해외의 학자들이 적지않은 연구를 하였으나 인쇄술 발명 전의 중국 서적사書籍史에 대해서는 계통적인 논술이 대단히 결여되어 있다. 왜냐하면 인쇄술 발명 전의 중국서적은 근 2천 년의 역사가 있으나 문자로 기록된 자료가 너무 광범위한데다 잡다하게 흩어져 있고, 중국적 특색을 갖춘 서적의 형식과 제도의 형성이 변천하는 과정이었기 때문이다. 그런 까닭에 잡다한 자료 가운데서 실마리를 찾아내고 그 발전규율을 밝히고자 생각하여도 해박한 지식과 정밀한 연구방법이 없으면 사실 손을 대기가 쉽지 않다. 전존훈 선생은 이 문제에 대해 깊이있는 연구로써 그 방면의 공백을 메꾸었다. 이 책은 중국 인쇄술 발명 이전의 문자기록과 서적제도를 연구한 전문저작이다.

   전존훈 선생은 미국에서 중국문화사·도서사·판본목록학 등을 가르치고 연구하는 일에 오랫동안 종사하였고, 이와 관련된 많은 논저를 발표하여 중국 고대문화의 발전을 소개하고 서방 학술사상과 교류하는 데 탁월한 공헌을 하였다. 《인쇄술 발명 전의 중국책과 문자기록》 속에서 그는 많은 양의 해외문헌과 고고학적 실물을 함께 참고하여 증명했고 아울러 숫자와 도표를 배합하였다. 먼저 중국 고대전적의 가치와 그 변천하는 사회배경 및 학술요소를 개략적으로 서술하고, 그 뒤에 분야별로 갑골·금문·도기·석각·죽각·목독·겸백 그리고 지권紙卷의 기원과 내용·성질·기재방법·제작형식과 배열·편집의 제도 등을 탐구·토론하였고 사회생산력과 학술사상의 배경적인 측면에서 그들의 발전·변천 및 전후 계승관계를 분석하였다. 책 속에서 또한 중국 특유의 서사도구인 붓·먹·

벼루·서도書刀 등을 전문적으로 소개하여 그들의 연원·응용·제조와 발전에 대해 논술하였다. 책의 자료가 풍부하고 내용이 충실하며 서술이 상세하고 견해가 정밀하여 중국고대서사의 발전 면모를 생동감있고 깊이 있게 독자들의 눈앞에 펼쳐보이고 있으며 중국문화연구에 있어 매우 높은 참고 가치를 지니고 있다.

이 책의 영문본은 처음에 《죽백에 쓰다》라는 이름으로 시카고대학 출판사에서 1962년에 출판되어 해외학자들의 환영과 호평을 받았다. 1975년 홍콩 중문대학에서 중문본으로 《중국고대서사》라고 제목을 바꿔 출판하였는데 내용을 증정하여 1981년에 재판을 내었다. 1980년에는 동경법정대학에서 일문본을 출판하였다. 현재 이 책은 다시 증정되었고 책의 내용을 좀더 명확하게 반영하기 위해 《인쇄술 발명 전의 중국책과 문자기록》으로 제목을 바꾸어 인쇄공업출판사에서 간체로 가로 배열하여 국내 출판을 하게 되었다. 이 책이 국내의 많은 독자들에게 환영받고 아울러 이 분야의 학술연구 발전에 도움이 되기를 바란다.

1979년 전존훈 선생이 귀국 방문할 때, 다행히도 북경대학에서 선생을 만났고 중국서사연구와 관련된 문제에 대해 의견을 교환하였으며 가르침을 받은 적이 있었다. 선생의 이 책은 다년간 중국서사를 가르쳐온 내게 매우 중요한 참고문헌이 되었다. 매번 읽을 때마다 새로운 이해와 수확을 얻게 되었으며 선생의 신중하고 성실한 학문정신과 조국의 고대문화의 성취에 대한 뜨거운 열정에 감동을 받게 되었다.

작년 봄 시카고대학 원동도서관遠東圖書館 관장인 정형문鄭炯文 선생이 북경을 방문하였을 때 이 책을 국내에서 출판코자 한다는 소식을 들었다. 나는 전존훈 선생에 대한 경의와 이 책에 대한 애정에서 출발하여 진홍순陳鴻舜 선생님의 격려하에 위탁을 받아들여 이 책을 증정하는 작업을 담당하였다. 1년간 나는 관련된 문헌을 폭넓게 조사하고, 가르치는 동안 모아둔 자료를 이용하였으며 근 수십년간 발견된 최신의 고고학적 발견을 책 속에 보충하였다. 증정의 전체작업이 전존훈 선생의 지도 아래 금년 5월에 완성되었다. 증정된 자료는 본문에 삽입하기도 했고 부주附注에 넣기도 하였는데 원서의 부주와 조정하여 각 장章의 뒤에 넣었다. 책 속의 일부 단위명사單位名詞와 숫자를 쓰는 격식도 약간의 변동이 있다. 부록에는 원래 있었던 후서 외에 영문·중문·일문의 서평이나 서언을 각 한 편씩 골라넣음으로써, 해외학자들의 이 책에 대한 평가와 의견을 대표하였 다. 중문 서평에는 각 장의 요지를 적어 이 책의 내용에 대한 독자의 이해 를 돕고 있다.

1986년 7월 북경대학 중관원中關園
정여사鄭如斯

中國古代書史 —— 차례

中國古代書史

第一章 —— 서론

1 중국 고대문화의 유산

　인류의 역사는 대부분 문자기록의 유전에 의해 지금까지 보존될 수 있었다. 중국인은 문자기록의 방식과 기술로 세계문화발전사상 특수한 지위를 얻게 되었다. 예를들면 현재 세계에서 통행되는 서적과 도서의 기본적인 특징은 문자를 먹물로 백지 위에 인쇄한다는 것이다. 제작재료와 생산방법의 발전에 있어서 중국의 공헌은 가장 기본적이면서도 가장 중요한 것이라고 말할 수 있다. 종이가 기원전후에 중국에서 발견된 것은 누구나 다 아는 사실이다. 멀리 기원전 7, 8세기에 중국인은 제일 먼저 조판인쇄를 응용하였고, 활자판의 발명 또한 유럽의 구텐베르그 Johann Gutenberg (1397?~1468년?)보다 400년이나 앞섰다.[1] 그을음으로 만든 먹은 중국의 상고시대로 거슬러 올라가 그 근원을 찾을 수 있으며 그 우수한 특질, 뛰어난 광택과 지구성은 지금까지도 일반 서양학자들의 칭송을 받고 있다.[2] 종이와 먹, 그리고 인쇄술의 결합으로 서적은 비로소 대량생산되어 널리 유통되었다.

　인쇄술은 사람들에 의하여 〈문명의 어머니〉라고 공인되어 왔으며, 종이는 바로 인쇄술 발명의 선구가 되었다. 일반적으로 학자들 모두가 고대문화의 갖가지 성취 중에서도 제지술과 인쇄술의 중요성에 비교할 만한 것은 없으며, 이 둘은 현대문명에도 극히 지대한 영향을 주었다고 공인하고 있다. 심지어 현대의 일상생활 중에서도 그밖의 여러 가지 전파매체가 있다고는 하지만, 종이와 인쇄술이 구비하고 있는 기본적인 성질과 영구성을 대체할 만한 것은 없다.[3]

　종이가 발명되기 전에도 중국은 문자기록의 발전사에서 이미 매우 중요한 공헌을 하고 있다. 예를들면 멀리 고대에 세계의 다른 민족이 거의 사용하지 않았던 죽간竹簡과 겸백縑帛 같은 재료는 단지 중국인만이 서사書寫로 사용하였다. 그밖에 수골獸骨 · 청동青銅 · 석판石板 등은 다른 민족들도 사용하고 있었으나 중국에서는 보다 보편적으로 사용되었고 더욱 정교하였다. 중국은 아주 일찍부터 서사의 기본공구로써 모필毛筆을 사용하였다. 모필은 중국문자의 풍격에 영향을 주었을 뿐 아니라, 나아가 서법書法을 창조케 하였다. 마치 회화와 마찬가지로 서법 또한 중국의 걸출한 예술의 하나가 되었다.

중국인은 아주 일찍부터 문자의 기계복제에 힘을 기울였다. 기원전 1천년경에 부각浮刻한 양문陽文의 인장과 글자판의 응용, 그리고 그후에 1백여 자를 조각하여 사용한 대형의 나무도장은 모두 손으로 베끼는 복사본의 추세를 대체하려는 노력을 보여주고 있다. 종이와 먹의 질과 양이 개선되고, 인쇄술이 발명되기 전에는 바늘로 찔러 조각한 지판紙版으로 도안과 그림을 복제하였으며, 종이와 먹을 써서 비문을 탁본하는 기술은 이미 아주 발달되었다. 더욱이 탁본기술은 조판인쇄와 아주 근사하였으므로 문자를 대량으로 복제할 수 있는 가능성을 촉진시켜 주었다.

중국문자기록의 중대한 특징 중의 하나는 바로 독특한 지속성을 구비하고 있다는 데에 있다. 이런 특징은 창조성을 갖추고 있는 상고문화가 계속 연면히 이어져 지금에 이르도록 해주고 있다. 중국문자는 일반문자가 통상 갖추고 있는 소리와 의미 외에도 특수한 형체를 갖추고 있다. 이런 특수한 형체의 문자는 시간상의 변화와 공간상의 제한을 초월하여 중국민족을 단결시켰으며, 세계에서 가장 위대한 문화의 하나를 만들어냈다. 고대세계에서 일찍부터 통행되었던 갖가지 고문자는 모두 이미 차례로 없어져버렸으나 오직 중국문자만이 여전히 통행되고 있으며, 계속 광범하게 사용되고 있다. 3천 년 전에 사용된 일종의 서사부호書寫符號는 비록 수량이 증가되었고 형체도 변화되었다고는 하나, 그 구조적 원칙은 옛과 다름없이 지금도 계속 사용되면서 대중전파와 문화소통의 매개체가 되고 있다.

중국문자의 유구한 역사는 중국인의 이상과 포부를 보존하고 있으며, 역사상의 흥망성쇠를 기록하고 있을 뿐 아니라 대대로 전해온 문화전통을 세상에 장구히 존재하도록 해주고 있다. 이로 인하여 현대생활과 사회상의 허다한 현상은 구두상의 성어成語에서 일반 예절습속과 정교제도政教制度에 이르기까지, 그 근원을 찾아 올라가면 생생한 자취를 엿볼 수 있다. 예를들면 중국문자의 세로쓰기는 지금 현대기술로 인쇄되는 서적에도 사용되며 여전히 조붓한 세로 행간을 쓰거나 행간 사이에 흑선을 치기도 한다. 이에 어떤 사람은 이것이 미관을 증가시킨다고 여기고 있으나, 이런 형식이 고대 간독簡牘(고대의 서사재료로 대 혹은 나무를 길고 조붓하게 깎아 만든 편片이다. 죽편竹片을 간簡이라고 하고 목편木片을 독牘 혹은 찰札이라고 하나 통칭하여 간簡이라고 한다)의 형태에 근원한다는 것은 모르고 있다. 이 유구한 중국의 문화전통이 형성된 주요한 원인은 자고이래로 부단히 고대의 경전을 기본교재로 삼아온 결과이다. 이로 인해 수천수백 년을 두고 사람들은 옛 성현의 저술을 연구하여 단번에 청운에 올라 사회적으로 벼슬과 지위가 높아질 수 있었다.

중국문자는 중국인이 사용하였을 뿐 아니라 동아시아 여러 민족의 공통된 문자였다. 그들은 비록 각기 자기의 언어가 있었다고는 하나, 또한 중국문자를 채용하여 그들 문자의 일부분으로 삼아왔다. 그들과 중국문화가 접촉하면서, 중국문자로 쓰여진 서적이 바로 그 나라에 전하여져 월남 · 조선 · 일본 및 琉球(오키나와의 옛 이름)는 중국문자를 서사와 서적에 응용하였으며 모두 오랜 역사를 지니고 있다. 지금까지 중국의 한자는 여전히 일부 국가에서 그들 문자의 일부분으로 채용하고 있으며 없애버릴 수가 없게 되었다.

중국 고대의 저술은 질과 양을 막론하고 모두 혁혁한 성취를 이루었음이 많은 국제 학자들 사이에서 공인되고 있다. 수많은 중국 고전문학은 세계 제일의 작품으로 인정받고 있으며 중국의 역사문헌은 풍부하고 상세하여 다른 민족의 기록과 비할 수 없다. 기원전 722년에서 지금에 이르기까지 편년체編年體 기록이 어느 한해라도 빠져본 적이 없다. 수량으로 말하면, 중국 《십삼경十三經》의 본문 글자수는 같은 성질로 동시대(약 기원전 10세기에서 3세기)에 나온 《구약성경》의 몇 배나 된다. 중국 서적의 양은 15세기말까지 세계 각국 서적의 총수보다 훨씬 많았다.[4] 수많은 중국 총서와 유서類書의 권질 또한 다른 문자로 기록된 저작과 비견될 수 있는 것이 드물었다. 기원전 1세기경에 서적의 종류가 증가하게 되자, 상세한 분류제도가 생기게 되었는데 갖가지 성질의 서적을 7대류와 약간의 세목으로 귀납하였다. 서기 3세기에 제정된 4부분류법이 5세기에 경經 · 사史 · 자子 · 집集의 4대류로 정형화되어 중국 목록학자들이 1500여 년을 연용하였고, 지금도 여전히 고전의 목록을 편제하는 데 사용하고 있다. 프랑스의 베이컨 Francis Bacon(1561~1626년)이 인류의 지식을 역사 · 시가 · 철학의 삼분법으로 귀납하여 현재 서양의 각종 분류법의 초석이 되고 있는데, 경부經部를 제외하면 중국의 목록분류 성질과 완전히 같다. 베이컨은 철학 아래에 다시 신학·자연·인문의 3항목으로 나누고 있다. 이것은 중국에서 지식을 천·지·인으로 나누는 사상과 아주 흡사하다. 이러한 관점은 비록 우연히 맞았을 수도 있겠으나, 베이컨이 중국문화를 흠모하고 있었기 때문에 중국의 분류사상이나 방법의 영향을 받았을 수도 있다.[5]

중국 고대전적典籍은 질과 양의 발전에 있어서 고대 중국의 문화전파와 학술연구상의 성취를 드러내보이고 있으며, 이것은 여전히 중국문화의 초석이 되고 있다. 그러므로 중국문화의 기원과 발전을 이해하려면, 바로 이러한 고대문자로 기록된 유산 속에서 찾아볼 수 있다. 바꾸어 말하면 중국 고대전적의 제작·보존·전파와 산일散佚을 이해하려면 반드시 당시 사회와 경제, 그리고 문화발전의 배경 속에서 연구해야 할 필요가 있다.

2 정복문자貞卜文字

중국 고대문자는 사람과 사람 사이를 소통시켜 주었을 뿐 아니라 또한 사람과 귀신을 통하게 하는 매개체였다. 전자를 횡적인 소통이라고 한다면, 후자는 수직적인 소통이라고 말할 수 있다. 중국문자의 발전 초기에는 후자의 분량이 전자보다 훨씬 많았다. 고대 갑골문자는 은나라 사람들이 점치고 제사할 때의 기록이다. 은대殷代는 고도의 문명을 갖춘 농업사회였다. 종교신앙은 은나라 사람들의 생활 중 중요한 일환이었으며 천天·지地·귀鬼·신神은 모두 사람들이 경배하는 대상이었다. 더욱이 조상의 보우와 징조는 특히 그 자손들이 기구하던 바였다. 그들은 사치스런 장례의식, 풍부한 순장 및 끊임없는 제사야말로 조상의 환심을 살 수 있어서 더욱더 많은 비호를 받을 수 있다고 여겼다.

은나라 사람은 문자기록을 응용하여 여러 가지 서로 다른 상황에서 사람과 귀신 사이를 연결해주는 교량으로 삼았다. 제사시에 문자를 사용하여 귀신에게 삼가 바치는 제물을 향유하시라고 고한다. 기도할 때도 문자를 써서 원망願望을 표현한다. 이것은 서양문화 중의 기도나 묵도와는 확실히 다르다. 점을 칠 때에 점치는 사람(貞人)은 점으로 알고 싶은 일을 귀갑龜甲이나 우골牛骨 위에 새기고, 때로는 예언이 딱 들어맞았던 일과 점친 사건 뒤의 일을 계속 새겨놓았다. 이로 인해 당시 은나라 사람의 점과 생활기록이 아직까지 보존될 수 있었다. 주周나라가 은을 계승한 뒤에도 귀갑은 여전히 계속 점복占卜에 사용되었으나, 복사卜辭는 따로이 죽백竹帛에 기록되어 귀갑 위에 매달았다. 시초蓍草 또한 점복에 쓰였으며, 그 말은 《역경易經》에도 나타나 있다.

주대周代에 남겨져 내려온 명문銘文은 대부분 청동기 위에 보존되어 있다. 이러한 명문 중에는 항상 제사를 받는 선조와 동기銅器를 만든 사람의 이름이 있다. 그들이 기구한 것은 조상의 보살핌으로 자손이 번창하고 길이 즐거우며 건강하길 바라는 것이었다. 명문을 견고한 금석에 새긴 이유는 다른 재료는 부식되어 영구히 존재할 수 없으므로 자손을 길이 보우하지 못할까 심히 두려웠기 때문이다. 《묵자墨子》에 이르기를 『또 후세 자손이 알지 못할까 두려워 죽백에 기록하여 후세 자손에게 남겨 전하게 했다. 혹 좀이 슬고 다 없어져 후세 자손들이 기억하지 못할까 두려웠으므로 소반과 사발에 아로새기고, 금석에 조각하여 이를 중히 여겼다. 又恐後世子孫不能知也, 故書之竹帛, 傳遺後世子孫; 或恐其腐蠹絶滅, 後世子孫不得而記, 故琢之盤盂, 鏤之金石以重之』[6] 하였다.

신명에 고하여 비는 축도의 문자도 때로 석비石碑와 옥판玉版 위에 새겨졌다. 기원전 4세기의 《저초문詛楚文》은 바로 석각石刻된 제문으로 제사를 받든 삼하수신三河水神의 저주이다. 대와 나무로 된 간책은 본래 사람과 사람 사이의 문자소통의 공구였으나, 때로는 제사시의 용품이 되기도 했다. 갑골문 중에 당시 서적을 〈책册〉이라 한 것은 죽간이 얽어매어진 것을 상징한다. 그것에 〈시示〉방旁을 더하면 바로 제사를 지낸다는 의미를 갖는다. 갑골문 중에 있는 〈공전工典〉이란 단어는 신주 앞에 책을 받들어 올리고 제사를 거행한다는 사실을 가리킨다. 봉건제후 사이의 맹약은 통상 신령 앞에 제사를 받들어올리고 보증으로 삼는다. 맹약은 으레 3부를 만들고, 맹약을 어기는 사람에게는 죽음을 내려달라는 문구를 싣는다. 그 중의 1부는 맹약의 땅에 파묻어 신령 앞에 바친다.

겸백은 간책과 마찬가지로 원래 서사공구였다. 그러나 선진제자서 중에도 백서가 귀신에 제사 지내는 데 사용되었다고 기술되어 있다. 기원을 전후하여 종이가 발명되자 오래되지 않아서 장례의식 중에 염가로 쓸 수 있는 대체품이 되었다. 귀신을 위하여 가짜 종이돈(冥寶紙幣)을 태우는 풍속은 지금까지도 성행하고 있다. 고인들은 귀신이 모두 글을 알고 있다고 여겼으므로 제사중에 문자로써 입으로 비는 말을 대신했다. 문자를 응용하여 사람과 귀신을 통해주는 습속이 광범하게 성행된 것 또한 고대에 문자기록의 수량을 증가하게 만든 주요원인 중의 하나이다.

3 관서官書와 당안檔案

주대周代 봉건제도의 발전은 왕실과 제후로 하여금 대량의 공문을 사용하고, 당안제도檔案制度(뒤에 참조하고 사용할 가치가 있는 문서자료를 모아 놓은 제도로 중국에서는 하夏·상商 때부터 당안이 있었다. 고대에는 갑골·목독木牘·죽간·겸백·금석 등의 당안이 있었다)를 만들게 하였다. 이 시기 중에는 천자·제후·백성 및 정부 각 부문 사이를 연결해야 할 필요성 때문에 문서의 수량이 대대적으로 증가되었다. 또한 춘추시대 제후 사이의 관계에는 법정문서의 중요성이 더욱 증가되었다. 예절이 정치와 사회상의 지위를 차지하게 되어 의례와 사서의 가치 또한 증가되었다. 심지어 일상생활의 세절細節 또한 문자기록에 실리게 되었다.
　천자와 제후, 그리고 제후 사이의 계약관계는 반드시 명문으로 기재되어야 비로소 효력을 갖출 수 있었다. 제후로 분봉되면 모두 식읍食邑·노예·재산·서적과 사관史官을 하사받았다. 제후는 천자의 신하로 공물을 바치고 충간을 하며 군사상으로 지원할 책임을 져야 한다. 만일 제후가 독직을 하면 제재를 받았다.《좌전左傳》에『옛날에 무왕이 상나라를 이기고, 성왕이 이를 안정시켜 덕있는 사람을 가려 등용하시어 주나라의 울로 삼으셨다…… 땅을 나누어 주시고, 태축太祝·종인宗人·태복太卜·태사太史와 서사용의 죽간, 그리고 백관百官과 늘 쓰이는 기물까지 갖춰주시었다. 昔武王克商, 成王定之, 選建明德, 以藩屛周…… 分之土田陪敦, 祝宗卜史, 備物典策, 官司彛器』고 실려있다. 이로써 전적典籍의 기록과 전적을 관장하는 사관史官도 하사품의 일종이었음을 알 수 있다. 제후의 회맹會盟과 의결 또한 문자로 기록되었다. 만일 논쟁이 있으면 이를 맹부盟府에 고소하였다. 기원전 634년『제나라 효공孝公이 노나라를 칠 때 제후가 「노나라 사람들이 두려워하느냐?」 묻자, 대답하기를 「소인은 두려워하나 군자는 그렇지 않습니다…… 옛날에 주공周公·태공太公은 주나라 왕실의 고굉지신으로 성왕을 양쪽에서 보필하니, 성왕이 그들의 수고로움을 보고 맹세하기를 〈자손대대로 서로 해하지 말라〉고 하였습니다. 이 맹세의 글을 맹부에 간직하였으며, 태사가 이를 관장하였습니다」 하였다. 齊孝公侵魯, 齊侯曰, 魯人恐乎？ 對曰 : 小人恐矣, 君子則否, …… 昔周公·太公, 股肱周室, 夾輔成王, 成王勞之, 而賜之盟, 曰 : 世世子孫, 無相害也. 載在盟府, 太師職之』[7]

이른바 맹부란 바로 당시 외교문서를 보관하는 곳이다. 이런 기록과 맹약들이 때로는 동기 위에 새겨져 영구히 보존되기도 했다. 예를들면 기원전 9세기의 한 동반銅盤에는 양국의 변경에 흩어져 있는 350자의 맹약을 자세히 조사하여 새겨놓았다. 그밖의 수많은 금문金文 또한 모두 이런 법률적인 기록들이다.

제후 사이의 빈번한 왕래로 무수한 외교문서가 생기게 되었다. 기원전 722년에서 703년까지 20여 년간의 《좌전》의 기록에 의하면, 50차례의 회맹, 40회의 전쟁, 35회의 조근朝覲과 출사出使, 16회의 맹약이 있었고, 그밖에도 아주 많은 왕래 기록이 남아있다. 이 모두가 당시의 갖가지 역사적 사실의 기록이다.

제후와 조정 중의 공독公牘으로 정벌·위임·표창·초빙 등도 매우 많은 수를 차지하고 있다. 전쟁시에 병사에게 내린 명령 또한 간책에 기록되어 있다. 전적과 포로는 죽백에 기록해놓았을 뿐 아니라 다시 반우盤盂에 아로새기고, 석비에 새겨놓아 영구히 기념으로 삼았다. 신하가 천자를 뵐 때는 홀笏에다 기록했다. 고대의 홀은 옥·상아 혹은 대나무로 만들었으며, 천자를 뵐 때는 요대 사이에 꽂았다. 조정의 책명문서는 통상 간책에 쓰여졌다. 고대에 유전되어 내려오는 서적 중에는 이런 갖가지 활동의 기록이 완전하게 보존되어 있다. 심지어 번잡한 작은 일들까지 허다히 남아있어 주공이 그 형제에게 한 요구마저도 기재되어 있는 것을 볼 수 있다. 이에 한 서양학자는『이런 청구請求도 기재되어 있다니, 실로 불가사의한 일이다… … 우리는 주나라 사람들이 쓰기를 좋아한다고 말하지 않을 수 없다』[8] 하였다.

4 사관의 직권

고대의 지식계층은 대다수가 귀족이었으며, 모든 서적 또한 그들이 쓰고 사용하였으며 보관했다. 이런 사대부계층이 전인구의 얼마를 점유하고 있었는지는 지금 자세히 살펴볼 수는 없으나, 당시의 모든 귀족은 반드시 먼저 읽고 쓸 수 있는 훈련을 받아야 했으므로 그 수가 적지않았으리라고 생각된다. 귀족의 자제를 교육하는 것은 정부기구에 봉사할 인재를 양성하기 위함이었다.《논어論語》에서의『배우고 남은 힘이 있으면 벼슬을 할 것이다 學而優則仕』는 말은 교육과 행정관계를 설명해준다. 교재는 사射·어御 등의 과목을 제외한 대부분이 고대의 전적이다.《국어國語》중에는 기원전 600년경에 초楚나라 태자 잠箴(楚恭王)이 익힌 과목으로《춘추春秋》《세世》《시詩》《예禮》《악樂》《령令》《어語》《고지故志》《훈전訓典》등의 고대전적이 기재되어 있다. 교육을 마친 뒤에 학생은 바로 정부에 들어가 벼슬을 할 수 있었다.

문자기록과 관계있는 사관을 통칭하여 〈사史〉라 한다. 자는 오른손으로 물건을 잡은 모양을 상징하며 갑골문과 금문에 자주 보인다. 이 오른손으로 잡은 물건에 대해서는 서로 다른 해석이 아주 많다.[9] 혹은 간책이라고도 하고, 혹은 책을 담는 기물이라고도 한다. 그러나 대다수의 학자는 모두 이 물건이 반드시 문자기록과 관련이 있다는 데에 동의하고 있다. 왕국유王國維는 〈사〉가 전문적으로 보관하고 연구하며 글을 쓰는 관리라고 말한다. 금문과 고적 중에 〈사〉의 의미는 각종 문자기록과 관련된 관리를 가리키고 있는 것 같다. 〈태사太史〉는 고급 문안을 관장하는 사람이며, 그의 지위는 일반 대신의 지위에 상당한다. 일반적인 〈사〉는 우리가 서기라고 부를 수 있으며, 그들은 정부의 각 기구에서 기록을 하고 글을 짓거나 문서를 보관하는 일들을 맡았다. 사관의 또 다른 명칭은 〈작책作

册〉이었다. 그들은 제후에 고용되어 책명을 초안하고 기록하는 책임을 맡았다.

사관이나 서기의 주요한 일은 대개 궁중의 중요한 사건, 즉 천자·제후의 언행과 정부 각 기구의 갖가지 활동을 기록하는 것이다. 수많은 금문과 고적 중에 항상 『왕께서 말씀하시되 王若曰……』라는 문구가 보이는데 이는 바로 이 문서들이 왕 스스로 쓴 것이 아니라 사관이 명을 받들어 썼음을 말해준다. 바꾸어 말하면 〈사〉는 일종의 전문적인 훈련을 받고 저술·초록·열독閱讀 및 관서와 당안의 보관 등에 전문적으로 종사하는 사람이다.

사관의 직위는 세습되었다. 이 직책을 세습하는 가족은 통상 서적이나 기록의 보관 등과 서로 관련된 성씨와 이름을 갖는다. 역사와 현대의 아주 많은 성씨에서 간簡·적籍·사史·동董 등은 모두 이런 직업과 관련이 있다. 《좌전》에는 기원전 526년 진晋나라에 한 사관의 후인으로 적담籍談이라 불리는 사람이 있었는데, 자기 집의 역사를 알지 못하여 조롱을 당한 일이 실려있다. 주周 경왕景王이 이르기를 『「예전에 너의 고조이신 손백염이 진의 전적을 맡아 관리하여 나라의 정치를 하였으므로 적씨라 하였다. 후에 다행히 아들이 또 진의 역사를 관리하게 되자, 이에 진에서 역사를 알게 되었다. 너는 전적을 관리하는 후인으로 어찌 이를 잊어버린단 말이냐.」 이에 적담이 대답을 하지 못했다. 손님이 나가기를 기다려 왕이 말하기를 「적담은 아마 후인을 두지 못할 것이다. 여러 번 전고典故를 말하면서도 그의 조업祖業을 잃어버렸다」 하였다. 且昔而高祖孫伯黶司晉之典籍, 以爲大政, 故曰籍氏. 及幸有之二子董之, 晉于是乎有董史, 女, 司典之後也, 何故忘之? 籍談不能對. 賓出, 王曰 : 籍父其無後乎? 數典而忘其祖』[10]

이는 그가 바로 선조의 성씨는 이어받았으나 집안에 전해지는 일을 이어받지 못했음을 말해주고 있다.

고대정부 중에 사관의 지위는 매우 중요했다. 왜냐하면 그들이 정부의 문서보관을 관장하는 권위를 지녔기 때문이다. 사관은 바로 문건文件을 기초하는 사람이었으며 이런 문서는 통치자와 봉건제후와의 관계된 일이 대부분이었다. 따라서 문장 중에 중상적인 언론이 없도록 하기 위하여 가장 신임하는 사람에게 사관을 맡겼을 뿐 아니라, 그들을 각 제후의 나라에 파견하여 갖가지 전적을 관장하고 천자에게 정보를 보내도록 하였다. 앞에서 이미 주나라가 은을 이긴 후, 태공을 제후로 봉하면서 많은 상을 내렸는데 그 중에 전적과 사관이 있었다는 《좌전》의 기록을 언급하였다.

일국의 전적의 이동과 사관이 다른 나라로 도주하는 일 등은 정부기록의 중요성을 설명해주고 있다. 《좌전》에 기원전 517년 진晉나라 군대가 동주東周의 왕자를 쫓아가자, 이에 왕자 조朝와 그의 심복이 『주나라의 전적을 가지고 초나라로 달아났다 奉周之典籍以奔楚』[11]고 기재되어 있다. 태사공太史公 사마천司馬遷도 그의 선조가 일찍이 주나라 왕실의 전적을 세습하여 관장하다가 기원전 7세기 중엽에 『사마씨가 주를 떠나 진으로 갔다 司馬氏去周適晋』[12]고 말했다.

또 다른 하나의 사실史實은 국가 전적의 중요성을 설명할 뿐 아니라 기록보관자의 권력을 증명해주고 있다. 그들은 때로 기록문서를 가지고 도망칠 수 있었다. 《여씨춘추呂氏春秋》에 『하나라의 태사령 종고가 지도와 서적을 울면서 들고 나와 …… 상나라로 도망쳤다. ……은나라의 내사 향지는 주가 갈수록 문란하고 미혹해지자, 이에 지도와 서적을 싣고 주나라로 달아났다. 夏太史令終古出其圖法而泣之, …… 乃出奔如商. ……殷內史向摯, 見紂之愈亂迷惑也, 于是載其圖法, 出亡之周』[13]

모든 역사의 기록은 전부 사관을 두둔하고 통치자를 질책했다. 이런 도망은 대개 정보를 팔아넘긴다. 특히 왕조가 교체하거나 조정의 기강이 쇠미할 때, 이러한 전적은 통치자의 권력이나 위치를 쟁탈하는 데 그 중요성이 더욱더 두드러지게 나타났으며, 때로는 구 조정의 쇠약과 전복을 촉진시키기도 했다.

5 개인의 저술과 장서

기원전 5세기말은 중국역사상 하나의 신기원이 시작되었다. 정치·사회·경제상에 모두 중대한 변화가 생겼으니 이것이 바로 전국시대戰國時代이다. 토지제도와 기타 갖가지 개혁 때문에 봉건제도는 점차 해체되고, 평민도 교육을 받고 정부에 들어가 일하기 시작했다. 이 시대는 중국교육

보급의 선구였다고 할 수 있다.

사회경제제도의 변화와 교육의 보급은 지식의 광범위한 보급을 촉진시켰다. 이 시기중에 각종 철학이론과 과학사상이 흥기하여, 이후 2천 년간 중국전통사상의 주류를 형성했다. 후대의 사가史家는 각종 사상의 특성에 근거하여 이런 학설들을 유儒·도道·음양陰陽·법法·명名·묵墨·종횡縱橫·잡가雜家와 농가農家로 나눈다. 이렇게 서로 다른 학파는 대개 모두 주조周朝의 왕관王官에 기원하고 있다. 비록 현대학자들 중에는 이러한 견해에 회의적인 사람도 있으나, 어쨌든 민간학자들의 철학·과학 및 문학상의 흥기는 바로 지식이 귀족의 전유물에서 평민에게 보급되었음을 설명해주고 있다.

일반적으로 전국 이전의 저술은 대부분 모두 관청의 문서나 혹은 저술인의 이름을 밝히지 않은 집체저작이라고 여겨진다. 현존하는 선진先秦 사료와 제자諸子의 저술 중 전국 이전의 개인 저작에 관한 자료는 극소수이다. 이 시기중에는 저작의 관념이 아직 형성되지 않았다. 어느 사람의 이름을 사용하여 서명書名을 삼은 책도 완전히 어느 한 개인의 저작이 아니다. 그의 문인이 그의 언론을 기술하였거나 어느 한 학파의 학자가 그 학파 중에서 가장 권위있는 사람의 이름을 사용하여 책의 제목으로 하였다. 지금까지 전해오는 선진의 저작은 모두 얼마간 한대漢代 학자들의 산정刪定을 거친 것으로 우리가 어느 한 책 중에서 어느 부분은 원저이고 어느 부분은 후인이 첨가했는지를 확정한다는 것은 아주 곤란하다.

제후 사이의 권력 다툼은 그들로 하여금 서로 다투어 저명한 문인과 정객·군사가를 초빙해와 그들을 위해 계략을 세우게 하였다. 이러한 양사養士와 식객食客의 공작은 바로 독서·토론·기술 및 모략의 확정이다. 전하는 말에 의하면, 여불위呂不韋는 함양咸陽에서 식객 3천 명을 모아놓고 그들에게 각자 보고 들은 것을 써내게 하여 각 가의 학설을 포괄한 20만 자의 《여씨춘추呂氏春秋》를 편성하였다. 이 책이 완성된 후에 국도의 성문 위에 진열해놓고 한 자라도 보태거나 줄일 수 있는 사람에게 천금을 준다는 현상을 걸었다. 이 이야기는 그때 이미 이렇게 완전무결하고 계통적인 장편의 거저巨著가 있을 수 있었던 것은 그 당시에 책을 읽고 쓸 수 있는 사람이 많았다는 것을 말해준다.

전국시대의 학자들은 자기가 평소에 가르치고 써왔던 장서를 가지고 다니는 것이 아주 흔한 일이었다.《묵자墨子》에『지금 천하의 선비와 군자의 책이 헤아릴 수 없다 今天下之士君子之書, 不可勝載』고 했다. 그들은 열국을 주유하면서도 서적을 휴대하고 다니면서 중도에서 응용하였다. 기원전 4세기에 궤변학자 혜시惠施는『다방면으로 일을 함에 그 책이 다섯 수레이다 行事多方, 其書五車』했다. 종횡가 소진蘇秦은 진혜왕秦惠王에게 6국을 분열시키라는 유세가 실패로 돌아간 뒤, 그의 장서를 샅샅이 뒤져 마침내《태공음부지모太公陰符之謀》라는 병서 한 권을 찾아내었다. 이 책을 정밀하게 연구한 후에 6국이 합종하여 함께 강한 진나라에 대항하도록 설복하였다. 바로 고대 희랍과 마찬가지로 중국 도서관의 발전과정 중에도 개인의 장서는 관의 문서기록 창고가 건립된 뒤였고, 정부에서 중앙관제의 장서를 설립하기 전이었다.

6 분서焚書사건

기원전 221년 진이 6국을 합병하여 통일된 제국을 건립하자 봉건시대(진나라 이전의 군주가 토지를 종실과 공신에게 나누어주어 건국의 정치제도로 삼은 것)가 막을 내렸다. 비록 대제국이 15년간밖에 지속되지 않았다고 하지만 이것은 중국역사상 첫번째 통일이었으며, 중국에 적지않은 변화와 심원한 영향을 가져다주었다. 봉건제도가 폐기되고 도량형제도가 표준화되었으며, 글자체도 통일되고 간략화되었다. 통일을 강화하기 위하여 진나라 조정에서는 계통적인 관리통제방법을 취하였으니, 언론과 사상의 통제는 단지 그 중의 하나였다. 대량의 고적이 훼손된 유명한 〈분서焚書〉 사건은 바로 이 새로운 왕조의 통치정책 중 일부분이었다.

서적을 불태워 사상통제의 방법으로 삼은 것은, 결코 진시황부터 시작된 것이 아니며 선진 법가法家사상 중에도 일찍부터 이런 설이 있었다.《한비자韓非子》에는 상앙商鞅이 진秦을 위해 법을 바꾸고『진효공을 깨우쳐 …… 시서를 불태우고 법령을 밝혔다 教秦孝公 …… 燔詩書以明法令』고 기재되어 있다. 한비자는 또 말하기를『그러므로 밝은 군주가 있는 나라에는 서간의 글이 없으면 법으로 가르침을 삼고, 선왕의 말이 없으면 아전으로 스승을 삼는다 故明主之國, 無書簡之文, 以法爲敎, 無先王之語, 以吏爲師』[14]고 했다. 서적을 불태운 방법은 아마 그에 앞서서도 봉건제후에게 채용되었을지 모르나, 춘추시대에는 이미 문헌이 부족하여 충분히 증명할 수 없다.

기원전 213년 진시황이 황제라 칭한 지 7년 후에 승상 이사李斯가 『진 조의 전적이 아닌 것은 모두 불태워버리고, 박사의 관직을 맡지 않은 자가 암암리에 수장하고 있는 시경·서경·제가백가의 서적은 모두 찾아내어 관부에 가져다 이를 태우십시오 非秦紀皆燒之, 非博士官所職, 天下敢有藏 詩書百家語者, 悉詣守尉, 雜燒之』[15]라고 건의하였다. 그 당시에 아주 많은 도서가 불태워졌다고는 하나 상상처럼 그렇게 심하지는 않았던 것 같다. 왜냐하면 이 명령 중에는 아주 많은 종류의 서적이 분서에서 제외된다는 것을 명백하게 규정하고 있다. 특히 《진사기秦史記》와 박사들이 소장하고 있는 서적 및 의약·복서卜筮·종수種樹 등의 실용적인 서적은 모두 보존되었다.

개인이 소장한 많은 장서 또한 모두 불태워버리지는 않았다. 동시에 분서령焚書令은 단시간내 엄하게 진행되었으나, 기원전 208년 이사가 죽고 나자 분서령의 집행도 느슨해지게 되었다. 기원전 206년에 함양咸陽의 궁실이 불타자 옛 서적에 미친 손해는 진대 분서의 화보다 훨씬 심했다고 믿어진다. 현재 우리는 한대 이전의 사료로 다시 조사할 수가 없어서 도대체 얼마나 많은 서적을 정부가 관리하고 통제하였으며 없애버렸는지, 또 그 뒤의 재해로 인하여 훼멸된 것이 얼마나 되는지는 말하기 어렵다.

7 고적古籍의 정리

기원전 207년 농민혁명이 진나라를 전복시키고 한나라가 통일을 계승했다. 1백여 년에 걸쳐 안으로는 정치를 닦고 밖으로는 무공武功을 확장하여 한무제漢武帝시대는 중국역사상 찬란한 시기가 되었다. 뒤이어 한나라에서는 중화민족문화의 초석을 다졌다. 유가사상이 그밖의 학설을 물리치고

유독 존숭되었다. 유가의 학자는 태학太學과 고시를 거쳐 정부에 입사入仕하였다. 유가의 학술은 고대의 경전에 기반을 두었기 때문에 유가의 승리는 바로 고적의 부흥을 이끌어내었다. 기원전 191년 진시황이 반포한 〈협서령挾書令〉이 폐지되자 그후 수십 년간 유가의 고적이 점차 다시 나오기 시작했다.

옛 서적이 계통적으로 광범하게 수집된 것은 한무제에 이르러서야 비로소 시작되었다.『이에 장서의 계책을 세우고 서사의 관직을 설치하여 아래로는 제자전설에 이르기까지 모두 비부에 갖추어놓았다. 于是建藏書之策, 置寫書之官, 下及諸子傳說, 皆充秘府』[16] 승상 공손홍公孫弘이 널리 헌서獻書의 길을 열어놓자『1백 년 사이에 서적이 산같이 쌓였다.百年之間, 書積如丘山』[17] 정부에서는 사방으로 사람을 파견하여 남아있는 서적을 찾아모으게 하였으며 개인이 지니고 있는 장서를 빌려주어 베껴쓰게 하면 큰 상를 내렸다. 이전의 정부 당안의 문헌을 모두 관에서 기초하였으므로 서적을 보관하는 기구에 보존되었다. 중국역사상에서 처음으로 황실 중앙도서관이 건립되어 계통적으로 갖가지 종류의 서적을 수장하고 관리하였다.

전국적인 장서 수집이 계속되었으며, 수집된 책은 다시 계통적으로 정리·교정하였다. 기원전 26년 광록대부光祿大夫 유향劉向과 군사전문가·사관 및 시의侍醫 각 1명씩이 경전·제자諸子·시부詩賦·병서兵書·복서卜筮·의약 등의 서적을 책임지고 교정했다. 매 책이 완성된 뒤에 유향은 각 서의 편목을 조례條例로 분별하고 다시 내용을 간추려 기록하여 조정에 바쳤다. 유향은《별록別錄》이라 불리는 이 일을 19년 동안 계속하다가 이 교감작업을 완성하지 못하고 일생을 마쳤다. 유흠劉歆이 부친의 업을 계승하여 이 어려운 작업에 종사하였다. 유흠은 유명한 경학의 대가였다. 그는 당시의 모든 장서를 7류七類로 나누어《칠략七略》이라 부르는 분류서목을 편찬하였다. 그 분류는 집략輯略·육예六藝·제자諸子·시부詩賦·병서兵書·술수術數·방기方技의 7대류七大類로 나누고, 그 아래에 또다시 38소류小類로 나누었다. 유향의《별록》은 우리가 알고 있는 중국 최초의 해제서목이며, 유흠의《칠략》은 중국 목록학상에서 주제분류와 저술편목의 제도를 창조한 것이다.

　이 두 가지 목록은 지금은 이미 모두 산일되었으나, 우리는 유흠의 서목 속에 수록된 서적이 약 6백 종에 모두 1만3천 권이 있었음을 알고 있다. 약 1세기 후에 반고班固는 그의 《한서漢書》〈예문지藝文志〉 속에 이 서목을 채택하고 있는데, 그 종류와 편수가 대략 서로 같다. 이 저술들은 대략 ¼인 150종이 완전하거나 혹은 부분적으로 지금까지 보존되고 있으며, 그중에는 다른 서적에 부분적으로 실려있는 것도 포함된다. 비록 《한서》〈예문지〉에 실려있는 저술의 대다수가 지금은 존재하지 않는다고는 하나 이런 저술은 선진先秦과 한대의 국가장서의 일면을 보여주고 있다. 이 서목에 실려있는 저술은 당시 학술계의 대체적인 상황을 반영해주고 있다.

　정부에서 서적을 수집했을 뿐 아니라, 개인도 장서를 수집했다. 황족·관리 및 학자들은 장서에 대해 아주 흥미를 가지고 있었다. 하간왕河間王 유덕劉德·회남왕淮南王 유안劉安은 선진시대의 저술을 내놓아 부본을 베끼게 하는 사람에게 큰 상을 내걸었으며, 단편이나 잔간殘簡이라도 수집해 들였다. 저명한 학자 채옹蔡邕의 개인장서도 1만여 권이나 되었다. 또한 기원전에 중국에 이미 서점이 있었음을 알 수 있다. 양웅揚雄(B.C. 53~A.D. 18년)의 《방언方言》에는 〈서사書肆〉가 기술되어 있으니 서적의 매매는 더욱 빨랐을 것이다. 전하는 말에 의하면 왕충王充(A.D. 27~100년)은 어려서 가난하여 책을 살 수 없자 낙양洛陽의 책방에서 대강 훑어 보았다고 하니, 그때의 서적은 대부분 귀족계급의 전유물이었다고 생각된다.

　한대에는 문학과 역사 등의 각종 저술의 수량이 급증했다. 유가의 석경 石經과 학자들의 전주傳注는 당시와 후세 학자들이 경전을 해석하는 표준이 되었다. 더욱이 철학과 과학, 이를테면 천문·수학·식물학·의학·농업과 공예 등등의 수많은 저술이 한대의 문화를 더욱더 휘황찬란하게 하였다.

　비록 서적이 대량으로 생산되고 수집되었다고는 하나 몇 차례의 정치적인 소용돌이 속에 산실된 것 또한 적지않다. 서기 23년 의군義軍이 왕망王莽을 토벌할 때 장안은 불바다가 되었었다. 동한의 광무제光武帝(A.D. 25~57년)가 복위한 뒤에 다시 옛 전적을 수집하였다. 광무제가 장안에서 낙양으로 천도할 때 서적을 가득 실은 2천 대의 수레가 수행했다고 한다. 서기 2세기초에 동한의 장서는 전보다 3배나 증가했다. 그러나 동한말 동탁董卓의 난으로 낙양이 불타자, 무수한 서적이 약탈되거나 불타버렸다. 서기 190년에 또다시 낙양에서 장안으로 천도할 때는 비단에 쓰여진 수많은 서적들이 모두 장막이나 포대로 사용되었다. 그밖의 서적은 낙양에서 불타지 않았으면 서쪽으로 옮겨질 때 강물에 던져졌다. 수많은 난리 뒤에도 잔존되었던 서적은 서기 208년의 새로운 동란 속에 다시 훼손되었다. 수나라 때의 우홍于弘은 동한東漢 200년간 두 차례에 걸친 서적의 훼손은 중국 고대에서 수나라에 이르기까지 서적의 5대 재액 중의 하나였다고 말했다.

8 종교문학의 성행

서기 220년에 한나라가 망하고부터 서기 590년 수가 통일하기까지 정치 제도가 분기되고 전화가 끊이지 않았으며, 이에 더하여 서북 변경의 외족까지 침입하였으니 실로 중국역사상의 「암흑기」라 할 수 있다. 다행히 남조南朝는 중국의 학술문화가 계속 번영할 수 있었다. 북조北朝는 흉노匈奴·갈羯·선비鮮卑·저氐·강羌의 각 민족이 중원을 갈라서 점거하고 서로 계속하여 나라를 세웠다. 그러나 중국문화는 끊이지 않고 연면히 이어졌으니 북조의 여러 오랑캐 나라들도 여전히 일상생활에 중국의 언어 문자를 주요한 공구로 삼았다. 지식인들은 여전히 유가의 학설을 존숭하였으며 도가학설은 종교로 탈바꿈하였고, 불교는 기원초에 중국에 들어와 이때에 성행하였다. 여러 오랑캐가 침입하여 정치가 안정되지 않자, 사람들은 둔세遁世의 새로운 신앙 속에서 위안을 찾기 시작했다.

불교의 전입은 중국의 사상사에서 획기적인 일이었을 뿐 아니라 학술발전과 문화보급에도 그 영향이 적지않았다. 처음에 불교는 학술계에서 중요한 지위를 차지하지 못하고 군중 속으로 흘러 들어가 전해졌다. 종교는 문학의 도움을 받아야 널리 퍼지기 때문에 불경은 계속하여 중국어로 번역되었다. 불경의 첫 번역본이 서기 2세기초에 나타났으며 3세기에는 번역본의 수량이 대대적으로 증가되었다. 승려 축법호쯩法虎가 번역한 경은 149종에 달했다. 북조의 여러 군주는 모두 불문에 귀의하였을 뿐 아니라 한인漢人의 남조에서도 불경은 황실 장서의 일부분이 되었다. 수나라(A.D. 581~618년)가 통일한 뒤에 불교문학서적의 산량은 최고에 달하였고 불경의 번역은 더욱 고무되었다. 서기 581년 문제文帝는 불경을 초록하여 각 대도읍의 사원에 두게 함과 동시에 또 따로이 초본抄本을 만들어 비각秘閣에 수장하도록 하였다. 문제의 재위시에 베껴쓴 불경이 13만 권에 달했으며 옛 경 4백 부를 고쳤다.『천하 사람들이 바람에 휩쓸리듯 서로 다투어 경모하니, 민간에는 불경이 육경보다 수백배나 많았다 天下之人, 從風而靡, 竟相景慕,民間佛經　多于六經數十百倍』[18]

기원전 606년 양제煬帝가 동도東都에 도읍을 정하고, 전문적인 번역관을 세우도록 명을 내렸으며 전문가를 초빙하여 그 일을 책임지도록 하였다. 《수서隨書》〈경적지經籍志〉 중의 기록은 당시의 모든 중요 전적을 망라하고 있는데, 주요한 4부四部(經·史·子·集)를 제외하고도 불佛·도道 양대류를 나란히 붙여놓았다. 그 중에는 도가의 경전이 377종에 모두 1216권이며 불교경전은 1950종에 모두 6198권이었다. 불경은 《수서경적지》 중의 총수 ½에 달했으며, 권수는 약 1/6을 차지하였다. 불경은 수량에 있어 유儒·도道 양가의 경전과 서로 겨룰 수 있었다. 실로 이 시기에는 불교가 광범하게 퍼져 있어 불경의 대량생산의 필요는 인쇄술의 발명에 자극을 줄 수 있는 일종의 중요한 원동력이 되었다.[19]

---

1) Thomas Francis Carter 《*The Invention of Printing in China and Its Spread Westward*》 2nd, ed. rev. by L.C. Goodrich(N.Y. : Ronald, 1955) pp. 41, 212; 장수민張秀民 《中國印刷術的發明及其影響》 제 1·2장

2) 독일의 한학자 Berthold Laufer는『중국 먹의 우수함은 결코 서양에서 나온 것과 비할 수 없다. 유럽의 예술가들은 그것은 「인도산 잉크 India Ink」로 오인하면서, 수세기 동안 사용하여 왔으며 지금에 이르러서도 여전히 그것과 비교할 수 있는 것은 없다』고 하였다. Frank B. Wiborg 《*Printing Ink*》(N.Y. : Harper, 1972) p.2

3) 전존훈錢存訓 《제지술과 인쇄술에 대한 중국의 공헌》 馬泰來 역, 明報月刊 제84기(1972) pp.2-6

4) 서양학자 Herbert Giles 등은 17세기나 18세기에 이르기까지 중국의 저작물 수량

은 세계 전체의 서적 생산량 총수보다 많다고 말했다. 작자의 통계에 의하면 1500년 이전 중국 서적의 총수는 서방 각국보다 많았으나, 서양에서 인쇄술이 발명된 후에 서적량이 급증하여, 15세기말에 이르자 이른바 「요람본」이 3만 종에 달하였으며, 독일에서 나온 것만도 그 ⅓을 차지하고 있다. 이로 인해 중국의 서적 수량은 점점 낙후되었다.

5) 베이컨은 그의 저술 속에 중국문자의 원리와 응용 및 도자기·화약 등 중국이 발명한 많은 것들에 관하여 예를 들어 증명하고 있다. T.H. Tsien 《*A History of Bibliographical Classification in China*》 Library Quarterly, XXII(1952) p.308

6) 《墨子》 卷8

7) 《左傳》 僖公 26年, 또 定公 4年

8) H.G. Creel 《*The Birth of China*》(N.Y. : Day, 1937) pp.254-55; 논 《尙書》 〈君奭〉

9) 史는 《說文》에 『오른손으로 中을 잡은 것이다 中은 正이다 從又持中; 中, 正也』 하였다. 청대의 강영江永은 『무릇 관부의 얇은 책을 中이라 한다 凡官府簿書謂之中』하였고, 오대징吳大澂은 『손으로 죽간을 잡은 모양을 본떴다 象手執簡形』고 하였다. 왕국유王國維는 이를 일러 산가지를 담은 그릇이라 하였으며, 마서륜馬叙倫은 中은 筆로 記事의 會意라고 하였다. 진몽가陳夢家는 史를 사냥하는 그물이라 하였으며, 노간勞幹은 中이 일종의 「弓鑽」으로 점칠 때 수골을 뚫어 태우는 데 쓰인다고 하였다. 청대 여러 학자들의 설은 왕국유의 《釋史》에서 인용하고 있으니 《海寧王靜安先生遺書》 卷6을 보라. 근대의 여러 학자의 설은 이효정李孝定 《甲骨文集釋》 第3册 pp.953-970 참조

10) 《左傳》 昭公15年

11) 《左傳》 昭公26年

12) 《史記》 卷130, 〈自序〉

13) 《呂氏春秋》 卷16

14) 《韓非子》 卷4, 卷19

15) 《史記》 卷6

16) 《漢書》 卷3

17) 《太平御覽》 卷619

18) 《隋書》 卷35

19) 본서의 斷代는 서기 700년경 인쇄술이 시작되는 데서 그쳤다. 중국 서적의 通史와 考訂에 관해서는 劉國鈞著, 鄭如斯 訂輔의 《中國書史簡編》(1982), 《中國古代書籍史話》(1963)과 屈萬里, 昌彼得의 《圖書版本學要略》(1953), 毛春翔의 《古書版本常談》(1962)과 기타 저작을 참고

第二章 —— 갑골문甲骨文

1 갑골문의 기원과 성질

현존하는 중국 최초의 문자는 대부분 수골獸骨이나 귀갑龜甲 위에 쓰거나 칼로 새겨놓은 각사刻辭이다. 이러한 갑골의 각사는 모두 상대商代 후기의 문자기록이며, 또한 3천 년 전 왕실 당안의 일부분이다. 은나라 사람들은 광범하게 갑골을 사용하여 기명器皿을 제작하거나 장식을 하였으며, 특히 점복占卜·제사와 서사재료로 사용하였다. 이들은 상고시대 중국문화의 독특한 특색을 구비하고 있다. 점복시에 사용하는 수골은 결코 상대부터 시작된 것은 아니며 더욱 상고시대로 거슬러 올라갈 수 있다. 중국의 수많은 신석기시대의 유적에서 일찍이 적지않은 수골과 귀갑의 파편이 발견되었으며, 위에는 불로 지진 흔적이 있으나 단지 문자가 없었다.[1] 은나라 사람들은 이와같이 갑골을 사용하여 제사 지내는 전통을 이어받아 위에다 문자를 더하여 정복貞卜을 기록하였다.

기록에 의하면 주대周代에도 계속 갑골을 사용하여 제사 지냈으나 주요한 정복문자貞卜文字는 죽백竹帛에 기록하였다.[2] 근년에 들어와 많은 주대의 갑골이 출토되었으나 정복문자를 새겨놓은 것의 수는 많지 않았다. 대개 서주西周에서는 상대의 뒤를 이어 처음에는 여전히 계속 상대의 전통대로 갑골에 복사를 새겨놓았다. 조금 뒤에 죽백의 사용이 아주 보편화되었으며 글로 쓰는 것이 칼로 새기는 것보다 비교적 간편하였다. 이로인해 복사卜辭는 마침내 점점 간책簡策과 백서帛書에 쓰이게 되었으며, 갑골을 광범하게 응용하여 문자기록의 주요재료로 삼았던 상대의 전통을 더이상 계승하지 않게 되었다.[3]

갑골문은 대체로 정복문貞卜文과 기사문記事文의 두 가지 유형으로 나뉜다. 정복이 아닌 기사문은 비교적 적으며, 어떤 기사문은 여전히 정복문의 일부분이었다. 갑골문 중에 가장 보편적인 것은 제사·전쟁·수렵·여행·질병·풍우·길흉과 그밖에 신령 및 자연현상에 관한 것과 인사人事와 관련된 기록이었다. 제왕이 그날밤이나 10일 안에 발생할 가능성이 있는 화복禍福의 사건을 결정하거나 예측할 필요가 있을 때는 통상 갑골로 조상이나 신령의 도움을 빌었다. 점이 다 끝나면 정인貞人이나 제사祭師는 의문과 해답 그리고 점친 뒤의 증험의 말들을 갑골 위에 기재했다. 현존하는 갑골문은 대부분 모두 은나라 사람들의 이런 제사나 정복의 기록이다.

중국 고대 연대기의 고증은 아직 공인된 결론이 나지 않았으나 대부분의 갑골문은 대략적으로 그들의 연대를 단정할 수 있도록 해준다. 연구에 의하면 이런 갑골문자는 기원전 14세기 반경盤庚 14년에 안양安陽으로 천도한 후부터 기원전 12세기 제신帝辛이 멸망하기 전까지의 기록이다. 전통적인 연대기로 말하면 반경 14년은 바로 기원전 1388년이고, 은이 망한 것은 기원전 1123년이다.[4] 그러므로 현존하는 갑골문자는 모두 이 기간 즉 약 270년 동안의 기록으로 전후 8대 12왕을 거쳤다. 이런 갑골문자 중에 반경시대의 복사가 있는지 여부는 지금까지도 여전히 논쟁되고 있는 문제이다.[5]

2 갑골문의 발견과 연구

약 19세기 말엽에 하남河南 안양의 농부가 밭에서 우연히 갑골의 파편을 발견했다. 처음에는 이런 갑골이 용골龍骨이라 여겨져 약방에서 병을 치료하는 약재로 팔렸다. 1899년 유악劉鶚이 경사에 갔다가 왕의영王懿榮의 집에서 지냈는데, 왕의영이 갑작스레 병이 나 용골을 복용하게 되었다. 이때 유악이 뼈 위에 고문자가 기재되어 있는 것을 발견하고 수집하여 연구하기 시작했다. 이로 인하여 갑골은 골동품 수집가의 수집대상이 되었다. 반세기 이래로 문자가 기재된 갑골이 대략 십만 편이나 출토되었으며, 그 중 7만2천 편은 1928년 이전의 것으로 개인이 여러 차례 발굴하여 얻은 것이다. 그후에 2만8천 편은 중앙연구원과 그밖의 기구에서 발굴해낸 것이다. 갑골은 부스러지기 쉬운 재료여서 지금 남아있는 것은 대다수가 파편이며, 비록 완전한 것이 있기는 하나 그 수가 아주 적다. 이런 골편骨片 위에 쓰여진 문자는 1자에서 1백여 자까지 있으나 평균 1,20자가 많다.

개인이 얻은 것이 비록 국가에서 발굴한 것보다 많다고는 하나, 발굴현장의 상황은 연구상에 아주 커다란 가치가 있으며 더욱이 단대斷代연구의 중요한 자료가 되고 있다. 1928년에서 1937년까지 중앙연구원 역사언어연구소에서는 과학적인 방법을 채택하여, 하남 안양 부근의 소둔小屯에서 전후 15차례에 걸친 발굴로 갑골 24,918편을 출토하였다.[6] 그후에 또 다른 곳에서 발굴하기도 하였으나 절대다수의 갑골은 대개 소둔에서 출토된 것이다.

가장 중요한 발견은 1936년에 어느 갱 중에서 17,804편의 갑골이 출토된 것이다. 수량이 비교적 적은 수골을 제외한 나머지는 전부 귀갑龜甲으로 당시에 계획적으로 한 곳에 파묻었던 것 같다. 다른 곳에서 발견된 것은 대부분 파편인데 이 갱 중에서는 약 3백여 편의 완전한 귀갑이 있었고 이른 것은 무정武丁시대의 것으로 여겨지는 것도 있으며, 또 몇 편의 연대는 더 빠를 수도 있다. 이밖에도 이 갑골문에는 더욱이 모필毛筆에다 먹을 찍어 쓴 것도 있다. 어떤 갑골에는 칼로 새긴 흔적에 붉은색과 검은색의 안료를 메꾸어 장식을 하기도 했다. 이전에는 아주 드물게 발견되었던 귀배갑龜背甲과 수정을 거친 귀배갑 또한 여기에서 출토되었다. 이 갱의 귀갑 중에는 한 구의 사람 뼈가 있었는데 그는 이들 귀갑 당안의 보관자였을 수도 있으나, 그가 왜 여기에 매장되었는지는 알 수 없다.[7]

1929년과 1930년 사이에 중앙연구원에서 제3차 발굴을 할 때, 하남성립박물관 또한 두 차례의 발굴을 하였는데 이때 갑문 2673편과 골문 983편 등 모두 3656편이 출토되었다. 1950년 이후에 중국과학원 고고연구소에서 다시 새로이 안양의 발굴작업을 했다. 갑골이 계속 출토되었으나 문자가 기재된 것은 아주 적었다. 1958년에서 1959년까지 갑골 648편이 출토되었으나 문자가 있는 것은 단지 2편뿐이었으며 무정武丁시기와 관계가 있는 듯하다.

50년대를 이어 소둔촌 서쪽과 동쪽을 계속 발굴하여, 1971년에 다시 복골卜骨 21편을 발견했으며 글이 새겨진 것은 도합 10편이었다. 1973년 소둔촌 남쪽을 발굴하여 갑골 7천여 편이 출토되었다. 그 중에 각사刻辭가 있는 것은 5천 편으로 절대다수가 복사로 제사·천상天象·수렵·순석旬夕·농업·정벌·왕사王事 등이다. 이밖에도 습각習刻과 논사論事

각사 두 종류가 있다. 고증에 의하면 이 갑골은 은대의 중기와 말기 유물로 무을武乙의 복사가 주가 되고, 강정康丁이 다음이며 문정文丁이 비교적 적다.[8]

갑골문의 연구는 현재 이미 전문성을 깊이 띤 학문이 되어 연구자는 고문자학·금석학·고대사·고고학·인류학·천문학과 역법 등 다방면에 걸친 지식과 훈련을 갖춰야 한다. 통계에 의하면, 1899년 최초의 발견에서 1979년에 이르는 80년 동안에 이미 3,4백 명의 중외학자들이 갑골문자와 상대의 역사에 관한 저작을 1천여 종 이상 저술하여[9] 갑골문자의 전석銓釋과 역사의 연구를 위한 견고한 기초를 다져놓았다.

갑골문은 또한 고서와 참조하여 비교 검토할 수도 있다. 어떤 고서에 기재된 내용이 믿을 수 있다고 실증할 수도 있으며, 어떤 것은 도리어 갑골문에 기재된 것과 다른 것도 있다. 학자들은 갑골문자의 연한을 단정한 뒤에 뒤죽박죽되어 자세히 알 수 없는 상대의 역사연구에 이용하고 있다. 혹은 이것으로 당시 사회경제 상황, 특히 상대의 사회구조와 가족제도를 연구하기도 한다. 그러나 갑골문의 자료는 자질구레하게 부서진 것이 아주 많아서 해석도 각기 다르게 되어, 얻은 결론 또한 서로 다른 것이 많다. 최근에 학자들은 갑골의 파편을 이어붙여 이를 복원하는 데 힘을 쏟고 있으며, 또 컴퓨터를 사용하여 시도하는 사람도 있다.[10] 이와같이 하면 자구가 길어져 쉽게 이해할 수 있으며, 해석 또한 더욱 정확해질 수 있고 사료로서도 의미가 깊어진다.

3 상대商代의 자휘와 서체

우리는 상대의 자휘가 실제로 얼마나 되는지 모른다. 현존하는 갑골 위에 기재된 자수는 이미 1백만을 넘고 있지만 대다수의 문자가 다시 중복되어 쓰여졌다. 현재 알려진 갑골문의 단자單字는 약 4천6백여 개이며, 그 중 1천여 자를 해석할 수 있다. 수많은 인명과 지명을 포함한 그 나머지는 여전히 읽을 수 없다.[11]

어떤 학자들은 갑골문의 자휘가 한정되어 있어 은인殷人들이 장편의 작품을 써내기는 불가능하다고 여긴다. 그러나 이런 관점은 결코 믿을 만하지 못하다. 왜냐하면 갑골문의 자휘는 결코 주대의 금문이나 장편의 작품에 포함되어 있는 자휘보다 적지 않으며 금문이 사용된 시간이 갑골문보다 약 3배 정도 길기 때문이다. 주대에 전해져 내려온 작품 하나하나를 계산해보면 가장 자휘가 많은 것도 3천여 자 안팎이다.[12] 정복문貞卜文은 일종의 특수한 성질의 기록으로 단지 어느 특수한 상황에 적용되고 있다. 그러므로 거기에 포함된 자휘는 단지 전체 문자 중의 한정된 일부분일 따름이다. 바꾸어 말하면 은나라 사람들도 반드시 현존하는 갑골문자보다 긴 작품을 썼다는 말이다. 상대문적을 거의 볼 수 없는 것은 연대가 너무 오래되었으므로 보존하기가 쉽지 않아 산실되었기 때문이며, 자휘가 유한하여 비교적 장편의 작품을 만들어내지 못한 것은 아니다.

현재 갖가지 서로 다른 재료에 기재되어 있는 문자를 살펴보면 상대의 자체는 적어도 갑골문과 금문 두 종류가 있었다. 상대의 금문은 일반적으로 장식성을 구비하고 도화에 더욱 가까우며(圖4) 비교적 간단하고 추상적인 갑골문은 원시적인 상형문자와 유사하다. 그러나 우리는 상대의 금문에 대하여 대부분 알지 못하므로 그 연대를 확정할 방법 또한 없다. 대체로 상형에 가까운 금문은 연대가 더욱더 오래되었을 가능성이 있다. 상대에 사용된 금문이 장식작용을 갖추었던 것은 지금도 여전히 고체자를 사용하여 도장을 새기고 있는 것과 마찬가지이다. 갑골문은 상대에 통행되었던 자체이다.

갑골문은 비록 우리가 현재 중국에서 가장 오래되고 비교적 완비된 문자라고 알고 있으나, 그것의 발전은 적어도 이미 2,3천 년이 경과되었다고 믿어진다.[13] 갑골문의 구조는 이미 상당히 완비되어 있으며, 중국문자 구성의 여러 가지 원칙을 구비하고 있다.(表1) 갑골문장 중에서 제일 많은 것은 인체·동물 및 자연적인 물체와 사람이 만든 기물과 같이 실물을 대표하는 상형자象形字이다. 상형자는 결코 간단한 도화가 아니라 세상에서 쓰이기로 약정된 부호이어서 각종 사물의 특성을 간단하고 힘있게 표출해내고 있다. 예를들면 동물을 표시하는 부호는 모두 극히 간단한 선으로 대부분이 직립한 모양이나 옆모습을 표시하고 있으며, 머리 부분을 위에 놓아 세로쓰기에 편하도록 하였고 얼굴은 왼쪽을 향하여 행간이

원칙		예								해석
상형	a	人	女	子	口	鼻	目	又(手)	止(足)	인체의 전부 혹은 일부
	b	馬	虎	犬	象	鹿	羊	蠶	龜	동물의 앞모습과 옆모습
	c	日	月	雨	申(電)	山	水	禾	木	자연물의 부호
	d	壺	鬲	弓	矢	絲	册	卜	兆	인공기물의 부호
회의	e	鬪	耤	狩(獸)	乳					상형자를 조합하여 동작을 나타낸다
	f	暮	明	聿	史					상형자를 조합하여 의미를 나타낸다
	g	上	下							가리키는 위치
형성	h	驪	祀	妊	洹					상형에다 음부를 더하여 새로운 뜻을 표시한다
	i	來	風(鳳)							동음자로 다른 뜻을 나타낸다
		1	2	3	4	5	6	7	8	

오른쪽에서 왼쪽으로 나간다. 그 다음이 회의자會意字로 부호로서 실물이 아닌 의념意念을 대표한다. 회의자는 한 동작이나 방위를 대표하거나 혹은 조합되어 어떤 의미를 표시한다. 가장 적은 것은 형성자形聲字이며, 그들은 상형자와 음부의 결합이거나 혹은 동음同音의 자로서 다른 한 의미를 표시한다. 형성자가 적게 보이는 것은 바로 형성자가 중국문자의 발전 중에 비교적 늦게 나왔다는 사실을 설명해주고 있다. 뒤에 오면서 첨가된 새로운 글자들의 대부분은 모두 형성자의 원칙에 기반을 두고 있다.[14]

일반적으로 후세의 자체와 서로 비교하여 말하면 갑골문의 자체는 비교적 고정되지 않았다. 어떤 자의 구조는 변화가 크고, 그밖의 글자도 조합 부분에 자주 변화가 있었다. 갑골문자는 끝이 날카로운 공구로 새겨서 이루어졌으므로 곡선보다 직선이 많다. 그러나 금문 중에는 직선보다 곡선이 많다. 갑골문의 필획은 뾰족하고 꼿꼿하며 날카롭게 새겼으므로 끝이 첨예하고 힘이 있다.

갑골문의 자체는 시간의 진전에 따라 변천이 있다. 조기의 복사는 무정武丁시대(약 기원전 1324~1266년)의 것이 가장 많으며 글자가 크고 필획이 굵으며 힘이 있다. 갑골은 통상 반들반들하여 어떤 것은 미관을 위해 글자를 새긴 곳에 주사를 메꾸어놓았다. 이 조기의 자체는 점차 가늘고 약해지면서 불규칙적인 필획으로 대치되었다. 문무정文武丁시대(약 기원전 1222~1210년)의 짧은 시기를 제외한 후기의 갑골문자는 모두 가늘고 작으며 필획이 세밀하고 결구가 평행이며 행렬이 가지런하다. 섬서성 기산현 풍風의 서주복갑西周卜甲은 대부분 글자가 좁쌀만하게 작으며 획이 머리 카락처럼 가늘어 돋보기로 보아야 비로소 자세히 볼 수 있으며, 도법刀法이 강하고 힘이 있고 운필이 자유자재여서 조각과 서법예술의 진품이다.

4 갑골의 형식과 계각契刻

은나라 사람들은 수골과 귀갑으로 제사를 지내고 기록을 했다. 수골은 대부분 우골牛骨이며 특히 물소뼈이고, 이밖에도 소수의 녹골鹿骨·양골羊骨·저골猪骨과 마골馬骨이 있다. 은상 때에는 소의 쓰임새가 아주 많아

농경에 쓰였을 뿐 아니라 제사에도 사용되었다. 그러므로 우골을 사용하는 것은 아주 자연스러운 일이었다. 복사 속에서 제사에 쓰이는 소가 많으면 수백 두에서 심지어는 천 두가 넘었다는 것을 알 수 있다.[15] 이 소들은 제사에 바치기 위해 물 속에 빠뜨리거나 땅에 묻거나 혹은 불태우는 몇 마리를 제외하고, 그 나머지는 대부분 식용으로 공급되었으며 약간의 골격은 점복으로 남겨두었다.

귀갑은 남부에서 많이 생산되었으며 제후가 조정에 공물로 바쳤다. 고서의 기록에 의하면 귀갑을 공물로 바친 것은 현재 장강유역 일대의 제후들이 많았다.[16] 안양에서 출토된 귀갑은 대부분 장강유역과 남방 연해에 있는 각 성의 산물임이 고증되었다. 복사 중에 『屮(有)來自南氏龜』나 혹은 『貞龜不其南氏』란 말이 있다. 현존하는 복사 중에도 귀갑을 공물로 바친 것이 5백여 차례가 넘으며, 한번 공물로 바치는 귀갑은 많으면 1천여 편에 이르는 것도 있다. 기록에 의하면 은대 왕실에서 거두어들인 귀갑은 전후 모두 1만2천여 편에 달한다.[17]

안양에서 출토한 귀갑과 수골의 수량은 대체로 서로 같다. 수량과 기재된 문자로 보면 귀갑과 수골은 용도상의 차이가 없다. 그러나 어떤 학자들은 귀갑이 주요한 재료이고, 수골은 단지 귀갑이 넉넉지 않을 때 사용하는 대체품이라고 여기고 있다. 정복貞卜 중에서 제일 많이 상용되는 수골은 표면이 넓고 매끄러워 글자를 새기기 좋은 소의 견갑골이다. 그밖에 갑와골·늑골·두개골은 단지 우연하게 사용되었으며, 역사를 기록하는 데 많이 쓰였다.

정복貞卜에 쓰이는 귀갑에는 복갑腹甲·배갑背甲과 수정을 거친 배갑 등의 세 종류가 있다. 복갑은 통상 전체를 다 사용하였으나, 배갑은 척추가 있는 중앙 부분이 튀어나와 평면이 되지 않았으므로 반으로 갈라 쓴 것이 많다. 배갑을 사용한 것은 아주 드물며, 때로는 타원형으로 수정하기도 하는데 중앙에 구멍이 하나 있는 것은 꿰맬 때 사용된 것으로 보인다. 제13차 발굴 중에는 가장자리를 잘라내버린 우반배갑右半背甲이 발견되었다. 그러나 1973년 하북의 고성대藁城台 서촌西村을 발굴하여 출토한 상대 후기의 갑골 5백여 편 중에 배갑과 복갑의 수정은 안양의 은허殷墟에서 출토한 것과 다르다. 배갑은 잘라내지 않고 완전하게 유지되고 있

어, 상대 갑골에서 점복占卜의 변천과정에도 일정한 지방색이 있었음을 알게 해 준다.[18]

복갑의 길이는 14~45cm, 넓이는 7~35cm에 이르고 있어 들쑥날쑥하다. 일반적으로 말하면 길이 28cm, 넓이 20cm, 두께 0.6~0.7cm가 가장 흔하게 보인다.[19] 반배갑半背甲은 길이 27~35cm, 넓이 11~15cm로 같지 않으나 작은 것이 비교적 자주 보인다. 수정을 거친 배갑은 드물게 보이며 그 길이는 약 12~16cm, 넓이는 5~6cm이다. 커다란 복갑 하나는 길이가 약 45cm, 넓이가 약 35cm로 고증한 결과 말레이지아 반도산의 큰 거북이와 같았다.[20] 일반적으로 중형과 소형의 거북껍질은 장강유역에서 나온 담수귀淡水龜로 여겨진다. 이런 종류의 거북은 사람들이 안양으로 가져다가 길러서 점치는 데 사용하였다.

거북의 등 뒤에 있는 콜로이드액을 제거한 뒤에 반듯하게 깎고 반질반질하게 갈아낸다. 귀갑의 안쪽에는 길이가 약 1cm 정도 되는 타원형의 凹굴들을 뚫어놓고 원통圓洞들이 이어지게 한다. 수골의 처리도 일반적으로 이와같다. 하나의 갑골에는 凹굴이 2,3개에서 2백 개까지 있다. 1929년 중앙연구원이 발견한 무정시대의 커다란 귀갑에는 凹굴이 204개나 있었고, 그 중에 50개는 일찍이 사용되었었다. 이런 凹굴은 모두 배열이 가지런하며 복갑의 양쪽에 있는 凹굴의 수는 서로 같다.

가열된 뒤에 이런 凹굴은 거북껍질의 다른 한쪽에 직선으로 갈라진 흔적을 보이며, 원통은 옆으로 갈라진 흔적을 띤다. 그러므로 「卜」자(表1 7d)의 긴 세로획과 오른쪽이나 왼쪽의 짧은 삐침은 바로 이런 균열 흔적의 상형象形이다. 그 음은 pu, p'u, puk 혹은 pou로 파열할 때의 소리이다. 「兆」자(表1 8d)는 귀갑이나 수골 위에 난 균열 흔적을 나타낸 것이다.

귀갑 위의 균열 흔적이 완성되면 제사祭師나 사관史官이 정복문貞卜文을 쓰거나 새겨놓는다. 대부분의 갑골문이 새겨진 것이라고는 하나 어떤 귀갑의 안쪽에는 도리어 붓에다 주사나 검은 먹을 찍어 문자를 써놓은 것도 있다. 적어도 20여 개에 달하는 이러한 예들이 이미 발견되었으나 귀갑의 바깥쪽에 써놓은 것은 하나도 없다. 1929년의 발굴에서 얻은 세 편의 수골 위에는 아직 계각契刻이 끝나지 않은 서사문자書寫文字가 있었다. 이러한 발견은 갑골문은 먼저 필묵으로 쓰고 난 연후에 비로소 계각을 했다는 가능성을 설명해주고 있으나, 또 먼저 쓰지 않고 직접 칼로 새겼다는 상반된 견해도 있다.[21] 계각한 문자에 어떤 것은 주사를 입힌 것도 있다. 특히 무정武丁시대의 갑골문자는 터키석(綠松石)을 메워 장식했다.

문자배열순서는 현재와 큰 차이가 없었다. 세로행은 위에서 아래로, 가로행은 좌에서 우로 썼다. 현미경으로 관찰해보면 계각의 방법은 서사의 순서와 같지 않다. 아마도 계각시에는 위에서 아래로 새기는 게 비교적 편하기 때문에, 계각자는 서로 다른 필획을 새길 때마다 갑골을 돌려놓아 새기기에 편하도록 하였을 것이다. 작은 글자와 가느다란 필획은 획마다 단지 일도一刀에 새겼으나, 큰 글자와 두터운 일획은 칼을 두 번 대어 필획의 양편을 새기고 중간을 발라내어 한 획을 완성했다. 글자를 새기는 공구로 동물의 뾰족한 이빨이나 옥도玉刀를 사용했다고 어떤 사람들은 말하고 있으나, 동으로 된 칼이나 조각칼이었을 가능성이 가장 높다. 최근에 모각摹刻 실험소에서 체험으로 얻어낸 관찰에 따르면 글자를 새기기 전에 갑골을 연화할 필요는 없으며, 공구는 주석량을 20~25% 함유한 청동도가 경도와 인성에 있어 모두 적합하였다. 글자를 새길 때는 기본적으로는 일자일각一字一刻이며, 반드시 먼저 세로획을 새기고 뒤에 가로획을 새기는 것은 아니다.[22]

5 복사의 내용과 배열

복사의 내용은 통상 일식·월식·맑음·비·바람·눈 등의 천체의 현상, 복순卜旬·복석卜夕 등의 정기적인 예측, 여행·어렵·전쟁 등과 같이 장차 발생할 사고에 대한 예측, 생·사·병·꿈 등과 같이 인사에 관한 길흉, 조상과 신령에 대한 제사 등이다. 갑골문에 가장 자주 보이는 것은 복순卜旬이다. 매번 10일의 마지막날에는 다음 10일의 길흉을 예측한다. 상대에는 오늘날 우리가 7일을 1주로 삼는 것과 마찬가지로 10일을 단위로 삼았다. 그리하여 10일마다 한 번씩 앞일을 점쳤으므로 1년에 36번이 되었다. 상나라의 통치자들은 모두 이러한 전통을 받들어 행하였던 듯하다.

복사卜辭는 통상 일정한 격식을 갖추고 있다. 위에 산만하게 흩어져 있는 숫자는 점의 순서를 기록한 것이다. 균열이 난 무늬나 정문正文 옆에 두 자나 세 자로 된 단구短句는 점의 길흉을 설명하고 있다.[23] 복사 중에 가장 중요한 부분은 조짐의 예측에 관한 서술이다. 이것은 통상 몇 조의 서로 다른 형식과 극히 간단한 문장으로 되어 있다.

완전히 잘 갖추어진 1편의 복사는 대체로 네 부분으로 나눌 수 있다.

① 서사序辭 —— 점을 친 시간과 점친 사람의 이름이 포함된다.

② 명사命辭 —— 문제와 기한을 포괄한다.

③ 점사占辭 —— 통상 국왕이 점의 조짐에 대하여 해석한 것을 포함하고 있다.

④ 험사驗辭 —— 증험한 사실과 점친 결과가 서로 부합되었는지의 여부를 기록한다.

그러나 지금 볼 수 있는 갑골문자는 대부분 잔결되어 있어 온전하지 않다. 이에 무정시대의 비교적 긴 복사를 예로서 아래에 제시한다.

계사에 각이 점을 쳐 묻습니다.(서사)

순에 화가 없겠습니까?(명사)

왕이 조짐을 보고 말씀하시기를 재해가 있도다. 어려움이 생길 것이다. (점사)

5월 정유에 이르러 확실히 서쪽에서 어려움이 생겼다. 址哉가 보고하기를 토방土方에서 우리 동쪽 땅을 정벌하여 두 읍을 쳤습니다. 여방 또한 우리 서쪽 땅을 침범해 왔습니다.

癸巳卜, 殷(卜者)貞 : (序辭)『旬之囦?』(命辭)

王固曰 :『㞢希, 其㞢來娥, 三至 ?』(占辭)

五曰丁酉, 允㞢來娥自西, 沚䣆告曰 :『土方正于我于東啚, 戈二邑, 呂方亦牧 我西啚田.』(驗辭)

이 복사는 모두 51자로 현재 발견된 비교적 긴 복사 중의 하나이다.[24] 이 복사는 수골의 왼편(圖2 左 제4행에서 시작)에 기재되어 있으며, 수골 위에는 모두 3단의 문자가 있다. 중간에는 45자가 기재되어 있고,

오른편에는 35자가 기재되어 있어 모두 128자가 실려있다. 그밖의 수골에도 또한 똑같은 장편의 복사가 기재된 것이 있으니 예를들면 끌어모아 맞춘 한 편의 수골에는 54자가 기재되어 있었다.[25] 한 편의 갑골 위에는 글자가 많은 것은 수백 자에 이르는 것도 있으나, 모두 서로 연관된 단편들이 아니며 서로 다른 시간에 점친 것이다. 예를들면 1929년 중앙연구원에서 발견한 한 편의 커다란 귀갑에는 277자가 실려있었으나 28개 단위로 나뉘어져 있어 가장 긴 단위도 15자가 넘지 않았다.

현존하는 갑골문 중 비교적 긴 복사에는 한 편의 수골 앞뒤 양쪽에 98자가 실려있는 게 있다. 1973년 안양의 소둔촌 남쪽에서 발굴된 상대 후기의 습각복골習刻卜骨에는 골사가 82자나 되며 삼면에 글자가 새겨져 있는데 정면에 51자, 배면에 21자, 측면에 10자가 있다.[26] 수골 위의 비교적 긴 복사들은 대다수가 무정 때 복순卜旬의 복사이다. 일반적으로 말하면 매 편의 갑골에는 10자 안팎이 새겨져 있다. 왜냐하면 갑골은 부서지기 쉬워서 현존하는 것의 대부분이 부스러진 조각이기 때문이다.

갑골복사의 순서는 후대의 문자배열과 마찬가지로 위에서 아래로 내려쓴 것이 많다. 그러나 행렬行列의 순서는 일정한 규율이 없어서 우에서 좌로 쓰기도 하고 좌에서 우로 쓰기도 한다. 예를들면 도판 1의 귀갑은 그해에 풍년이 들지를 묻는 복사가 기재되어 있다. 우반右半에는 좌에서 우로 긍정의문의 물음이 기대되어 있고, 좌반左半에는 도리어 우에서 좌로 부정의문문의 물음이 기재되어 있다. 이와같이 대칭으로 배열하는 것은 단지 복사에 국한하여 사용되어진 것으로 믿어진다. 왜냐하면 문자의 평형을 유지하고 점복의 균열 흔적을 침범하지 않기 위해서이다. 그밖에 상대商代의 골문骨文·석각石刻·옥문玉文·금문金文은 모두 우에서 좌로 내려쓰며 극히 규율을 갖추고 있다. 이로써 복사의 불규칙적인 배열은 단지 일종의 예외일 따름이라는 것을 알 수 있다.[27]

6 갑골 중의 기사문記事文

갑골문은 대부분 복사가 많지만 그 중에는 복사가 아닌 갑골문도 있다. 이를테면 갑골의 숫자 등과 같이 복사의 잡기를 부가하여 새긴 것도 있고, 혹은 아직 불을 사르지 않은 갑골 위에 새겨놓은 기사문도 있다. 각지의 제후가 갑골을 바칠 때는 항시 귀갑의 가장자리나 갑교甲橋 혹은 갑미甲尾에 공물을 바치는 사람의 성명과 공물의 수량을 기재한다. 예를들면 「雀入百五十」 혹은 「疊入百」 등이다. 때로는 골구骨臼 중에도 또한 이런 류의 기사문이 있다. 갑교·갑미와 골구 등의 이런 각사는 무정 때의 특유한 것으로 현존하는 것은 8백여 건 정도이다.

기사문이나 혹은 복사의 일부가 따로이 단원을 이루기도 한다. 복사의 뒤에는 효험의 글들이 붙어있다. 이 효험의 말 자체가 바로 역사적인 사실이다. 예를들어 왕이 모일에 비가 내릴는지 점을 쳐보았으면 통상 「모일에 오래 비가 내리다」 등의 글이 따른다. 왕이 흉하다고 점을 쳤으면 재화가 일어난 것을 기록했다. 중앙연구원의 제13차 발굴중에 커다란 귀갑 하나가 나왔는데, 그것의 왼쪽 갑교甲橋 가장자리에는 『丁酉雨, 至于甲寅, 旬又八日, 九月』[28]이라고 기록되어 있었다. 이것은 9월 정유에서 갑인까지 18일간 비가 내렸다는 말이다. 이는 심상치 않은 일이므로 특별히 기록해놓아 복사의 효험을 증명하고 있다. 이런 종류의 문자는 단지 복사의 일부분이며 결코 단순한 기사문이 아니다.

단독적인 사실史實 기록은 흔히 골문骨文에 보이며, 어떤 우골牛骨들은 단지 궁정의 대사를 기록하였으며 점치는 데는 쓰이지 않았다. 몇 개의 골간骨簡 위에는 수렵과 전쟁의 역사적 사실이 기록되어 있다. 이로 미루어 은나라 사람들이 수골을 간독簡牘으로 사용하여 사실을 기록하는 외에도 똑같이 좁고 긴 모양의 죽간을 사용하여 일을 기록하였을 수도 있음을 추측할 수 있다. 현재 알 수 있는 바로는 최소한 두 개의 완전한 골간과 부스러진 골간들이 있는데 정면에는 장식무늬와 터키석으로 메운 문자가 새겨져 있다. 캐나다 황실박물관에 소장되어 있는 호골虎骨은 길이가 약 22cm이며 22자가 새겨져 있다. 그 글은 『辛酉, 王田于鷄麓, 只大㲋虎. 在十月, 佳王三祝肜日』이며, 그 뜻은 신유일에 왕(제신)이 계록으로 사냥을 나갔다가 맹호 한 마리를 잡아서 3월 10일에 하늘에 제사 지냈다는 말이다.(圖3 甲)[29] 이 호골은 제신帝辛 3년의 것으로 전통적인 역법으로 계산하면 기원전 1152년이 된다. 이밖에도 길이 28cm의 완전한 수골 하나와 파골破骨 두 개에는 물소를 잡은 경과를 기재하고 있다.[30] 완전한 수골 위의 날짜가 『五月, 佳王六祀』로 되어 있으니, 제신帝辛 6년 기원전 1149년이다. 이 수골은 바로 수렵에서 잡은 것으로 그 뜻을 기려 기록하고 아울러 유공자를 표창하고 있다.

다른 하나는 기원전 12세기 전반의 부서져나간 골간骨簡에 일단의 전쟁 사실을 기록하고 있다. 이 골간은 길이가 20cm, 넓이 5cm로 현존하는 것은 단지 원래의 ⅓만이 남아있다. 각사는 5행으로 모두 56자이며, 그 대의는 서쪽에 있는 어느 나라를 정벌하여 1570명을 포로로 잡고, 수레 2대, 방패 180개, 갑옷 15벌, 화살 약간을 노획했다는 것이다. 제5행은 문의文義가 아직 끝나지 않았으니 또 제6행이 있을 것이며 원문은 아마도 160자 이상 될 것이다.[31]

이 골간骨簡의 배후에는 간지표干支表가 하나 있다. 다른 골간 위에도 기일표紀日表와 같은 것이 발견되었으나, 간지의 조합에 착오가 있으므로 각골刻骨을 처음 익히는 사람이 연습할 때 사용했을 가능성이 있다.[32] 잘게 부서진 골편들 위에도 제사의 시일과 인명을 써놓은 표가 있는데, 제사 지내는 사람이 비망록으로 사용하였으리라고 여겨진다. 때로 골편 위에 세계보世系譜가 씌어있는 것도 있다.

사람과 동물의 두개골 또한 사실史實의 기록에 사용되었다. 어느 사람의 두개골 위에는 제을帝乙을 제사한 문자가 기재되어 있었다. 그밖에도 안양 에서 나온 세 개의 골편은 고대동물학자들의 검사 결과 모두 인류의 앞이 마뼈임이 밝혀졌다.[33] 적어도 세 개의 동물 두개골 위에는 수렵에 관하여 기록되어 있다.[34] 그 중 하나는 길이 54cm, 넓이 22cm, 두께 19cm로 위에 『白兕』란 글자가 있으니 아마도 흰물소의 두개골일 것이다. 그 나머지 3개는 사슴의 두개골로 서로 같은 문자가 실려있으며, 그 중에 하나는 문무정文武丁의 이름이 있다.(圖3 乙) 이 사슴은 제을帝乙이 잡은 것으로 그의 아버지인 문무정의 제사에 쓴 것으로 보인다.

안양에서 출토된 것 중 녹각으로 제작한 기명 위에는 단자單字가 있다.[35] 장식 등으로 사용된 골편 위에도 때로 문자가 실려있다. 안양에서 출토 한 한 개의 압발침壓發針 위에는 「왕께서 침 둘을 하사하였다」는 뜻의 문자가 씌어있다.[36] 은인殷人들은 또 상아 위에 여러 가지 무늬를 조각하였으나 문자를 기재하여 사용한 것은 발견되지 않았다.

---

1) 석장여石璋如 《骨卜與龜卜探原》《大陸雜誌》 제8권 제9기(1954) pp.265～269

2) 《周禮注疏》 권24에 『점을 쳐 이미 길흉을 판별하였으면 그 점사를 엮어놓았다 凡卜筮旣事則繫幣』라 하였다. 주注에 『비단에 점친 일을 기록하여 거북껍질에다 그 글을 엮어놓았다 以帛書其占, 繫文於龜也』하였고, 소疏에 『그 말과 조짐을 기록한 간책의 하나이며, 비단에 쓴 글과 함께 묶어 부고에 보관하였다 書其辭及兆於簡策之一, 並繫其幣合藏府庫之中』하였다.

3) 《문물참고자료》 1956년 제7기 p.27, 그림 20; 동작빈董作賓 〈春秋晉卜骨文字考〉《대륙잡지》 제13권 제9기(1956) pp.271-274를 참고하라. 주대 갑골의 출토 가운데 가장 빠른 것은 1954년 산서山西 홍조현洪趙縣에서 1편이 발견되었는데 여덟 글자가 새겨져 있다. 70년대 이후로 양주兩周의 갑골이 계속해서 발견되고 있다. 1977년 섬서陝西 기산현歧山縣 봉추촌鳳錐村에서 두 차례에 걸쳐 주초周初 무왕武王이 상商을 이긴 전후의 갑골이 모두 17,000여 편 발견되었는데 190여 편만이 문자가 있다. 1979년 섬서 부풍현扶風縣 제가촌齊家村에서 발견된 22편 가운데 5편에 각사刻辭가 있다. 1983년 하남河南 낙양洛陽 서주의 주동鑄銅 유적지에서 점치는 데 쓴 갑골이 재차 발견되었으나 이미 발견된 복사卜辭는 그 규모가 상대商代와 비길 만한 것이 못 된다. 이상 산서 홍조洪潮 복골卜骨에 관해서는 《문물참고자료》 1956년 제7기 그림20에 보인다. 그밖에는 《문물》 1979년 제10기, 1981년 제9기, 《고고》 1984년 제4기 등에 보인다.

4) 동작빈의 추측에 의하면 반경盤庚은 기원전 1385년에 안양安陽으로 천도하였고 주인周人이 은殷을 멸망시킨 것은 기원전 1112년이다. 동씨의 저서 《殷曆譜》하편 권1에 보인다.

5) 진몽가陳夢家 《殷墟卜辭綜述》 pp.33-34

6) 동작빈 《갑골학 50년》 pp.185-188. 호후선胡厚宣의 《50년 갑골문 발견의 총결》 p.65를 참고하라.

7) 석장여 《은허 최근의 중요 발견》《中國考古學報》 제2기 1947, p.43

8) 호후선 《은허발굴》 pp.98-101, 113-114, 134-135, 140, 《고고》 1961년 제2기 pp.63-76, 또 1972년 제2기 pp.2-7, 제5기 pp.43-45. 소둔小屯 남쪽의 갑골발굴 보고에 관한 것은 《고고》 1975년 제1기에 보인다.

9) 호후선 《50년갑골학논저목》 서序 pp.7-10. 왕우신王宇信 《건국 이래 갑골문 연구》(북경 1981년)

10) Chou Hung-hsiang 《Computer Matching of Oracle Bone Fragments》 Archaeology, 26(1973) pp.176-81. 주홍상周鴻翔은 《소둔을편小屯乙篇》에서 221편을 선출하였는데 갑골편의 부위 · 크기 · 글자체의 굵기 · 문자부위 등의 표준에 근거하여 번호를 매기고 컴퓨터를 도입하였는데 그 가운데 40편이 합철이 가능

하다고 한다. 그러나 이 방법은 개선을 기다려야 한다. 근래 국내 학자들도 같은 실험을 하였는데 《고고》 1977년 제3기에 보인다.

11) 손해파孫海波 《甲骨文篇》(1934) 수록 글자 2118자 가운데 1006자는 읽을 수 있다. 증정본(1965) 수록 4672자 가운데 《설문》에 보이는 것이 900여 자이다. 이효정李孝定 《갑골문자집석甲骨文字集釋》은 읽을 수 있는 것과 미해결로 남은 것을 합쳐 모두 1765자를 수록했다.

12) 《易經》의 어휘가 약 1600, 《書經》이 2000, 《詩經》이 3000, 《禮記》가 2400 《春秋三傳》이 3900, 《論語》가 1500, 《孟子》가 2000, 《墨子》가 2600, 《荀子》가 2800, 《莊子》는 비교적 많아서 약 3200자이다. 또 용경容庚의 《金文編》3정본 (1957)은 3093자를 수록하고 있다.

13) 서안西安 반파半坡에서 발견된 도문陶文에 근거하면 중국문자의 기원은 기원전 4000년까지 거슬러 올라간다. 자세한 것은 제3장 〈도기관지陶器款識〉를 보라.

14) 《說文解字》는 9353자를 수록하고 있는데 80퍼센트가 형성자形聲字이다. 송 정초鄭樵의 《六書略》은 24235자를 수록하고 있는데 그 가운데 형성자가 90%를 차지하고 會意字와 象形字가 각각 7%와 3%를 차지한다.

15) 호후선 〈은대복구의 내원〉 《갑골학상사논총甲骨學商事論叢》제1집 pp.5-6

16) 《魯頌》〈半水〉, 《상서》〈우공禹貢〉을 참고

17) 호후선 〈무정시대 5종의 기사에 관한 각사고〉《갑골학상사논총》제1집 p.55 또 〈은대복구의 내원〉 pp.11-12

18) 석장여 〈은허 최근의 중요발견〉 pp.42, 그림 8 : 2. 9 : 2. 하북 고성藁城 상대 후기 갑골은 《고고》 1982년 제3기에 보인다.

19) 동작빈 〈상대구복의 추측〉《안양발굴보고》 제1기(1929) pp.73-78 : 호후선 〈갑골학서론〉《갑골학상사총론》 제2집 p.3을 참고

20) 동작빈 《무정구갑복사10례武丁龜甲卜辭十例》, 양연승楊聯陞 영역英譯 《하버드 아시아주학보》 제11권(1948) p.122

21) 진몽가 《은허복사종술殷墟卜辭綜述》 p.14; 동작빈 《갑골문 단대연구예》 pp. 417-418

22) 동작빈 《무정구갑복사10례》 p. 128; 조금전趙金全 등 《갑골문자계각초탐甲骨文 字契刻初探》 《고고》 1982년 제1기

23) 곽말약 《복사통찬고석卜辭通纂考釋》 제2책 p.4; WuShih-chang 《On the Marginal Notes Found in Oracle Bone Inscriptions》 Toung Pao, XLII(1955) pp.34－74

24) 동작빈 《은력보殷曆譜》 하편 권9 p.43

25) 곽말약 《복사통찬》 592. 《고석考釋》 제3책 p.129

26) 나진옥 《은허서계청화殷墟書契菁華》 그림3, 5. 소둔 남쪽에서 발견된 갑골은 《고고》 1975년 제1기에 보인다.

27) Tung Tso-Pin 《*An Interpretation of the Ancient Chinese Civilizalion*》(Taipei, 1952) pp.24-25

28) 호후선 〈부정시대 5종의 기사에 관한 각사고〉 p.67

29) White 《Bone Culture of Ancient China》 (Toronto, 1945) pp.28, 97. 허진웅 許進雄 군의 보고에 의하면, 호골虎骨은 성인 호랑이 오른쪽 다리의 상박골上膊骨이며 서체는 전형적인 제5기이다. 명문銘文 가운데 진색僅霜자의 의미는 확실치 않은데 대략 위맹威猛하다는 형용사인 듯하다.

30) 상승조 《은계일존殷契佚存》 pp.426, 427 같은 책 《고석考釋》 pp.62-63, 71

31) 동작빈 〈중국문자의 기원〉《대륙잡지》 제5권 제10기(1952) p.349

32) 진몽가 《은허복사종술》 pp.16, 44

33) 《문물참고자료》 1954년 제4기 p.5, 그림 1—3

34) 동작빈 《은허문자갑편》 3939-41. 당란唐蘭 〈獲白兕考〉《사학년보史學年報》 제1권 제4기(1932), pp.119-124. 곽말약 《복사통찬고석》 pp.125-126

35) 동작빈 《은허문자갑편》 p.3, 942

36) 호후선 《은대복구의 내원殷代卜龜之來源》 p.10

第三章 ── 금문金文과 도문陶文

고대에는 금속과 점토로 만든 기물들이 문자기록에 사용되었다. 금문은 보통 황금·철·석연 등이 합금된 기물에서 보이고 있지만 가장 보편적인 것은 역시 청동기靑銅器에 새겨진 명문銘文이다. 동기銅器에 기재된 문자는 상대商代로부터 한漢에 이르기까지 계속되어 왔으나 역사적 사실을 기록한 것은 주대周代가 가장 보편적이었다. 고대 중국에서 철기가 대량으로 사용된 것은 기원전 6,7세기에서야 비로소 시작되었다. 그러나 동기는 여전히 중국 고대문화 가운데 가장 중요한 금속기물이었다.

점토와 구리는 비슷한 물질은 아니지만 이 양자 사이에는 아주 밀접한 관계가 있다. 동기의 형식은 아마 도기陶器로부터 탈태脫胎되었을 것이며 기재된 문자에 있어서도 본질상 유사한 점이 많다. 다만 후일 금문의 발전은 비교적 긴 역사 사실의 기록에 의해 이루어졌음에 반해 도문은 여전히 아주 간단한 표기標記에 그치고 있다. 이러한 변천은 아마 도기가 부서지기 쉬워 오래 보존하기 어려운 반면에 동기는 비교적 견고하여 내구성이 크기 때문인 듯하다. 그러나 동한東漢이 기념을 위한 문자를 석비石碑에 새기는 방법을 많이 사용하게 된 뒤로 금문은 역사 사실의 기록에 더이상 쓰이지 않았다. 금속으로 만든 인장印章을 점토에 찍어 죽간과 목간의 봉니封泥로 삼은 것으로 미루어 또한 그 양자 사이의 관계가 밀접함을 알 수 있다. 인장은 간혹 벽돌과 기와 등의 관지款識에도 사용되었는데 그러한 관지가 많이 실려 있는 전국시대戰國時代와 한대漢代의 벽돌과 기와 가운데는 지금까지도 양호한 상태로 보존되고 있는 것이 많다.

1 금문의 성질과 유별類別

금문은 보통 이기彝器·악기樂器·병기兵器·도량형·거울·화폐·인장 등과 기타 각종 기물 위에 새겨지는데 그 가운데 이기에 실린 문자가 가장 길다. 이기의 용도는 각기 다르고 형태도 무척 다양하여 대략 30종에서 50종에 이르는 양식이 있다. 일반적으로 각 이기의 명칭은 대부분이 기물에 새겨져 있거나 혹은 고적古籍에 기록되어 있다. 그러나 그 형식과 용도가 지나치게 번잡하므로 비교적 조기早期의 일부 동기목록銅器目錄들은 단지 형태에 의거하여 아주 개략적인 분류만을 하고 있다.

비교적 새로운 분류법은 각 기물의 용도를 근거로 하여 동기를 악기·주기酒器·수기水器·식기食器·조리기·병기·농기·도량형·잡기雜器 등으로 나눈다. 그밖에 밑부분(低部)의 형태에 따라 원저圓低·평저平低·고저觚低로 혹은 다리가 셋(三足)인지 넷(四足)인지로 나눈다.[1] 어떠한 분류를 막론하고 이러한 기명器皿들은 보통 크게 두 부분으로 구성된다. 주체는 원형·방형方形 혹은 장방형長方形이 되며 자루·다리·뚜껑 등의 구조가 그와 어울려 형태를 이룬다. 일반적으로 원체圓體는 삼족三足이 많고, 방체方體는 사족四足이 많다.

기물상의 문자에 일정한 부위는 없다. 일부는 아름답게 보이기 위해 기물의 외부에 문자를 새기기도 한다. 그러나 원형이거나 방형이거나, 다리가 셋이거나 넷이거나에 관계없이 명문銘文은 대부분 기물의 내부에 새기고 있다. 뚜껑이나 자루가 있는 기물은 간혹 뚜껑이나 자루에 새기기도 하고, 또한 극소수이긴 하나 귀나 입·목·다리 등에 새긴 것도 있다.[2]

청동기구의 주조는 대단히 정교하고 아름답다. 상대商代의 유물인 어떤 청동기는 구리가 대략 80~85%, 주석이 15~20%, 그리고 소량의 납과 기타 광물질을 포함하고 있었다.[3] 동銅의 주조법은 용범鎔范을 합하여 만드는 방법과 밀랍으로 모형을 만드는 방법뿐이다. 그 방법은 둘 또는 넷의 조각을 맞추어 만들어진 용범에 동을 녹여 직접 부어넣는 것으로 나중에 맞추었던 용범을 뜯어내어 만드는 방법이다. 다른 한 방법은 밀랍으로 모형을 만든 후 밀랍이 녹기를 기다려 모형을 이루는 방법이다. 안양安陽에서 출토된 수많은 토제용범土製鎔范은 아마도 은대 사람들이 제작한 동기의 모형일 것이다. 주대周代의 일부 동기에 새겨진 문자는 용범 하나에 한 자인 수도 있고 혹은 한 용범에 여러 자인 경우도 있으며 그러다가 여러 개의 단락이 합쳐져 완전한 문장을 이루고 있어, 마치 후세에 사용되어진 활자活字와 비슷하므로 활자판 사용의 선구라고도 할 수 있다.[4]

일상적인 용구 외에 고대의 청동기는 제사나 장례 등에 많이 사용되었다. 특히 귀족의 집에서는 부장품副葬品으로 상용되었다. 이러한 청동기는 우연히 발견되거나 도굴자의 발굴 등을 통하여 대대로 출토되었다. 어떤 제후들은 다른 나라에 의해 정복되기 전에 벌써 조상들의 무덤이 도굴되기도 하였다. 한대漢代의 왕공王公들은 직업적인 도굴꾼들을 고용하여 고분古墳 속의 재보들을 도굴하기까지 했었다.[5] 근 4,50년 이래 과학적인 발굴이나 우연한 발견을 통해 대단히 중요한 청동기들이 계속해서 출토되었다. 출토된 주요 지방으로는 하남河南의 신정新鄭·낙양洛陽·예현睿縣·안양安陽·정주鄭州와 휘현輝縣 등이 있고, 산서山西의 혼원渾源, 안휘安徽의 수현壽縣, 그리고 호남湖南의 장사長沙 등이 있다. 60년대 이래로 청동기의 출토는 대규모의 증가를 보이고 있다. 상술한 지역 외에도 강서江西·요녕遼寧·하북河北·섬서陝西·광동廣東 등지에서 끊임없이 발견되고 있으며 그들은 수량에 있어서도 막대할 뿐만 아니라 정교한 제품의 수 또한 적지않다. 예를들어 섬서의 고현固縣 지방에서는 50년대 이래로 상대商代 무정왕조武丁王朝 이후의 청동기가 5백여 점 출토되었는데 출토품 가운데 20여 개는 이미 발굴된 청동기의 걸작품 가운데 일부이다. 또 다른 예로 섬서 부풍현扶風縣에서 출토된 서주西周의 사유종師兪鍾·임동臨潼에서 발견된 주무왕궤周武王簋 등은 대단히 진귀한 것들이다. 이러한 옛 기물들은 대부분이 본래의 제조지에서 출토되고 있으나 선물·뇌물·혼수품이나 약탈 등으로 인하여 간혹 다른 곳에서 발견되기도 한다.

출토된 청동기의 수가 비록 많기는 하여도 1950년 이전의 것으로 문자를 싣고 있는 것은 6,7천 점에 불과하다. 그 가운데 대략 1천 점은 상대의 것이고, 1천 점은 진·한대에 제작된 것이며 그외의 4천여 점은 모두 주대의 기물이다.[6] 금문은 대부분이 간단하고 짧으나 갑골문에 비해서는 길고 완전하다. 평균적으로 볼 때 매 기물당 20에서 50자 가량이 실려 있으나 적게는 10자에서 많게는 2백 자에 이르는 것도 있다. 1974년 하북 평산현平山縣에서 전국시대의 무덤군이 발굴되었는데 명문이 실린 청동기가 50여 점 출토되었다. 그 가운데 장문의 명문이 있는 것이 4점으로 중산왕정中山王鼎은 76행에 469자로 이제까지 발견된 전국시대 청동기의 명문 가운데 가장 길다. 그밖에는 중산왕방호中山王方壺의 명문이 40행에 448자, 𡼏盜壺가 59행에 182자 등이다.[7] 현존하는 청동기의 명문 가운데 가장 긴 것은 서주의 모공정毛公鼎으로 5백 자가 실려있다. 금문의 어휘는 갑골문보다 많지 않다. 용경容庚이 편찬한 《금문편金文編》과 《속편續編》에 의하면 주대와 주대 이전의 금문으로 오늘날 읽어 통할 수 있는 것이 약 1천8백여 자이고 통하지 않는 것이 약 1천2백여 자라고 한다. 진·한의 금문으로 읽을 수 있는 것은 거의 1천 자에 달하고 읽지 못하는 자는 단지 30여 자이다. 그러나 현존하는 갑골이나 청동기상의 글자가 고대의 모든 어휘의 자수字數를 대표한다고는 할 수 없다. 출토된 것은 부분에 지나지 않으며 또한 문자가 기술하고 있는 범위 역시 극히 제한적이기 때문이다.

상대와 서주 시기의 금문은 일반적으로 청동기상에 주조되어 있으며 비교적 후기의 금문 역시 조각되어 있다. 초기楚器상의 문자 같은 것은 각획刻劃으로 이루어져 있다. 글자의 크기는 일반적으로 2cm의 정방형이나 타원형의 형태나 비교적 큰 글자도 눈에 뜨인다. 금문의 배열은 보통 다른 종류의 문자와 같이 모두가 위에서 아래로 내려쓰거나 오른쪽에서 왼쪽으로 가는 전통적인 형식이다. 다만 드물게 왼쪽에서 오른쪽으로 가는 경우가 있고 혹은 행간이 홀수일 경우에는 위에서 아래로 가지만 행간이 짝수일 경우에는 아래에서부터 위로 쓰는 경우도 있다.[8] 그리고 또한 중첩된 글자나 빠진 글자도 이따금 있으니 이는 아마 자세한 교독校讀을 거치지 않았기 때문일 것이다.

2 금문의 양식과 용도

금문의 발전과 청동기의 발전과정은 서로 비슷하여 대략 4기로 나눌 수 있다. ①상은商殷 ②서주西周 ③동주東周, 춘추와 전국시대를 포함 ④진秦·한漢이 있다.

각 시기의 금문은 글자체의 서법·형태의 구조 및 문법의 용도상에 있어 서로 다르다. 그리고 이러한 차이는 기구器具 자체의 형식 및 내용과 아울러 그 기물의 시대를 고증하는 데 모두 사용될 수 있다.

상대의 금문은 일반적으로 볼 때 비교적 간단하고 짧으며 대부분이

도형圖形으로 나타나고 있다. 이것이 상대 금문과 후세 금문과의 다른
점이다. 이렇게 간단하고 짧은 금문은 대다수가 서로 다른 각종의 명칭을
가지고 있는데 씨족명氏族名·인명人名·제사를 받는 조상의 이름·기물
명 혹은 제조인의 이름 등이다.『부을父乙』『부정이 만들다 作父丁』
등과 같이 극히 간단한 많은 문자들이 바로 주요한 인명이다. 은나라 사람
들은 제사를 지낼 때 죽은 이의 생사기일生死期日로써 시호諡號를 삼았으
니 이것이『일명日名』이다. 그러나 주나라 사람들도 이 법을 연용하였으므
로[9] 이것이 상대의 기물이라는 유일한 증거는 되지 못한다.

　다수의 간단한 상형문자는 상대 특유의 것으로 그 문자들 가운데 일부
는 말·코끼리·돼지·개 등과 같은 동물의 형태이거나 혹은 사람과 기물
들이 서로 결합된 각종의 형상을 하고 있다. 이러한 형상은 제사·제조·
전쟁이나 혹은 그밖의 여러 사회·경제생활의 현상을 표시한다.(圖4) 이같
은 상형자는 은대의 갑골문보다 원시적이며 사실적인데 아마도 은대의
금문 가운데 비교적 오래된 자체인 듯하다.

　서주의 금문 가운데는 장편의 기사문이 있는데 이들은 대부분이 당시의
전쟁이나 맹약·조례·임명·시상·전례나 그밖의 각종 정치·사회활동의
기록이다. 그 문자구조나 문법용도 등이 오늘날 보이는 주대의 전적과
대체로 비슷하다. 주 성왕 때(기원전 1115~1079년)의 모공정에 새겨진
명문은 그 자수가 거의 《상서尙書》 속의 1편과 맞먹으며 문체 역시 《상
서》와 극히 흡사하다. 그 명문은 모두 5단락로 나누어져 있고 매단락마다
모두 『왕께서 이렇게 말씀하셨다 王若曰』라는 말로 서두를 삼고 있다.
이는 물론 당시 사관史官의 기록으로 정鼎에 새겨 영구히 남기고자 함이
었다. 1976년 섬서 임동에서 발견된 서주의 예기禮器인 이궤利簋 1점은
기내의 밑부분에 4행 32자의 명문이 새겨져 있는 바, 현재까지 알려진
서주왕조의 것 가운데 가장 빠른 청동기이며 주초周初 무왕武王이 상을
정벌한 사실에 관한 유일한 공식기록이다.[10] 일부 서주의 청동기상에는
흔히 법률에 관한 명문이 보이는데 이는 아마도 청동이 견고하고 내구성
이 강하기 때문에 특별히 그런 류의 문건에 적합하였으리라 생각한다.
《주례周禮》에 『나라의 규약은 종묘의 육이六彝에 기록한다. 凡大約劑,
書于宗彝』[11]고 하였으며, 《좌전左傳》 소공昭公 6년과 29년에 역시 형법을

정鼎 위에 주조하였다는 기록이 있다. 기원전 8,9세기의 **失人盤**(즉 산씨반散氏盤)에는 두 제후의 식읍食邑 경계에 관한 조항이 기록되어 있다. 그리고 그와 유사한 성질의 글로는 말과 전답을 바꾼 기록이라든가 노예 매매의 계약 및 토지 소송에 대한 기록 등이 있다.[12]

서주의 금문은 일반적으로 자체가 균형이 잡혔고 필획이 웅휘하면서 단정하다. [그림5]가 보여주는 바와 같이 서주의 주공궤周公設(기원전 11세기)에는 8행의 65자가 실려있는데 그 글에 이르길 『삼월에 왕께서 영榮과 내사內史에게 명하여 말씀하시길「형후刑侯에게 일을 하도록 하고 주인·중인·용인의 노비 삼족을 하사하라」고 하셨다. 이에 머리숙여 절하고 천자의 은덕을 칭송하였다. 두루 이 복이 계속되어 상제와 하제에 버금가고 천명이 주나라에 있으십시오. 효경을 좇아 바름을 선양하시고 쇠퇴하여 잃지 않도록 하십시오. 나의 복제와 맹세 등의 예를 밝히고, 내 천자의 신하되었으니 왕의 명령을 받들어 주공의 이기를 만드나이다 隹(唯) 三月, 王令(命) 焚(榮) 眔(暨) 內史 曰 : 叀(匂) 井(邢) 侯服, 易(錫) 臣三品 : 州人·重人·膚(鄘)人. 捧(拜) 頴(稽) 首, 魯天子, 匡(周) 氏(厥) 瀕(頻) 福, 克奔徒(走) 上下帝, 寑(撫) 令(命) 于有周. 追考(孝), 對, 不敢, 彖(墜). 邵(昭) 朕福盟(盟). 朕臣天子, 用典(典) 王令(命), 乍(作) 周公彝.』(역주 :《西周青銅器銘文分代史徵》pp.159-160 참조. 康蘭 著, 中華書局) 서주의 금문은 일반적으로 삽화가 보여주는 바와 같이 대부분 그 필획이 정연하면서 장중하다.

기원전 770년, 주왕실이 동으로 옮겨간 후 왕권은 쇠락하고 제후들이 대신하여 발흥하였다. 제후들의 이기彝器가 왕실의 이기들의 지위를 대신하는 상황으로 미루어보아 당시 왕실이 쇠락한 형편을 알 수 있다. 현존하는 동주의 이기들이 48명 이상의 제후들에게 분속되어 있는 데 반해 주왕실에 속하는 것은 거의 없다.[13] 이기상에 기재된 문자를 통해 같은 지역에 위치한 제후국에는 서로 비슷한 문화적 특질이 있음을 알 수 있다. 일반적으로 이 시기의 금문에는 흔히 운각韻脚이 있고 자체가 아름다워 서주시대의 제반 문자와 비교할 때 자체가 약간 짧으며 변화가 많다. 기원전 589년 제齊나라의 國差繪에는 53자의 명문이 새겨져 있는데 이의 상반부에 부채꼴 모양으로 되어 있다. 이 문자들은 편篇 전체가 장식적일 뿐만 아

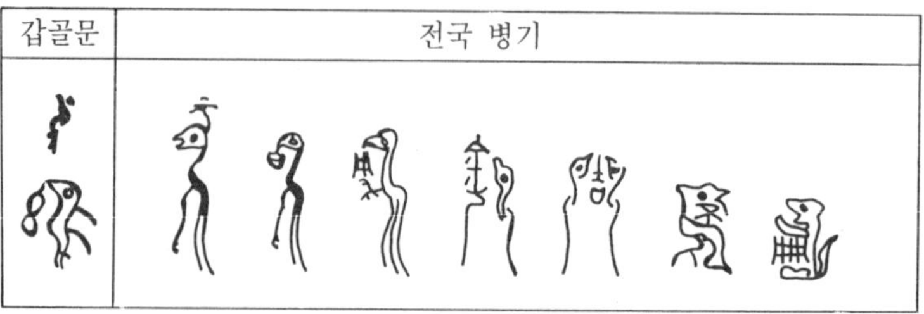

表2 은주殷周의 조서鳥書

갑골문	전국 병기

니라 개별적인 자체 역시 많은 수식을 가하고 있다.[14]

금문의 자체 가운데 가장 주의를 끄는 것은 조서鳥書이다. 일부 글자체에 새(鳥) 형태의 문양을 곁들이고 있는 것도 있고, 혹은 필획 자체가 깃털 모양의 형태를 이루도록 쓴 것도 있다. 조서의 시원은 상대까지 소급하여 올라갈 수 있으나 이를 대대적으로 사용한 것은 전국시대의 남방제후들이었다.(表2 참조) 조서의 중요한 용도는 병기兵器의 장식에 있다. 현존하는 약간의 서로 다른 형태의 조서 가운데의 대부분이 전국시대에 속하는 것이다.[15] 중국문자의 예술화는 아마 여기에서 비롯되었을 것이다.

진·한 이후로 금문의 양식은 점차 변하여 이전의 명문 가운데 산문이나 운문과는 다르게 되었다. 진대에는 봉건제도가 폐하여지고 궁정의 이기도 점차 소실되었다. 진시황秦始皇의 천하통일 후, 모든 금속의 기물들을 정부에서 거두어들였으므로 청동 이기의 제조는 사실상 중단된 것이나 다름없다. 현존하는 것으로 문자가 실린 진대의 금속기구는 거의 대부분이 도량형기度量衡器로서 그 명문 역시 전부가 도량형의 표준화와 관련된 기록이다. 한대 금문의 대부분은 그 기물을 주조한 사람의 이름이나 그 기구의 크기·기물을 주조한 연대·기물 주인의 이름 및 공식화된 길상어 吉祥語 등이다.

3 거울에 새긴 문자(鏡銘)

옛날에는 구리거울(銅鏡)이 생활용품의 하나였다. 동경은 대부분이 원형으로 정교한 무늬로 장식을 하고 거울의 뒷면에는 보통 글씨를 새겼다.

은대의 동경이 일찍이 안양에서 출토되었다.[16] 서주의 동경은 현재까지 남아 있는 실물이 극히 적으나 동주의 것은 상당히 많다. 하남의 안양에서 출토된 11개의 동경은 모두 기원전 550년 남짓하여 제작된 것들인데 제조공법이 정교하고 아름답다. 그 가운데 하나는 무늬를 금과 은으로 상감하였고 나머지도 역시 디자인이 아름답다. 호남의 장사長沙에서도 전국시대의 동경이 출토된 바 있다. 그러나 이러한 조기의 동경에는 대부분 문자가 없다.[17]

현존한 것 가운데 문자가 있는 가장 오래된 동경은 기원전 3세기 전국시대 말기의 것이다. 그 문장에 이르기를『늘 서로 생각하며 원컨대 서로 잊지 말기를 長相思, 願毋相忘』하였다. 그밖에 한대 이전의 거울에 새긴 말들은 일반적으로 모두 비교적 짧은 축복의 말이나 축하의 말, 혹은 격언 등이다. 동경은 보통 남녀가 선물하는 일종의 애정표시로 거울 속에 사람을 담아 가인佳人을 항상 가까이하고자 하는 바람을 뜻한다. 이런 조기의 경명鏡銘은 물질적·정신적인 면에 있어서 사람의 바람을 나타내고 있으며 이로 인해 후에는 경명의 규범이 되었다. 흔히 보이는 경명으로는『大樂富貴, 得所好 ; 千秋萬歲, 延年益壽』등이 있다.

한대의 경명은 이와같은 상서로운 말과 축하의 전통을 계승하였을 뿐만 아니라『宜子孫』과 같은 류의 말이 극히 일상적으로 보이는 외에 거울을 만든 이의 이름과 제조일 등은 더욱 흔히 실리고 있다. 대략적인 추산에 의하면 현존하는 한대의 거울 가운데 1백여 개 정도에 기원후 6년 이후의 연대가 실려있다. 경명 가운데는 정치선전적인 내용도 있는데 특히 신망新莽(기원 9~23년) 시대의 경명에 그런 류의 글이 많다.[18]

동한시대의 경명 가운데는 인간의 미신과 도가의 신비사상도 보인다. 현존하는 것으로 그 주조가 아주 정교한 동한의 동경(圖6)은, 가운데 사각형을 그려 12간지干支의 명칭을 새겨 넣었고 밖의 원에는 55자의 명문을 새겨넣었다.『이 네모난 어경을 귀히 여겨 참으로 상하게 하지 말라. 교묘하게 새겨 문장을 이루어 놓았다. 좌청룡 우백호는 상서롭지 못함을 물리치고 주작과 현무는 음양을 고르게 한다. 자손이 번창하여 중앙에 거처하니 위에는 선인仙人이 있어 항구하다고 여긴다. 길이 양친을 보우하여 즐거움과 부유함이 융성하게 하고 수명이 금석을 깨뜨린 후왕과 같아라

尚方御鏡眞毋傷, 巧工刻之成文章. 左龍右虎辟不詳, 朱鳥玄武調陰陽. 子孫備
具居中央, 上有仙人以爲常. 長保二親樂富昌, 壽敝金石(如)侯王』[19]

이 글은 신선·신비한 동물·장수·음양 등에 관한 사항을 기술하고
있는데 이것은 당시의 민간신앙을 반영하고 있다. 한대 이후 특히 수·당
이래 경명의 규격은 크게 달라졌다. 대부분이 4언이나 5언의 변려문이
었으며 또 중복을 많이 했다. 당경唐鏡은 비록 한경漢鏡의 문양을 모방하
였으나 경명에 있어서는 다른 점이 많았다.[20]

경명은 대부분 거울 뒷면의 장식인 내원內圓이나 외원外圓에 실리며
필법에 있어서도 장식성이 강하다. 전국시대 초기의 경문은 자체에 있어
꺾어짐이 많아 전서체篆書體에 가까우나 한대의 경문은 해서楷書가 많
다. 경문 가운데 음은 같으나 다른 글자, 혹은 틀린 글자가 자주 보이고
또 비슷하기는 하나 사실은 다른 고자古字 역시 자주 보이는데 이는 아마
새기는 사람의 잘못이거나 혹은 글자체의 예술화를 생각한 의도였는지도
모른다.

4 화폐문자貨幣文字

주대周代에 성행했던 화폐문은 후세 금석가金石家·옛날돈 수집가·경
제사를 연구하는 학자들에게 중시되고 있다. 소수의 특수한 화폐 외에는
거의 모든 금속화폐에는 예나 지금이나 모두 글자가 실려있다. 화폐문자는
다른 종류의 금문과는 달리 지역관계에 따라 간혹 글자체에 상당한 차이
가 있다. 화폐문은 대개 지명地名·단위숫자單位數字 등이므로 그를 통해
화폐의 종류·시대와 제조, 혹은 유통되던 지역 등을 알 수 있다. 그러나
많은 수의 화폐가 여전히 그 시기와 지점을 확정할 수 없으며 화폐문을
전혀 판독할 수 없는 것도 상당히 많다.

중국 고대의 화폐에는 최소한 5가지의 주요 형식이 있다. 조개껍질(貝
殼)·포(산)폐 布(鏟)幣·도전刀錢·원금爰金·환폐圜幣 등이다. 패전貝錢
은 상대商代와 주대周代 초기에 유행했으나 현재까지 문자가 기재된 옛날
조개는 발견되지 않고 있다. 문자가 기재된 금속화폐의 기원에 관해서는

여러 설이 많다. 일반적으로 공인되고 있는 것은 금속화폐의 사용이 기원
전 8세기보다 빠르지는 않으리라는 설이다. 그러나 혹자는 상말주초商末周
初의 시기에 이미 포폐가 통행되었다고도 한다.[21] 금속화폐는 대부분 청
동·적동赤銅·황동黃銅 등을 이용하여 삽이나 칼의 모양으로 만들었다.
삽이나 칼은 농기구로써 상고시대에는 교환의 매개물로 쓰였으나 나중에
는 모형을 따서 화폐로 쓰였다.

포폐는 황하유역과 북부의 연燕·조趙·노魯·위魏·한韓 등의 나라에
서 유통되었다. 그 형태를 근거로 보면 4종류 — 공수포空首布·첨족포尖
足布·방족포方足布와 원족포圓足布 — 로 구분할 수 있다. 윗면에는 보통
안읍安邑·둔류屯留·산양山陽 등과 같이 주조한 지명이 씌어있다.(圖7
乙) 일부 포폐에는 제조화폐공장·수량·단위 등 비교적 많은 글자가
씌어있다. 보통 6자에서 8자 정도인데『梁正尙金當寽』혹은『梁充釿金尙
寽』같은 것들이다.(圖7 丙). 대량大梁은 기원전 4세기 위魏나라의 도성이
었으며「金」과「寽」은 당시 화폐의 단위이다. 제齊나라의 도전刀錢 제조
가 가장 정밀하며 실린 문자도 다른 것에 비해 또렷하다. 흔히 보이는
것으로『齊法化(貨)』혹은『齊造邦長法化』등의 양식이 있다.(圖7 甲)
일반적으로 후자가 가장 오래된 제齊의 도刀로 인정받고 있다. 그밖의
도전으로 지명이 있는 것은『安陽之法化』나『即墨之法化』등이 있다. 안양
과 즉묵은 제나라의 주요한 화폐주조의 중심지였다.

원금爰金은 장강長江·회하淮河유역 일대의 초나라에서 유통되던 화폐
인 듯하다. 또한 황금·적동赤銅 혹은 그밖의 금속으로 주조되었으며 윗면
에는 주조한 공장명과 화폐가치의 단위가 찍혀 있다. 원금에 찍힌 글자의
수는 2자에서 16자에 이르기까지 각기 다르며 정원郢爰·진원陳爰과 수춘
壽春의 3종류로 구분할 수 있다.「원爰」은 본래 원금의 화폐단위이다.
정·진과 수춘은 기원전 3세기 전국 말기 초나라의 역대 도성이다. 찍힌
문자에 도성의 명칭이 있는 것으로 미루어 원금은 당시 관에서 쓰던
화폐였음을 알 수 있다.

환전圜錢의 기원에 관해서는 중설이 분분하다. 전통적인 설법에 의하면
환전은 가운데 사각형의 구멍이 있고「보화寶貨」라는 두 글자가 있는
것으로(圖7 戊) 주周 경왕景王(기원전 524년) 때에 발행하였던 통화라고

여겨진다. 그러나 현대 학자는 이를 억측이라 여기며 「보화寶貨」「보사화寶四貨」 혹은 「보육화寶六貨」 등의 문자가 씌어진 환전이 실은 전국 말기의 것이라고 생각하고 있다.[22] 가장 이른 환전은 가운데 구멍이 원형이었으나(圖7 丁) 나중에서야 사각형으로 바뀌었다.

진나라는 처음에 사각형의 구멍이 있는 환전을 주조했는데 「반량半兩」(1兩은 24수銖와 같다)이라는 글자가 씌어있다. 진이 기원전 221년 천하를 통일한 후에 이 돈은 전국에서 유통되었다. 한이 진을 멸망시킨 후 반량짜리 환전으로 통화를 삼았는데 중량은 전에 비해 가벼워져 각각의 무게가 3수에서 5수에 이르기까지 다르다. 한 이후 역대의 화폐단위는 수차에 걸쳐 바뀌었으나 오수전五銖錢(圖7 己)만은 시종 가장 보편적인 통화로 쓰였으며 당대唐代에 이르러서야 비로소 다른 단위가 뒤를 이었다. 환전 위의 명문은 보통 소전小篆이므로 판독하기가 아주 용이하다.

5 인장印章과 봉니封泥

고대에 인장을 제작했던 재료는 아주 다양하여 금속·옥·돌·점토·상아 및 짐승의 뿔 등이 있다. 인장을 조각하고 인장 위의 문자를 다른 재료 위에 찍어내는 기술은 아마도 중국인이 기계로 문자를 복제한 최초의 시도일 것이다. 카터는 이것이 바로 중국 인쇄발명의 선구라고 간주한다. 그는 또한 개인이 인장을 응용한 것은 대략 진이 통일하기 이전(기원전 255년)이며, 부조浮雕한 양각 인장과 탁본 기술은 대략 기원후 1백년에 시작되었다고 하는데[23] 이 연대의 추정은 신빙성이 없다. 현존하는 옛 물품으로 볼 때 개인의 인장 사용과 양각된 인장의 조각 및 먹을 이용한 탁본 기술은 매우 일찍부터 사용되었다. 안양에서 출토된 물품 가운데는 최소한 3개의 청동인이 있다. 그 가운데 하나는 2.5cm의 정사각형으로 아亞자형이며 가운데는 새 모양이 찍힌 문양이 있어(圖8 甲左) 상대 다른 종류의 청동기 위에 있는 명문과 비슷하다. 인장의 문양은 무정시대의 일원대장—貝大將의 이름인데[24] 이로 미루어 상대에 이미 양각된 인장이 사용되었음을 알 수 있다.

　　그외에도 한 무더기의 주대 말기의 청동인과 옥인玉印이 하남 낙양의 고분에서 출토되었다. 그 위의 문자는 조각된 것도 있고 모형을 떠 주조된 것도 있다.[25] 하북의 역현易縣과 장사長沙에서도 같은 시대의 인장이 발견되었다. 장사에서 출토된 인장에는 금인金印·청동인靑銅印·터키석인印과 활석인滑石印이 있는데 주·진·한 3대의 인장문양과 인장형식의 변화발전을 이해하는 데 대단히 중요하다. 금인은 양각이고 동인 하나는 음각이며 그밖에 원형인 2개의 동인에는 짐승 모양의 장식이 있고 터키석인에는 조서가 있다.[26] 붉은 인주의 사용은 대략 5,6세기에 시작되었고 초기에 찍은 문양은 모두 검은색이었다. 돈황敦煌에서 발견된 서기 1세기 정도된 비단에는 검은색의 문양이 찍혀 있다.[27] 비록 그 문자가 모호하여 선명하지는 않지만(圖8 戊) 아마도 부드러운 재료에 찍은 문양으로는 현존하는 것 가운데 가장 빠를 것이다. 비단·인장·먹 등은 상대에도 이미 존재하고 있었다. 우리는 그것들이 한대 이전에 이미 함께 사용되었다는 사실에 관한 믿을 만한 이유를 갖고 있다.

　　고대 인장문양의 자휘가 한대 이전에는 약 1천2백여 자였으나 한대에 이르러 2천5백여 자로 불어났다.[28] 선진시대의 인장문양은 대체로 전국시대의 금문·도문 및 병기·청동기상의 글자체와 비슷하다. 각국의 인장문양은 내용과 글자체가 모두 다르다. 진·한의 인장문양은 「모인摹印」이나 「무전繆篆」이 많으며 글자체는 소전과 해서의 중간 정도이다. 이러한 글자체는 《설문說文》에서 일컫는 6종의 서체 가운데 하나이며 인장가들은 지금까지도 줄곧 그것을 연용하고 있다. 현재도 인장문양을 조각함에 있어 이른바 「전서篆書」라고 하는 고체자古體字를 사용하는 것이 거의 관습화되었는데 이는 아름다움뿐만 아니라 위조를 방지하기 위함이기도 하다. 인장의 문양은 비단이나 종이 위에 사용하는 외에 죽간·목간의 공문이나 개인 서신의 봉니封泥 등에 더 일반적으로 쓰였다. 비밀유지를 위해 간독은 항상 주문主文의 앞뒤에 쓰지 않은 간편簡片을 덧대고 책을 묶는 새끼줄로 묶은 뒤 다시 새끼줄 위에 봉하는 점토를 덧붙이고 인장을 찍는다. (圖8 丙上) 간독은 사용하고 난 뒤 훼멸하거나 혹은 오랫동안 매장되었던 까닭에 썩어버리기도 했으나 봉니만큼은 지하에서도 항상 완전한 상태로 보존되어왔다. 서기 1822년 사천四川에서 가장 먼저 발견되었던 고대의 봉니는 후에 섬서·하남 등지에서도 발견되었는데 이곳에서는 모두 수백 편이 출토되었다. 1934년 산동 임치臨淄에서는 5백여 편의 봉니와 약간의 도문이 발견되었다.

이러한 봉니의 문자들은 대부분 관원·왕공·귀족들의 관작이거나 개인의 명칭이다. 그것은 대부분이 한대의 물품이며 만주晚周와 진대秦代 및 비교적 시대가 늦은 진대秦代의 물품도 소수 있다.[29] 우리는 이제 인장이 일찍이 상대에 쓰였음을 알았다. 그러나 봉니의 사용이 어느 때에 시작되었는지는 알 수 없다. 《좌전左傳》 양공襄公 29년(기원전 544년)에 「새서璽書」에 대한 언급은 있으나 봉니에 관해서는 말이 없다. 《여씨춘추呂氏春秋》권19 〈적위適威〉에 『그러므로 백성으로서 임금을 대함이 인장의 인주 같으니, 각진 인장으로 누르면 모양이 네모나고 둥근 인장으로 누르면 모양이 둥근 것과 같게 된다 故民之于上也, 若璽之于塗也, 抑之以方則方, 抑之以圜則圜』《회남자淮南子》 권11 〈제훈齊訓〉에 『마치 도장을 인주에 찍는 것과 같으니 도장이 반듯하면 그 도장자국도 바르고, 도장이 비뚤어졌으면 그 도장자국도 비뚤어진다 若璽之抑墳, 正與之正, 傾與之傾』하였다. 이러한 고대문헌과 아울러 현존하는 주대 봉니로써 간독제도簡牘制度가 성행했던 때에 봉니로 문양을 찍는 것 역시 통용되었음을 알 수 있다.

봉니는 보통의 진흙과는 달리 끈기와 부드러움과 광택이 있는 물질이다. 도토陶土와 마찬가지로 봉니 역시 일련의 제련과정을 거친 듯싶다. 대개 점토를 체로 걸러낸 뒤에 다시 이를 헹구고 짓이겨 흙반죽을 만든다. 현존하는 양식으로 볼 때, 주대의 봉니는 두툼하면서 묵직하고 진·한대의 봉니는 얇고 바삭하며 진대晉代의 봉니는 가볍고 매끄럽다. 시대가 늦어질수록 봉니는 더욱 가볍고 편리해진다. 봉니의 빛깔은 용도에 따라 차이를 보인다. 황제는 자색紫色이나 남색藍色을 사용하고 관원은 갈색·회색 혹은 검은색을 사용하며 수은과 금가루 등을 혼합한 봉니는 제사에 쓰였다. 봉니의 글자는 대부분이 중앙이나 지방 정부의 명칭으로 고대 특히 한대의 지리 및 행정체제를 연구하는 데 있어 귀중한 자료가 된다. 봉니의 문자 가운데는 고대 전적에 실리지 않은 성읍城邑의 이름이 많은데 제나라의 지명이 가장 많다.(圖8 丙下)[30]

6 도기陶器의 관지款識

진흙으로 만들어지고 명문이 있는 기물은 크게 세 종류로 나뉘는데 도
기陶器·벽돌과 기와 및 봉니封泥이다. 이들은 보통 부드럽고 고운 진흙
이나 단단하며 바삭한 점토로 제조된다. 그리고 그 위의 문자는 석각石刻
처럼 조각한 것과는 달리 모형으로 주조되거나 진흙이 굳기 전에 인장으
로 찍어내기도 하고, 혹은 구워낸 후에 파서 만들기도 한다. 이런 류의
문자는 일반적으로 아주 짧지만 중국 서법書法의 발전을 연구하는 데는
대단히 중요하다.

중국 최고最古의 도기는 동북東北과 화북華北에서 출토된 채도彩陶로
대략 신석기시대 말기에 만들어졌다. 그 도기들에는 무늬와 도안, 그리고
문자에 가까운 부호 등이 있다. 서안西安의 반파촌半坡村에서 출토된 채도
는 측정 결과 기원전 4천 년 전의 기물로 나타났는데 그 위에는 문자와
비슷한 부호가 있다. 학자들은 그 부호가 부족部族의 심벌과 숫자이리라고
믿고 있다. 감숙甘肅의 신점辛店에서 발견된 채도의 도화圖畫(表 3) 및
근래 각지의 선사先史 유적지에서 발견된 도기상의 부호에 대해 일부
학자들은 그 부호나 도화를 중국문자의 보다 원시적인 형태로 간주하고
있다. 그러나 현존하는 자료가 많지 않으므로 아직 확정된 결론을 내리지
못하고 있다.[31] 안양安陽에서 출토된 은대 도기들에도 투박하고 단순한
단자單字들이 있는데 대부분이 숫자이거나 혹은 기물 주인의 이름이다.
그러나 한 도편陶片에는 붓과 먹으로 큼지막하게 쓴 「사祀」라는 글자가
있다.[32] 산동山東 성자애城子崖의 상문화층上文化層은 춘추시대에 속하는데
이곳에서도 숫자와 문자가 있는 도편들이 출토되었었다. 그 가운데 한
병의 조각에는 구워낸 뒤에 얕게 파낸 『제나라 사람들이 그물을 쳐 고기
6마리와 작은 거북이 한 마리를 잡았다 齊人網獲六魚一小龜』는 9개의
글자가 있는데 글자체가 이미 상당히 발전되어 있다.[33]

현재 발견된 옛 도기들은 대부분이 주대의 것이며, 특히 전국시대나
혹은 더 늦은 시대의 것들도 있다. 19세기 말엽, 산동의 임치·제남濟南과

서안 반파 채도상의 부호	신점 채도상의 부호

하북河北의 역현易縣에서 처음으로 옛 도기가 대량 출토되었는데 이곳은 주대에 있어서 제齊와 연燕나라였다. 하남河南과 섬서陝西 경내에서도 최근들어 옛 도기가 출토되고 있다. 유명한 수장가收藏家인 진개기陳介祺 는 산동의 유적지 근처에 살았던 관계로 먼저 도문의 가치를 감정하였 다. 1876년 농부가 밭을 갈다 우연히 많은 양의 도편을 발굴하자, 진씨는 대량으로 이를 구입하였는데 글자의 다과多寡에 따라 값을 계산했다. 그 옛 도기들은 대부분이 식기食器거나 용기容器였다. 도기는 부서지기가 쉬워 완전한 것은 극히 드물고 대부분이 부서진 조각들이다. 그리고 그 위의 글자도 1자에서 17,8자에 이르기까지 고르지 않으며 진대秦代의 도문 보다 긴 것도 있다. 1962년에서 1963년 사이에 춘추시대 진秦의 수도였던 함양咸陽 유적지에서 계속하여 발굴된 50여 종의 도기에는 도문이 찍혀 있는데 그 가운데는 숫자도 있고 단자·4자·6자 등 각각이다.[34] 현존하는 옛 도기에 의하면 도문의 자휘字彙는 겨우 8백여 자이다. 문자가 간단하고 짧은데다 부서져 완전하지 못하므로 판독하기가 쉽지 않아 지금까지 알 수 있는 글자는 채 반도 못 된다.

도문은 보통 제조인과 기물 주인의 이름·관직·연대·지점地點 등으로 되어 있다. 전국시대의 도문과 금문은 서로 통하였으며 특히 병기·화폐· 인장 등의 문자는 비슷하였다. 도문은 대부분이 인장으로 찍은 것이었으므 로 인문印文의 자체와 극히 가까웠다.[35] 진시황秦始皇이 천하에 도량형의 표준화를 지시했던 까닭에 진대의 도문에는 진시황의 칙령이 많다. 그 가운데 한 도편에는 40자의 소전小篆이 씌어있다.『26년 황제가 천하의 제후들을 모두 합병하여 백성들을 두루 편안하게 하시고, 호를 황제라 하셨다. 이에 승상에게 조칙을 내려 정상을 총괄하여 도량형을 제정토록 하시니 하나로 통일되지 않아 의심스러웠던 것은 모두 밝혀 하나로 하였다. 二十六年皇帝盡並兼天下諸侯, 黔首大安, 立號爲皇帝. 乃詔丞相狀綰, 法度量則, 不壹歉疑者, 皆明壹之』(圖9 甲)[36] 이런 류의 문자들은 진대의 금속 도량형기구에서 흔히 보이고 있다. 한대漢代의 도기는 대부분이 크고 작은 각종의 식기이며 연대·제조인과 기물 주인의 이름 및 길상어 吉祥語 등이 있다. 어떤 것은 주사硃砂로 쓰기도 하고 어떤 것은 인장 같은 모형으로 찍어내기도 하고, 또 어떤 것은 칼로 파기도 하였다. 이러한 도문의 글자체 또한 한대의 금문과 대체로 비슷하다. 1953년과 1957년 하남河南 낙양洛陽에서 한묘漢墓를 발굴하였는데 상당히 많은 양의 도기가 출토되었고 그 창倉·돈敦·정鼎·호壺 등의 기물 위에는 붉은색·검은색·흰색 등 3가지 색으로 문자가 씌어있었다.

도문의 행렬순서는 갑골문보다 더 불규칙하다. 단열單列에 밑으로 쓴 것도 있고 쌍렬雙列에 왼쪽으로 쓰거나 혹은 오른쪽으로 쓴 것도 있으며, 또한 거꾸로 쓴 것까지 있다. 하나하나의 글자도 어느것은 형태가 기묘하고 부수部首의 위치도 일정치 않다. 이와같은 자형字形의 불규칙은 전국시대에 자체의 변화가 많아 일정한 표준이 없었음을 설명해준다. 그러다가 진대秦代에 이르러서야 비로소 서법書法이 일치되었다.

7 벽돌·기와의 관지

진흙으로 만든 고대 건축재료에서도 문자는 흔히 보인다. 그 가운데 가장 일반적인 것으로 궁전·누대·집·분묘·우물이나 도로 등의 건조에 쓰이는 벽돌과 기와가 있다. 전문磚文은 보통 가로로 좁게 한면에 쓰이나 (圖9 丙) 때로는 넓게 한면을 차지하기도 하고(圖9 乙), 혹은 4면 모두에 있는 경우도 있다. 문자는 보통 벽돌을 굽기 전에 모인模印으로 눌러 찍는다.

전문에는 보통 연대·성명·길어吉語 등이 실려있다. 예로서 어떤 전문에는『永平元年二月造作』이라 하였고, 또 다른 전문에는『廣漢王, 王大吉陽』이라 하였다.[37] 섬서陝西 봉상현鳳翔縣에서 발견되었던 춘추시대 진秦의 옛 도읍의 질기와(陶瓦)와 평기와(板瓦)의 기와면·기와측면 및 각종 통기와(筒瓦)의 기와면 등에 기와를 굽기 전 마르지 않은 상태에서 각획刻劃한 각종 도문이 실려있는데 대략 7,80종이다. 1946년 하남 낙양의 교외에서 동한의 형도지전刑徒志磚이 1천여 장이나 출토되었다. 절강浙江에서 출토된 5백여 장의 사각벽돌 가운데 가장 오래된 것은 기원전 140년에 제작되었다.[38] 그밖에 현존하는 것 가운데 비교적 초기의 벽돌·기와로는 제나라의 벽돌이 한 장 있고 연나라 국도國都의 깨진 기와가 한 조각 있는데 이들은 아마 모두 전국시대의 고물古物일 것이다.[39]

치솟은 처마에 쓰이는 옛 기와에는 문자가 쓰인 것이 많으나 간혹 그림이나 도안 즉 청룡靑龍·백호白虎·주작朱雀·현무玄武 등이 그려진 것들도 있다. 문자에는 길상어가 많지만 궁전·사당·능침陵寢·관서·도로·창고 등의 명칭도 있고 혹은 각종 공사公私 건축물의 기념어 등도 있다. 진·한 양대의 와당瓦當은 대부분 섬서·산동·하남에서 출토되며 현재까지 전하는 것은 약 3천여 편이다. 진의 기와 관지款識는 대다수가 그림이고 문자가 있는 것은 극히 소수이다. 선인先人들은 진의 기와를 일컬어 우양천세와羽陽千歲瓦·탁천궁당橐泉宮當·난지궁당蘭池宮當 등이라 불렀는데, 그 서체書體의 조법造法을 연구해보면 대개가 한대에 진의 궁을 수리하면서 만든 것으로 진대에 만든 것이 아니다.[40] 한대의 기와는 처음에『漢並天下』『千秋萬歲』『長生無極』등의 자형을 썼으나 나중에는 통행된 길어인『長樂未央』(圖10)을 썼는데 그것들은 실제 장락궁長樂宮이나 미앙궁未央宮에 쓰였던 기와편이 아니다. 와당瓦當의 글자는 대부분이 4자이나 1자·2자·3자인 것도 있고『維天降靈, 延元萬年, 天下康寧』과 같이 많은 것은 12자에 이르는 것도 있다. 4자인 것은 원주내에 균형있게 배치되고 중앙에는 원의 중심이 있다. 글자체는 대개가 전서篆書로 장식을 하고 있으나, 간혹 예서隷書도 있다. 단, 문자는 대부분이 공식화되어 삽화가 보여주는 바와 대동소이하다.

---

1) 容庚《商周彝器通考》pp.21-23. 李濟〈記小屯出土之靑銅器〉《중국고고학보中國

  考古學報》 제3기(1948) pp.1-99

2) 석장여 〈상주이기명문부위예략商周彝器銘文部位例略〉《대륙잡지》 제8권 제5
   기(1954) pp.129-134; 180-185; 211-219

3) H.C.H Carpenter 〈Preliminary Report on Chinese Bronzes〉《안양발굴보고》
   제4기(1933) p.679

4) 나진옥羅振玉 《송옹근고松翁近稿》 p.33; 소영휘 〈청동기의 명문이 석각石刻의
   행격行格 및 점토활자의 선도가 되었음에 대해 논함〉《고궁계간故宮季刊》 제3
   권 제3기(1969) p. 20. 은대의 도범陶範에 관해서는 O. Karlbeck 〈Anyang
   Moulds〉《*Bulletion of the Museum of Far Eastern Antiquities*》 Vll(1935)
   pp. 39-60 Plates I-Vll; W.P. Yetts 《*The George Eumorfopoulos Collection
   Catalogue of the Chinese and Corean Bronze, Sculpture, Jades, Jewellery and
   Miscellaneous Objects*》 (London 1929) I pp.34-39 등에 보인다.

5) 《여씨춘추呂氏春秋》 권10 〈절장節葬〉, 《서경잡기西京雜記》 권6

6) 유체지劉體智 《소교경각금문탁본小校經閣金文拓本》, 나진옥 《은문존殷文存》,
   용경 《금문편金文編》과 《속편續編》, 곽말약郭沫若 《고대명각휘고古代銘刻匯考》;
   Bernhard Karlgren 〈Yin and Chou in Chinese〉《*Bronzes Bulletin of the
   Museum of Far Eastern Antiquities*》 Ⅶ(1936) p.23. 성고현城固縣의 상대商代
   청동기에 관한 소개는 《광명일보光明日報》 1986년 1월 3일에 보이고 부풍扶風에
   서 출토된 사재정·사유종師嬰鍾은 《문물文物》 1975년 제8기에 보이며, 임동에서
   출토된 무왕궤는 《문물》 1977년 제8기에 보인다.

7) 〈건국 30년 이래 문물 고고작업考古作業〉은 《문물》 1979년 제10기에 보이고
   하북 평산현平山縣의 전국시대 청동기에 관해서는 《고고학보考古學報》 1979년
   제2기에 보인다.

8) 용경 《상주이기통고》 上册, p.94

9) 상동 p.75

10) 〈서주 무왕궤명문〉은 《문물》 1977년 제8기에 보인다.

11) 《주례주소周禮注疏》 권36

12) 곽말약 《양주금문사대계고석兩周金文辭大系考釋》 pp.81-82, 96-99, 129-131
    곽말약 《금문총고金文叢考》 제2책 p.165

13) B. Karlgren 〈Yin and Chon in Chinese Bronzes〉 op. cit pp.56-66

14) 《양주금문사대계고석》 p.202, 《금문총고》 제2책 pp.127-130. 국차國差라는 사람
    에 대해 살펴보면, 양수달楊樹達은 《좌전》에 나오는 제齊 나라의 경卿이었던
    국좌國左라고 간주하고 있다.

15) 용경 〈조서고鳥書考〉《연경학보燕京學報》 제16기(1934) pp.195-203, 제17기
    (1935) pp.173-178. 동작빈董作賓 〈은대殷代의 조서鳥書〉《대륙잡지》 제7권
    제11기(1953) pp.345-347, W.P.Yetts 〈Bird Scropt on Ancient Chinese

Swords〉《*Journal of the Royal Asiatic Society*》 1934 pp.547-552

16) 고거심高去尋 〈은대의 한 동경銅鏡과 그와 관계된 문제〉《국립중앙연구원역사
　　어언연구소집간 國立中央硏究院歷史語言硏究所集刊》 제24본(1956) pp.685-
　　719

17) W.C. White 《Tombs of old Loyang》(Shang hai, 1934）pp.86-89· Plates
　　120-130; Hsia Nai 〈New Archeological Discoveries〉《*China Recoinstructs*》
　　1952 No.4 pp.13-18

18) 양상춘梁上椿 〈중국고경명문총담中國古鏡銘文叢譚〉《대륙잡지》 제2권 제3기·
　　제4기(1951), B. Karlgren 〈Early Chinese Mirror Inscriptions〉《*Bulletin of
　　the Museum of Far Eastern Antiquctiesn*》 Vl(1934）pp.21, 38

19) W.P.Yetts 《*The George Eumorfopoulas Collection Catelogue of the Chinese
　　and Corean Bronzes, Sculpture, Jades Jewellery, and Miseleaneous Objects*》
　　Ⅱ p.53

20) 양상춘 〈수당식隋唐式 거울의 연구隋唐式鏡之硏究〉《대륙잡지》 제6권 제6기
　　(1953) pp.189-191

21) 왕육전王毓銓 《우리나라 고대화폐의 기원과 발전我國古代貨幣的起源和發展》
　　p.34, 《Early Chinese Coinage》 (New York, 1951）pp.114, 138, 153

22) Yang Lien-Sheng 《*Money and Credit in china*》(Cambridge, Mass, 1952）
　　pp.20-21

23) T.E.Carter 《*The Invention of Frinting in China and Its Spread Westward*》
　　(rev. ed）pp.11-18

24) 우성오于省五《쌍검치고기물도록雙劍誃古器物圖錄》제2책 pp.11-13. 왕진王辰
　　《속은문존續殷文存》 제1책 pp.37, 53, 85; 제2책, p.67. 동작빈 〈중국문자의
　　기원中國文字的起源〉《대륙잡지》 제5권 제10기(1952) p.347

25) White 《Tombs of Old Loyang》 p.102

26) 《장사발굴보고長沙發掘報告》 p.51 그림 19 pp.5-7

27) E. Chavannes 《*Les Documents Chinois découverts par Aurel Stein dans Les
　　sables du Turkestan Oriental*》 (Oxford, 1913）p.118 No.539

28) 나복이羅福頤 《고발문자징古鈸文字徵》《한인문자징漢印文字徵》

29) 왕헌당王獻堂 《임치봉니문자서목臨淄封泥文字叙目》 서敍 pp.1, 12, 27 목목
　　pp.7-16

30) 오식분吳式芬 《봉니고략封泥考略》

31) 곽말약 〈고대문자의 변증적 발전〉《고고考古》 1972년 제3기 p. 2에서 수결手
　　決 혹은 부족의 심벌이라 하였고, 당란唐蘭은 원시형태의 문자라고 한 것이
　　《고문자학도론古文字學導論》제1책에 보인다. 참고로 이효정李孝定의 〈선사시대
　　와 초기 역사시대의 몇가지 도문陶文을 통해 중국문자의 기원을 관찰함〉《남양

대학학보南洋大學學報》 제3기(1969) pp.1-28, 장광유張光裕 〈새로 출토된 자료를 통해 중국문자의 기원을 다시 탐구함〉《홍콩대학중국문화연구소학보》 제12권(1981) p.91-150을 보라.

32) 석장여 〈제1차 은허殷墟 발굴〉《안양발굴보고》 제4본 p.724

33) 이제李濟《성자애城子崖》pp.70-72, 그림 52, 표14, 삽화 5

34) 진秦의 도읍인 함양咸陽의 도문陶文은《문물》1964년 제7기에 보인다.

35) 고연룡顧延龍《고도문의록》 서序 pp.1-3, 고연룡 〈계목장도서季木藏匋序〉 (손사백孫師白 집輯)

36) Chou Chao-hsiang 〈Pottery of the Chou dynasty〉《*Bulletin of the Museum of Far Eastern Antiquities*》I(1929) pp.34-35

37) 왕수단王樹枬《한위육조전문漢魏六朝磚文》 책 1~2

38) 춘추시대의 진전秦磚에 관해서는《문물》1985년 제2기에 보이고, 동한의 형도지전刑徒志磚은《고고》1977년 제3기에 보인다. 절강浙江의 전문磚文은 풍등부馮登府의 《절강전록浙江磚錄》 권1~2에 명문이 있는 것이 있으며, 권3~4에는 명문이 없다.

39) 왕진탁王振鐸《한대광전집록漢代礦磚集錄》 발跋

40) 진직陳直 〈진한와당개술秦漢瓦當槪述〉《문물》1963년 제11기 p.20. 이 글은 와당瓦當이 나타내고 있는 것과 판기와板瓦 자체·탁본拓本·인본印本 혹은 모본摹本 등 무려 342종에 대해 상세하게 기술하고 있다. 참고, 나진옥의《진한와당문자秦漢瓦當文字》 서序

第四章 ── 옥석각사 玉石刻辭

20세기초를 전후하여 갑골·도편과 봉니·간독簡牘 등이 연이어 출토되었다. 그 일이 있기 전에는 금석문자金石文字가 중국 고고학자들의 주요 연구대상이었다. 금문이 줄곧 비교적 중요한 사료史料로 여겨져 왔지만 석각에 대한 연구는 오히려 금문보다도 빠르다. 따라서 비교적 초기의 고대문자에 관한 연구 저작은 석각에 대한 것이 금문보다 많다. 금문이 홀시된 것은 아마도 청동기의 대부분이 황실이나 개인에게 소장되어 있던 까닭에, 석각이 공개되고 대중화되었던 것과는 달리 일반적으로 사람들 눈에 잘 뜨이지 않았기 때문일 것이다.

문자기록의 재료면에서 말하자면 석각은 청동보다 훨씬 앞선다. 석각문자는 일반적으로 꽤 길고 수량 역시 많으며 본을 뜨기는 더욱 쉽다. 그에 비해 청동기는 비록 아주 정교하고 옮길 수도 있지만 쉽게 유실되거나 훼손당해 영구보존하기가 쉽지 않다. 돌은 크고 무거우므로 일반적으로 훼손되지 않고 글을 실을 수 있는 면적 또한 넓으며 생산지의 공급도 풍부한 까닭에 아주 적당한 기록재료이다. 진·한 이후로는 석각이 점차 청동기를 대신하여 공功을 기록하거나 조상에 대한 제사 등의 용도로 쓰여졌다. 서기 2세기 이래 유儒·불佛·도道 3교는 석각으로써 경전을 보존하고자 하였는데 이는 정본定本의 제작뿐만 아니라 아울러 영원토록 보존하려는 의도이기도 하였다.

1 석고문石鼓文과 고대 각석刻石

현재까지 전해지고 있는 10개의 석고石鼓는 현존하는 중국 최고最古의 석각이다. 석고를 제작하는 암석은 어두운 색에 석질이 굳고 단단하며 북의 형태로 깎아 만드는데 이른바 「갈碣」이라는 것이다. 한대 이전의 석각은 대부분이 이와같이 원주형圓柱形의 「갈」이었으며 한대에 이르러서야 비로소 장방형長方形의 「비碑」가 생겨났다.

석고의 형상은 크기가 불규칙하여 높이가 45cm에서 90cm에 이르기까지 일정치 않으며, 횡단면의 원주는 평균 210㎝이다. 아래 부분은 크고 평평하고 꼭대기 부분은 작고 둥글어서 잘라낸 원주와 아주 흡사하며 네 주위에 문자가 새겨져 있다.(圖11 甲) 매 돌마다 약 70자의 운문韻文이 실려 있는데 직렬로 9행에서 15행이며 한 행에 5자에서 8자까지 있다. 이 10개의 돌에는 원래 약 7백 자 가량이 실려있었다. 그러나 부단한 자연적·인위적 침식으로 인해 현재는 겨우 3백여 자만이 남아있으며, 그 가운데는 잔결殘缺되어 완전치 못한 글자 또한 적지않다. 현존하는 송대宋代의 탁본에는 465자가 남아있다.[1]

서기 7세기경에 석고가 발견되었으나 석고상의 문자가 잔결되어 모호했으므로 그 시대와 제작목적 및 10개의 순서에 관한 쟁론이 분분하여 도무지 확정할 방법이 없었다. 전통적인 주장으로는 석고가 주선왕周宣王(기원전 827~782년) 시대의 것이라고 한다.[2] 석고상에 실린 시가詩歌의 체제가 《시경詩經》〈소아小雅〉와 아주 비슷하기 때문이다. 석고문 가운데 수렵에 관한 시가 한 수 있는데 첫수에 『내 수레는 이미 잘 손질되었고, 내 말도 벌써 다 갖추어졌네. 내 수레의 마련도 이미 잘 되었고 내 말도 보배스러워라 五車旣工, 吾馬旣同, 吾車旣好, 吾馬旣寶』라고 씌어있다. 그러나 문체가 비슷하다고 하여 결코 시대를 감정하는 유일한 증거로 삼을 수는 없다. 문체란 앞서 지어졌던 작품의 영향을 받을 수도 있고, 또 그대로 답습했을 수도 있기 때문이다. 현대 학자들은 자체와 출토지 등을 함께 고증하여, 그 석고문이 기원전 7세기 내지 8세기의 진秦나라의 것이라고 굳게 믿고 있다.[3] 마형馬衡은 석고가 진목공秦穆公(기원전 7세기초) 시대의 것이라고 고정考定하였고[4] 나진옥·마서륜馬敍倫 등은 석고가 기원전 763년 전후의 것이라고 한다. 《사기史記》〈진본기秦本紀〉에 『문공文公 3년(기원전 763년)에 군사 7백을 이끌고 동쪽으로 수렵을 나갔다. 4년에 견수와 위수가 만나 합쳐지는 곳에 이르렀다 三年文公以兵七百東獵. 四年, 至汧渭之會』고 하였다. 석고는 당대唐代 초년에 섬서 봉상현에서 출토되었는데 그곳은 견수가 서북西北으로 흘러 위수와 만나 합쳐지는 곳이다. 석고문 가운데 견수에서 고기잡는 일을 기록한 시가 있는데(圖11 乙) 이 설과 상당히 부합된다. 곽말약은 이같이 대단히 중요한 기록을 믿지 않고, 고대에 일상적인 어렵漁獵시에 지은 것으로 여기고 있다. 그는 석고문이 마땅히 진양공秦襄公 8년(주평왕周平王 원년, 즉 기원전 770년) 평왕이 서융西戎을 피하기 위해 낙양으로 천도할 때 양공이 평왕을 도와 서융에게 대항했을 때 만들어진 것으로 간주하고 있다. 그후 평왕은 원래 서융이 공격하여 점령했던 기산岐山 동쪽의 땅을 양공에게 하사했는데 석고문은 바로 당시의 공을 기록하고자 만들었다는 것이다.[5]

석고보다 시기가 조금 뒤인 석각石刻에는 3개의《저초문詛楚文》이 있는데 기원전 4세기 말엽 진나라의 작품이다. 이 3편은 형식이 서로 비슷한 기도문으로 모두 진나라가 받드는 제신에게 기구하여 초나라를 저주하는 것이다. 그 가운데《무함문巫咸文》은 11세기 중엽 섬서의 봉상현에서 발견되었으며 326자가 실려있다. 동시에 출토된 것으로《궐추문厥湫文》이 있는데 318자가 실려있다. 궐추는 강 이름으로 감숙甘肅 조나朝那 근처이다. 세번째 것은《아타문亞駝文》으로 325자이다. 아타 역시 강 이름으로 산서 영구靈邱 근처이다. 이들은 모두 진혜문왕秦惠文王(기원전 337~331년) 시대의 것이다. 당시 진의 국왕과 초의 회왕懷王(기원전 328~299년)은 적대관계에 있었으므로 이렇게 글로써 저주하였다.《저초문》의 자체와 석고문은 서로 비슷하고 그 가운데 약 30자는 거의 완전에 가깝게 같다. 《저초문》의 원석原石은 이미 망실亡失되었고, 다만《무함》《궐추》두 돌의 송대 탁본만이 전해지고 있다.[6]

고대에서는 다른 나라를 저주하기 위하여 기도를 올리는 일이 흔히 있었다. 한 나라가 맹약盟約을 위반하면 다른 나라는 즉시 신령 앞에 이를 송사하여 최후의 재판을 구하였다.《주례周禮》〈춘관春官〉에『저주와 축복은 맹·저… 등을 관장하며… 나라의 평화을 이루기 위해 부신符信으로 증거를 삼는다. 詛祝, 掌盟詛… 以質邦國之劑信』는 기록이 있고,《좌전》은공隱公 11년·양공襄公 11년·정공定公 6년에 모두 저주한 일이 실려있다. 이 3편의《저초문》은 오늘날 보존되어 있는 고대에 다른 나라를 저주하는 유일하고 완전한 기록이다.

진시황은 천하를 통일한 후에 동東으로 순수巡守하며 여러 곳에 돌을 세워 자신의 공을 칭송하였다. 기원전 219년에서 211년 사이에 모두 7개의 돌이 세워졌다. 그 가운데 3개는 산동의 역산嶧山·태산泰山과 낭야대琅邪台에 세워졌다. 기원전 218년, 산동 지부芝罘의 동관東觀과 지부산芝

罘山에 다시 2개가 세워졌고, 기원전 215년 하북河北 갈석碣石에 다시 하나가 세워졌으며 마지막으로 기원전 211년에 또 한 개가 절강浙江의 회계會稽에 세워졌다. 진시황은 기원전 210년에 붕어했고 그의 아들 2세가 이사李斯의 수행하에 다시 전국을 순행巡行하며 진시황이 세운 돌에 다시 기록하였다. 진시황이 새긴 문자는 돌의 3면을 차지했으며 다시 보기補記 한 것은 제4면에 새겨졌는데 모두가 진시황의 덕정德政을 찬양하여 노래 한 작품이다.[7]

일설에 의하면 이러한 각석은 모두 굳고 단단한 암회색暗灰色의 암석으로 석고의 형상에 가까웠다고 한다. 낭야대의 각석은 이제는 비록 완전하지 못하나 현재까지 근근이 홀로 남아 옛날의 번화했던 실물의 모습을 믿게 해준다. 돌의 높이는 모두 5m이고, 밑의 넓이가 2m, 가운데가 1.7m 이며 꼭대기는 1m이다. 진시황이 새겼던 원문은 이미 없어졌고 2세가 보기한 것은 아직 남아있는데, 모두 13행에 84자이다.(圖11 丙) 각 글자는 약 3cm의 정방형이며 상하의 가장자리에는 모두 횡선橫線이 있다. 이 보기에서 쓰고 있는 자체는 〈소전小篆〉인데 아마도 이사李斯의 친필인 듯하다.[8]

2 비갈碑碣 ·마애摩崖와 묘지墓志

한대 이후, 각석은 원주형의 갈碣에서 장방형의 비碑로 변화되었다. 갈은 현지에서 재료를 구해 썼으며 표면이 거칠어 비교적 원시적인 각석이다. 그러나 장방형의 비는 간혹 먼 곳에서 골라 운반해오기도 하였는데 크기도 꼭 알맞고 표면은 모두 평평하게 갈고 광을 내어 글자를 새기기에 적당했다. 두말할 나위없이 비는 갈보다 더 많은 인력과 보다 고도의 기술이 있어야만 제작할 수 있었다.

구양수歐陽修가 편찬한 《집고록集古錄》에는 3대 이래의 명각銘刻이 모두 있으나 유독 서한西漢의 비문碑文만이 없다고 했다. 일부 학자들은 서한의 석각이 없지는 않다고 한다. 비록 소수의 석비가 서한의 것으로 여겨지기는 하나 명확한 증거가 부족하다.[9] 어떤 학자들은 서한의 비문이

드문 것은 아마도 왕망이 찬위할 때 그것들을 파괴하였기 때문이 아닌가 하고 여긴다. 대체로 서한 시기에는 각석의 사용이 보편적이지 못했다는 것을 현재 남아있는 소수의 예에서 확인할 수 있다.[10] 석비는 본래 역사상의 큰 일이나 혹은 죽은 인물을 기념하여 후세에 길이 전하기 위해 썼다. 따라서 보통 기념지의 앞, 건축물의 정원 안이나 혹은 무덤 위에 세웠으며 밑에는 보통 기석基石이 있다. 어떤 석비의 꼭대기 부분에는 동그란 구멍이 있기도 한데 이는 아마 고대의 유풍遺風으로 물건을 매달 때 쓰인 듯하다. 고대에는 제사를 지낼 때 쓰는 짐승들을 보통 비에다 묶었다가 묘당廟堂으로 옮겼다. 또한 관을 묻을 때도 비로 관을 묘혈墓穴에 내리곤 하였다.[11]

비의 길이는 1m에서 5,6ₘ에 이르기까지 일정치 않으나 보통 상하 두 부분으로 구분할 수 있다. 상반부에는 비명碑名을 적고 용龍·호랑이 虎·비조飛鳥 등의 도안을 넣으며 하반부는 비문碑文이 된다. 어떤 비문에는 앞면에 죽은 사람의 간략한 전기를 쓰고 뒷면에는 친족의 성명을 쓰기도 한다. 1920년을 전후해서 발견된 동한의 대신 원안袁安과 그의 아들 원창袁敞의 묘비에는 비문이 전서체로 씌어있는데 한대의 비문이 예서隸書로 통용되던 당시로는 드물게 보이는 예이다.[12]

땅에 세우는 석판石版을 「비碑」라 하고 무덤 속에 묻는 것을 「묘지墓志」라 한다. 묘지석은 본래 비석과 비슷하였으나(圖12 乙) 서기 6세기 이후로 점차 표준화되어 정형화되었다. 묘지는 보통 두 개의 돌로 이루어지는 데 하나는 묘석墓石으로 묘지명이 실리고, 하나는 개석蓋石으로 묘주인의 이름을 새기며 고리가 있다. 고대의 문헌에 의하면 묘지는 서한에서 시작되었다고 하나 오늘날 서한의 묘지가 발견된 것은 없다. 현존하는 것으로 가장 오래된 묘지 두 개는 서기 106년과 163년 동한 때의 것이다.[13] 한대에는 묘지가 보편적이지 못했으며 서기 5,6세기에 이르러서야 비로소 유행하였다. 당시 북위北魏의 무제武帝는 돌 대신 벽돌을 사용하라는 명을 내려 사치를 금지하였었다.[14]

서기 1928년에서 1930년 사이에 신강新疆 고창高昌의 옛 유적지에서 120여 장의 묘전墓磚이 출토되었는데 그 가운데 이른 것은 서기 500년의 것도 있다. 이 묘전의 문자들은 붉은색이나 검은색의 먹으로 썼으며 간혹 새긴 뒤에 주사硃砂로 메운 것도 있다. 학자들은 이에 근거하여 고창국이 서기 6,7세기에 있었던 나라임을 고증해내었다. 고창에 거류했던 외국인들도 중국식의 장례법을 쓴 것으로 보아 그 당시 중국문화가 이웃나라에게 끼친 영향이 심원하였음을 알 수 있다.[15]

묘지의 토지계약서 역시 부장품으로 토지의 경계 · 땅주인의 이름 등이 씌어있으며 어떤 경우에는 토지매매의 경과까지 상세하게 기술한 것도 있다. 이와같은 계약서는 보통 주석과 납을 합금하거나 혹은 철로 된 간簡에 새기기도 하고 때로는 돌이나 벽돌에 새기기도 하였다. 동한 이래로 토지계약서를 묻는 것은 하나의 풍습이 되어버렸다.

비碑나 갈碣에 각석하는 외에 절벽에도 글을 새겼는데 이를 마애摩崖라고 한다. 명산승지名山勝地에는 항상 명사名士 · 문인文人 들의 시문과 유람객들의 추도문 등이 있기 마련이며 그것들을 절벽에 새겨놓았다. 서기 5,6세기에는 불교가 성행하여 마애가 전국적으로 유행되었다. 도처에 불가의 게송과 불경의 단편이 절벽에 새겨진 것을 볼 수 있으며 종교의 장엄함을 보이기 위해 자체가 엄청나게 컸다.

서기 5세기부터는 산서의 운강雲岡 · 하남의 용문龍門 및 감숙의 돈황敦煌과 같이 불교 성지에 수많은 석굴들이 생기기 시작했다. 그들은 수천의 불상을 빚었는데 어떤 것은 높이가 수십 미터에 달하는 것도 있다. 그 가운데 조상彫像이 가장 많고 새긴 문자도 가장 긴 것은 역시 용문을 꼽을 수 있다. 현존하는 2천여 시주施主의 이름 가운데 약 반수가 서기 7세기 이전에 새겨진 것이다.[16] 그 가운데 가장 오래된 것은 2백 명의 이름이 있는 것으로 서기 483년에서 502년 사이에 새겨졌다.[17] 《위서魏書》〈석노지釋老志〉에 『다시 석굴 하나를 만드니 문이 세 개였다. 경명 원년(서기 500년)에 시작하여 정광 4년(서기 522년) 6월 이전에 끝나니 일을 한 장인이 82,366명이었다 復造石窟一, 凡爲三所, 從景明元年至正光四年六月以前, 用工八萬二千三百六十六』는 기록이 있으니 그 공정이 얼마나 대단하였는지 알 만하다.

건축물의 돌에도 흔히 문자를 새긴다. 가장 흔히 볼 수 있는 것은 묘당廟堂과 무덤 앞에 새겨 장식하는 망두석과 묘궐墓闕이다. 이런 석주石柱는 형태가 아주 다양하다. 일반적으로 쌍雙으로 하며 다양한 무늬와 문자를 조각한다. 서기 6세기경의 신도비神道碑에는 인쇄하는 활자의 조판과도 같이 반대로 된 글자가 새겨져 있다.[18] 그밖에도 우물 난간·다리의 기단· 탑·묘문墓門·석수石獸 등의 건축물에도 흔히 문자를 새기곤 했다.

3 석경石經

석경石經의 제작은 학술사상 전무후무한 거작이다. 서기 2세기부터 시작 하여 18세기에 이르기까지 새긴 유가경전儒家經典은 도합 7번 정도이다.[19] 동한의 희평熹平과 조위曹魏를 선후하여 석경을 새겨 세우고부터 후대 로 내려오면서 각 대에서 새기게 되자 석경은 당시 유가경전의 정본定本 이 되었다. 이는 교감사상校勘史上 드문 예이다.

기원전 2세기, 한무제漢武帝가 유가사상을 존숭하고 아울러 경을 연구하 는 학자들에게 「박사博士」라는 관직을 준 이후로 유가경전은 독서인讀書 人이 수양하는 주요 교본이 되었다. 경문經文은 전부 손으로 베껴 대대로 전승되었으며, 아울러 경사經師들의 서로 다른 주석注釋이 첨가되자 글자 를 틀리게 쓰거나 뒤죽박죽되어 모순이 생기게 되었다. 《후한서後漢書》 〈채옹전蔡邕傳〉에 『경적은 성인께서 가신 지 오래되어 문자에 어긋남이 많게 되자 속유들이 천착하여 후학에게 잘못된 것이 아닌지 의심하게 만들었다. 희평4년에 채옹이 오관중랑장 당곡전…… 등과 육경의 문자를 바로잡기를 상주하니 영제가 이를 허락하셨다 經籍去聖久遠, 文字多繆, 俗儒穿鑿, 疑誤後學. 熹平四年, 蔡邕乃與五官中郎將堂谿典…… 等, 奏求正 定六經文字, 靈帝許之』는 기록이 있다. 이는 역사상 대단히 중요한 시도였 다. 유가경전의 경문을 통일하여 항구적으로 보존하게 되었을 뿐만 아니라 동시에 후의 유가경전을 목판木板으로 조각하도록 이끌었으며 관부官府에 서 조판인쇄술을 최초로 채용한 선구가 되었기 때문이다.[20]

희평熹平에 경을 새긴 거사는 서기 175년에 시작하여 전후로 공히 8 년이나 걸렸다. 경문은 석비의 전면과 후면에 새겼고, 낙양洛陽 태학太學 의 동쪽에 U형으로 열을 지어 세웠는데 열린 입구는 남쪽을 향하고 있 다. 경문의 순서는 비와 비가 서로 연이어 각 비의 전면의 글이 서로 연결되고, 그런 뒤에 뒷면의 글이 서로 이어진다. 즉 전면의 첫번 비에서부터 시작하여 뒷면의 마지막 비에서 마치게 된다. 그러나 당대唐代 이후의 석경은 비로써 단위를 삼았으므로 첫번 비의 전면의 글이 그 뒷면의 글과 이어지고, 그런 후에 다음 비의 전면의 글이 그 비의 뒷면과 연결되어진다.

석비 위에는 정개頂蓋가 덮여져 있고 네 주위에는 난간이 있으며 담당자가 있어 관리하고 있다. 이러한 안전조치는 후에 생긴 것으로 보이는데, 이로써 참관인들로 인한 석경의 훼손을 방지하였다.《후한서》〈채옹전〉에『비가 처음으로 서자 이를 살펴보고 모사하려는 사람들이 모여 하루에 수레 1천여 량이 거리를 가득 메웠다 及碑始立, 其觀視及摹寫者, 車乘日千余輛, 塡塞街陌』고 하였다. 이후로 학자들은 모두 이 석경의 경문을 읽고 가르치는 교본으로 삼았다.

상당히 많은 문헌들이 석경은 5경 혹은 6경을 포괄한다고 말하고 있으나 한대 석경의 정확한 종류는 7경이다.(表4) 6경이라고 하는 이는《논어論語》를 계산에 넣지 않은 것 같다. 한대에는《논어》가 경經에 끼지 못하고 그저 기타 경문과 함께 참고로 읽는 정도였다. 5경이라고 하는 이는《공양전公羊傳》을 계산에 넣지 않고《춘추》에 병합시킨 것 같다. 석경의 저본底本은 수많은 한대의 책 가운데서 정밀하게 가려뽑아 만들었다. 가장 좋은 본을 정문正文으로 새기고 그밖의 이문異文을 첨부하였다.

한漢대의 석비의 수량에 관해서는 각기 설이 다르다. 40개라 하는 이도 있고, 이떤 이는 46개 혹은 48개라고도 한다. 경문의 자수를 각 비가 담고 있는 자수로 나눈다면 석비는 응당 46개이다.[21] 현존하는 비에 의하면 각 비는 면마다 36행 내지 40행行이 있으며 각 행은 70자 내지 74자가 있다. 이로써 석비 하나에는 5천여 자가 실려있으며 전체 석경에 실린 글자의 수는 7경의 전문全文인 200,911자와 비슷하다. 각 비의 높이는 약 175cm이고 넓이가 90cm, 두께가 12cm이며, 각 글자는 약 2.5cm의 정방형으로 글자 속의 행간에 네모칸은 없다. 공간을 절약하기 위해 단락과 단락 사이를 점이나 빈칸으로 나누었으며 행을 바꿔 새로 시작한 단락은 극소수이다.

석경을 대조·감독하고 쓰는 일을 담당한 사람 가운데 최소한 25명은

표4 한석경의 저본과 글자수

경명經名	판본	글자수		
		매행	총수	현존
역경	경방본京房本	73	24,437	1,171
상서	구양고본	73	18,650	802
시경	노시魯詩	70−72	40,848	1,970
예의	대덕본戴德本	73	57,111	670
춘추	공양고본	70	16,572	1,357
공양전	엄팽조본	70−73	27,583	954
논어	노론魯論	74	15,710	1,333
		70−74	200,911	7,257

총수는 張國淦의 《역대석경고》 제1책, p1에 보인다.
현존은 馬衡의 〈한석경개술〉《고고학보》, 제10기(1955년)p9

그 이름이 사서史書에 보이기도 하고, 혹은 경문의 발미跋尾에 보이기도 하여 믿을 만하다.[22] 일설에 의하면 석경은 채옹 한 사람이 썼다고 하나 각 경의 자체가 전부 같지는 않다. 그리고 채옹은 서기 178년 석경이 세워지던 초기에 방축되었다. 또한 20여만 자를 혼자 쓴다는 일 역시 가능성이 희박하다. 우리는 현재 한 사람이 전문적으로 한 경을 쓴 것인지 아니면 몇 사람이 공동으로 경 하나를 쓴 것인지 모른다. 어쨌든 석경을 대조하고 쓰고 새기는 전체 작업은 수많은 사람들이 일을 나누어 노력을 합해 이루어졌음에 틀림없다. 각석인刻石人 진흥陳興이라는 이름이 《논어》의 발문跋文 가운데 보이는데 이것이 현재 우리가 겨우 알고 있는 석경의 조각공이다.

석경은 서기 183년에 제작이 완성되었다. 그러나 그후로 오래지 않아 서기 190년에 동탁董卓의 변란으로 적잖이 훼손되었다. 서기 220년에 위문제魏文帝가 즉위하자 석경을 수리·증보하도록 명을 내렸다. 근년에 발견된 《춘추》와 《시경》의 잔비殘碑에는 수리·보충하여 다시 새긴 글자들이 무수하다. 서기 6세기 중엽 이래로 석경은 몇 차례나 옮겨졌는지 모른다. 심지어 어떤 석비는 집을 수리하는 재료로 쓰이기조차 하였다.

《위서魏書》〈효정제기孝靜帝紀〉에는 서기 546년 낙양으로부터 업鄴으로 천도할 때 석비의 일부가 강 밑으로 가라앉았다는 기록이 있다. 서기 579년 나머지의 비는 낙양으로 다시 되돌아왔다. 그러다 586년에 이르러 수대隋代의 도성이었던 장안長安으로 또 옮겨지게 되었다.

송대와 근년에 발견된 석경의 잔비殘碑는 대다수가 낙양 태학의 유적지에서 출토되었다. 단지 《공양전》의 잔비 하나만 장안에서 발견되었는데 이 비는 아마도 후세 사람의 위조인 것 같다. 서기 7세기 초에 《수서隋書》를 편찬한 위징魏徵은 석경을 수집하였었는데, 당시의 석경 전문全文은 대략 $\frac{1}{10}$ 정도밖에 남아있지 않았다.[23]

시대가 오늘날에 이르자 한대 석경 가운데 완전한 것은 이미 없다. 오늘날 봐서 알 수 있는 7천여 자는 절대다수가 서기 11세기 중엽과 최근 3,40년 동안에 발견된 잔비와 모사摹寫, 혹은 탁본을 통해 얻은 것에 근거한다. 초기의 발견은 오경(《역경》과 《춘추》는 포함하지 않았다) 가운데 단지 2천여 자였는데 서기 1922년에서 1934년 사이에 발견된 수백 편의 잔비에서 7경으로 나뉜 총수 약 5천여 자를 얻었다. 현존하는 최대의 잔비는 1934년 낙양에서 출토된 《공양전》의 잔문殘文으로 전면의 길이가 49cm, 넓이가 48.5cm이고 뒷면은 길이가 48cm에 넓이는 47cm이다. 앞뒷면의 크기가 같지 않은 것은 아마 떨어져 깨졌기 때문인 듯하다. 앞뒷면 모두 총 624자가 있다. 1962년 하남 낙양 언사현偃師縣의 태학 유적지에서 발견된 2개의 《상서尙書》 잔석殘石에는 3백여 자가 있는데, 이는 과거에 발견된 《상서》 잔석의 총계보다도 더 많은 수이다. 석경에는 순서가 있어서 경문의 뒤에다 새겼다. 보다 큰 발견은 1980년 그곳에서 한대 석경의 잔석 6백여 개를 얻은 것이다. 그 가운데 글자가 있는 돌은 96개이며, 10자 내외가 일반적이고 가장 많은 것은 앞뒷면에 모두 26자가 새겨져 있었다. 그들은 모두 예서隷書로 도합 366자인데 그 가운데 확인할 수 있는 것은 293자이다. 잔석의 내용은 《의례儀禮》가 대부분을 차지하고 그밖에 《춘추》《노시魯詩》《논어》 및 《의례》 교기校記 · 《노시》 교기 · 태학찬비太學贊碑 등이 있다.[24]

《후한서》는 한대의 석경에 대해 아주 상세하게 기록하고 있다. 다만 〈유림전儒林傳〉에 석비는 고문古文 · 전서篆書 · 예서隷書의 3체로 쓰였다고 한 것은 큰 오류이다. 사마광司馬光의 《자치통감自治通鑑》과 구양비歐陽棐의 《집고록목集古錄目》과 같은 후대의 많은 저작들이 모두 이런 오류를 답습하고 있다. 현재 출토된 실물을 보면 한대 석경의 자체는 오직 예서 하나뿐임이 증명된다. 위석경魏石經에서야 비로소 3종의 자체가 되었다.

위석경은 서기 240년에서 248년 사이에 새겨졌으며 모두 3경, 즉 《고문상서》《춘추》와 《좌전》의 일부이다. 위석경은 35개의 석비에 나뉘어 실렸는데 각 비의 높이는 192cm, 넓이가 96cm로 3종의 자체, 즉 고문·소전·예서 등으로 분별하여 쓰였다. 문자의 배열에는 2종류가 있다. 예서의 밑에 그 자의 고문과 소전을 나란히 실어 품品자 형을 이루기도 하였고, 혹은 각 글자의 3자체를 고문·소전·예서의 순서로 배열하여 행을 이루기도 하였다.(圖13 乙) 전자의 방법대로 배열한 석비는 각 비마다 25행에서 26행이며 한 행에 74자이다. 후자의 방법으로 배열한 석비는 각 비마다 32행에서 34행이며 한 행에 60자가 된다. 앞뒷면 모두 글자가 있다. 이로써 위석경은 각 비의 글자수가 약 4천 자가 되며 총수는 약 14만7천 자가 된다. 석경은 태학 강당의 동편에 L형으로 세웠는데 전체의 길이는 약 70m이다.[25] 위석경과 한석경은 세워진 위치가 같고 둘 다 훼손되어 보수하면서 이리저리 옮겨졌기 때문에 서로 뒤섞여져 후대 학자들로 하여금 혼동하여 명확히 구별하지 못하게 하고 있다.

4 불佛·도道 경전의 각석

불경佛經의 각석은 유가경전에 비해 늦기는 하지만 수량이나 규모면으로 보면 훨씬 웅대하다. 서기 3세기 초기에 조각한 석불상에는 흔히 문자가 있었으나[26] 불가경전의 각석은 도리어 5세기 중엽 이후의 일이다. 불교도들은 돌에다 경을 새김으로써 다른 날 혹시 탄압을 받게 되더라도 경문을 영원토록 보존할 수 있기를 바랐다. 북제北齊의 당옹唐邕은 서기 6세기에 새긴 불경의 취지문에서 『비단은 상하고 간책은 오래가지 못한다. 금첩은 영구하기 어렵고 가죽과 종이는 쉽게 훼멸된다 縑緗有壞, 簡策非久,

金牒難永, 皮紙易滅』[27]고 하였다. 이런 까닭에 서기 2세기 이래로 범문梵文에서 어렵게 번역된 불경은 석비에 의지하여 보존되었다.

현재 알려진 불교의 최고最古 각석은 서기 450년 강소江蘇 서주徐州의 운룡산雲龍山 절벽에 새겨진 『아미타불阿彌陀佛』이란 네 글자인데 자체는 해서楷書로 썼고 각 글자는 4cm의 정방형이다.[28] 불경의 경문이나 단편은 보통 절벽이나 암굴 속에 새겨져 있다. 산서山西 태원太原 풍곡산風谷山의 암굴 속에는 유명한 《화엄경華嚴經》이 있는데 서기 551년에 새긴 것으로 석비가 126개이다.[29] 고염무顧炎武는 일찍이 이 경의 탁본 124장을 얻었는데 한 장에 23행이며 한 행에 57자이다.

산동山東 경내의 각 산에는 서기 6세기의 중요한 마애摩崖가 최소한 5곳이 있다. 태산泰山에 석각한 《금강경金剛經》은 자체가 예서이며 모두 296자이다. 태안泰安 저래산徂來山에는 마애가 3곳 있는데 《대반야경大般若經》과 《반야바라밀경般若波羅密經》의 단편은 서기 570년에 이루어진 것이다. 추현鄒縣 경내에는 모두 17곳의 불경마애가 있는데[30] 면적은 높이가 1m에서 6,7m 까지 이르고, 넓이는 1m에서 4,5m 까지 이르며 각 글자는 약 60cm 정도의 정방형이다. 이와같이 엄청나게 큰 마애는 사람들로 하여금 불교에 대해 장엄하고 위대하며 깊이를 알 수 없는 감동을 느끼게 한다. 이같은 마애는 보통 불경의 단편으로 불교경전을 보존하려는 목적이 아니라 종교의 권위를 높이려는 데 있다.

모든 석각문 가운데 가장 위대한 것은 하북河北 방산房山 석경산의 불경각석을 들 수 있다. 이것은 105부 불경의 전문을 7천여 개의 석비에 나누어 싣고 있다. 전문은 모두 420만 자이며 서기 7세기 초에서 12세기 사이에 조각되었다.(圖14) 이 석굴은 방산 동쪽 높은 봉우리에 있는데 모두 9개의 동洞으로 되어 있다. 그 가운데 가장 큰 석경동石經洞은 높이가 30m에 달하고 그 속에는 14부의 불경경문이 실린 비 147개를 보관하고 있다. 비문은 모두 해서楷書이며 목록을 세웠다.(表5) 동굴의 벽과 석주石柱에는 불상도 조각되어 있다. 동 앞에는 석대石台가 하나 있고 돌난간으로 주위를 둘렀으며 문·창·가구 등이 모두 돌로 만들어졌다. 그 나머지 석비는 다른 동혈洞穴이나 지하실 속에 나누어 보관되어 있다.[31]

표5 하북 방산 석각 불경

석각연대	주재인	불경수	경명經名	권수卷數	비수碑數
605-631	혜사·정완	1	대열반경	40	120
640-809	정완이 전수한 사람 (異公·儀公·惠暹·立法)	1	정법염처경	70	210
		1	화엄경	80	240
		1	대반야바라밀경	520	1560
		14	묘법연화경外	?	147
983-1100	遼帝	23	다라니경外	?	180
1026-1057	可元	1	대반야바라밀경	80	240
		1	대보적경	120	360
1091	通理	62	잡경	431	4080
총계		105			7137

이 위대한 각석의 공정工程은 북제의 승려 혜사慧思에 의해 창시되었다. 그는 석경 12부를 각석하여 불교가 어려움을 당하게 되어도 불경이 계속해서 후세에 전해지기를 기원했다. 이 작업을 실제로 집행한 사람은 혜사의 도제徒弟인 정완静琬이다. 서기 605년에서 631년에 이르기까지 정완은 120개의 석비를 새겨《대열반경大涅槃經》의 전문을 실었다. 그후 몇 개의 왕조를 거치면서도 이 작업은 그치지 않았다. 각석의 수량과 동원된 인력으로 볼 때 이 작업의 거대함과 구원久遠함은 가히 비길 바가 없다.

도교경전道教經典의 각석은 유가·불가에 비해 늦다. 도교의 형성은 다소 불교의 자극을 받았다고 할 수 있다. 도경道經의 각석 역시 불경각석의 영향을 받았을 것이다. 도경의 각석은《도덕경道德經》이 대부분으로 당대唐代 이래로《도덕경》의 석각은 최소한 8회에 달한다. 가장 빠른 것은 서기 708년 하북河北 역주易州에 세운 것이다. 그리고 같은 곳에 서기 738년과 893년에 다시 세웠다. 그밖에도 하북 형대邢台에 서기 739년의《도덕경》 당당幢이 있고, 강소江蘇 초산焦山에 880년의《도덕경》 당이 있다.[32] 그밖의 도교경전의 각석은 규모나 수량면에 있어 유·불 양가에 훨씬 못 미치는 형편이다.

5 옥기玉器의 각사刻辭

옥이란 보통 단단하고 귀중한 옥석玉石과 비취翡翠를 가리킨다. 상고시대에는 옥으로 송곳·도끼·장식품과 그밖의 여러 용구들을 제작했다. 옥의 용도는 매우 다양하여 중국인들은 옥의 광택과 아름다움을 특별히 사랑하였다. 옛날에는 옥이 보통 권력과 종교신앙의 상징으로 천문天文이나 음악 등의 기구 및 개인의 장식품 등에 쓰였다. 옛사람들은 옥이 시체의 부패를 막아준다고 믿었으므로 흔히 옥으로 갖가지 형상을 새겨 부장품으로 썼다. 제사나 전례典禮를 거행할 때도 옥은 항상 청동기와 함께 사용되었다. 옥기와 청동기는 설계와 양식이 서로 비슷할 뿐만 아니라 경우에 따라서는 효용에 있어서도 아주 흡사했다. 다만 제사를 지낼 때만은 청동기의 지위가 비교적 중요하여 옥기玉器는 장식이나 보조로 쓰였다.

옥은 또한 글을 쓰는 재료이기도 하다. 다만 문자가 실린 고옥古玉은 지금까지 전해오는 것이 아주 드물다. 현재 알려진 것으로 문자가 있는 가장 오래된 고옥은 안양의 옛 유적지에서 나왔다. 그 가운데 한 옥부玉符에는 3자가 새겨져 있는데 아마도 상대商代 관원의 통행증이었던 것 같다.[33] 그리고 한 옥어玉魚에는 주문朱文이 씌어있는데 악귀를 물리치는 데 쓰였던 것으로 보인다.[34] 또 다른 작은 옥장식에는 11자의 글자가 2행으로 나누어 새겨져 있는데, 이것은 을해년乙亥年 상왕商王이 그 신하인 옹嶨에게 하사하였다는 설명이다.[35] 이로 보아 옥은 멀리 상대에서부터 다른 서사재료書寫材料와 마찬가지로 문자를 새기거나 쓰는 데 이용되고 있었다.

옥간玉簡은 고대 제사에 있어서 대단히 중요한 지위를 차지한다.

왕이 새로이 즉위하면 옥간을 봉선封禪에 사용한다. 제문祭文은 옥간에 쓰거나 새겨서 석궤石匱에 보관한다.[36] 네모난 백옥간白玉簡 하나에는 170자의 예서자가 새겨져 있는데 한고조漢高祖가 봉선할 때 사용한 것이라고 일컬어진다. 전설에 의하면 한무제漢武帝가 일찍이 태산에서 옥책玉策을 하나 얻었는데 짧은 수명을 늘릴 수 있다는 것을 알고서 「十八」이라고 써 있는 글자를 거꾸로 「八十」이라 읽으니 그후 과연 그렇게 되었다고 한다.[37]

근년에 출토된 한 무더기의 옥간으로 옥 역시 부장품과 제사에 쓰였다는 것을 증명할 수 있게 되었다. 하남 휘현輝縣에 있는 서기 3세기의 고분에서 50여 개의 옥간이 출토되었는데, 옥간의 길이가 22.5㎝이고 넓이는 1.2㎝이다. 이 옥간에 글씨는 새겨져 있지 않았지만, 그 형식과 크기로 볼 때 문자를 쓰는 데 사용하기 위해 준비되었음이 틀림없다. 1940년을 전후하여 하남의 심양沁陽 부근에서 기원전 6세기의 옥간과 석간石簡이 11점 출토되었다. 그 가운데 7점은 청록색과 흰 줄무늬를 띤 청회색이었으며 가장 긴 것은 7㎝였다. 각 간마다 2행이나 3행으로 검은색의 먹으로 쓴 글자가 씌어 있으나 모두 모호하여 확실치 않다. 따라서 극소수의 글자만이 대략적으로 알 수 있을 뿐이다. 그밖에는 암회색의 석간이 3점 있는데 아래쪽은 넓고 위쪽은 뾰족하여 크기가 같지 않다. 가장 큰 것은 길이가 22.4㎝로 약 50자를 3행이나 4행으로 나누어 싣고 있으며 작은 것 1점에는 단 1자만이 실려있다.

옥간의 문자 가운데 한개韓玠라는 이름이 있고 「비현진공조顯晉公」이라는 글자 모양이 3곳에 있다. 이로써 이 석간·옥간은 춘추 중엽 진晉나라의 물건임을 알 수 있다. 하남 공현鞏縣에서 기원전 550년의 청동종青銅鍾이 12개 발견되었는데 그 위에 실린 인명人名과 자체가 모두 그 석·옥간에 쓰인 것과 비슷하다. 공현은 심양沁陽의 남쪽에 있으며 가운데를 황하黃河가 가로지르고 있는데 모두 진국晉國과 후의 한韓나라의 토지이다. 이와같이 동종과 옥간이 출토된 지점, 그 위에 실린 진·한과 관련된 문자 및 그 자체의 유사함 등을 통해 그 석·옥간이 대체로 기원전 6세기를 전후한 물건이라고 단정할 수 있다.

또 1965년 산서 후마侯馬에서 수백 점에 달하는 옥석간이 계속해서 출토되었다. 그 간은 규圭의 형태로 붉은 글씨인데 문장이 긴 것은 220자 정도이다. 그 내용에 대한 해석은 사람마다 달라서 곽말약은 기원전 386년 조경후趙敬侯 장章과 조무공趙武公의 아들 조삭趙朔이 보위를 다투던 시기의 결맹서라고 한다. 만약 결맹자가 신의로 서약을 지키지 않으면 일신에 죄가 미침은 물론 그 자손 후대까지 죄가 미친다고 했다. 그러나 당란唐蘭은 이를 기원전 424년 조환자趙桓子 가嘉의 결맹서로 보고 있다. 어쨌든 이 세 사람은 진이 나뉘기 전 조씨 형제와 숙질로서 자리다툼을 하던 시기의 결맹서이다.[38]

1980년 3,40년대에 동주맹약서東周盟約書가 출토되었던 하남 온현溫縣 유적지에서 대량의 석간·석장石璋·석규石圭 등 4천5백여 점이 발견되었다. 그 가운데 대다수가 석규로서 먹으로 글씨가 씌어져 있으며 후마侯馬 맹약서보다 수량에 있어서 몇 배나 많다. 고증에 의하면 맹주盟主는 진나라 6경六卿의 하나였던 한씨(한간자韓簡子)인데 후마 맹약서의 연대와 비슷하여 춘추말기(진정공晉定公 15년, 기원전 497년)의 유물이다. 그리고 이들은 동주의 맹약제도와 고문자·서법書法예술 등을 연구하는 데 귀중한 자료가 된다.[39]

옥간은 제사 외에 조정에서 있었던 제왕과 신하의 일을 기록하는 데도 쓰였다. 《예기禮記》〈옥조玉藻〉에 『홀은 천자는 아름다운 옥으로 하고, 제후는 상아로 하며, 대부는 어수로 문죽을 장식하고 선비는 대가 근본이나 상아도 된다 笏, 天子以球玉, 諸侯以象, 大夫以魚須文竹, 士竹本象可也』고 하였다. 서로 다른 여러 재료로 된 간簡이 모두 기사記事의 용도로 쓰인 것이 확실하다. 대신은 먼저 자신이 하고자 하는 말을 간 위에 쓰고 제왕의 회답과 훈령도 간에다 썼다. 흔치 않은 미옥美玉은 제왕의 전용으로 쓰였고 질이 떨어지는 것은 신하에게 주어 사용케 하였다. 이와같이 기록을 위한 간으로 장방형의 것을 「규圭」라 칭하고, 도형刀形인 것을 「홀笏」이라 칭하였는데 윗부분에 구멍이 있어 의대衣帶에 맬 수가 있었다. 규는 길이가 약 42cm에서 66cm까지 이르고 꼭대기가 뾰족하다. 홀은 길이가 약 52cm에 중간의 넓이는 6cm이고 양끝의 넓이는 5cm이다. 규와 홀은 짙은 녹옥綠玉을 많이 사용했으나 다른 색의 옥으로도 만들었다.[40] 간은 면적이 좁았으므로 실린 글자의 행수도 극히 적었다.

현존하는 것 가운데 이미 조각을 했거나 혹은 아직 조각하지 않은 고옥 古玉은 그 수가 아주 많다. 다만 문자를 쓰거나 새긴 옥은 그 수가 극히 적은데 그 까닭은 알 수 없다. 아마도 일이 끝난 뒤에는 옥간에 쓰인 문자를 닦아내고 새로 사용하였는지도 모른다. 따라서 옥간의 문자는 일시적인 것이며 결코 보존하기 위한 것은 아닌 듯했다. 혹은 옥에다 글자를 새기기는 상당히 어려워 특수한 기교가 필요했는지도 모른다. 《후한서》〈제사지祭祀志〉에 광무제光武帝가 옥간에 주사硃砂로 써서 새기는 것을 대신하게 하였다. 이는 당시 인쇄를 담당하는 사람 모두가 옥에 새기질 못하였기 때문이라는 기록이 있다. 나중에 비록 옥에 조각할 수 있는 사람을 찾았다고는 하나, 이러한 사실은 옥에 새기는 일이 평범한 기술이 아님을 설명해 준다. 이런 까닭에 옥기는 비록 가치가 매우 높은 예술품이기는 하나 사료적史料的 가치는 아주 한정되어 있다. 수정과 마노 등도 간혹 문자를 담고 있으나 사용된 시기는 모두 훨씬 뒤이다.

6 탁제拓制의 기원과 기술

먹으로 석각문자를 탁본하는 기술은 조판인쇄술雕版印刷術 발명의 선구이다. 일부 학자들은 인쇄에 대한 탁본의 영향이 지나친 과장이라고 여긴다. 사실상 양자의 원칙과 목적은 대체로 같다. 재료가 돌덩이든 청동이나 목판이든 탁본을 뜨는 것과 인쇄가 모두 조각된 사물의 표면으로부터 종이로 부본을 얻는다는 것은 마찬가지이다. 그 둘 사이의 차이라면 단지 조각하는 과정과 찍어내는 기술이 다를 뿐이다. 석면石面에 새긴 글자는 모두 똑바로 쓴 음각陰刻이지만 조판인쇄의 글자는 반대로 뒤집힌 글자를 양각陽刻한다. 탁본은 종이를 석면에 겹쳐놓고 먹으로 지면 위를 두드려 떠낸다. 그러나 인쇄방법은 먹을 목판 위에 바르고 판 위에 종이를 덮은 다음 종이의 뒷면을 눌러 목판 위의 거꾸로 된 글자가 종이에 똑바로 나오도록 찍는다.

고대의 탁본방법에 대하여 지금은 자세히 알 수 없으나 다만 현대의 탁본방법과 대동소이할 것이라고 가정할 수 있을 뿐이다. 즉 먼저 얇은 종이를 백반이나 대왐풀(白芨)물에 담갔다가 석각의 표면에 놓는다. 부드러운 솔로 종이를 고르게 하고 다시 가볍게 두드려서 종이가 명문의 글자 속으로 들어가게 한다. 조금 기다려 종이가 마르면 가는 포로 솜을 싸서 만든 탁포拓包(일명 박자朴子)에 먹물을 묻혀 지면紙面 위를 골고루 두드린다. 새겨진 글자는 필획이 오목하게 들어갔으므로 먹물에 물들지 않게 되어 검은 바탕에 흰 글씨를 얻을 수 있다.(圖10, 11, 12 乙, 13) 그리고 종이를 벗겨내면 똑같은 부본을 얻게 된다. 갑골문·금문·석각·도문 등은 모두 이런 방법을 써서 부본을 얻는다. 청동기 내부의 문자는 자루가 긴 솔과 탁포를 써서 얻는다. 만약 실린 문자가 비교적 길고 또 여러 곳에 나누어져 있으면 여러 장의 종이를 써서 나누어 탁본한다. 또 만약 기물 전체를 탁본할 때는 반드시 음양陰陽·요철凹凸 등을 판별하여 먹의 농담 濃淡을 배합하고 전체의 탁본을 만든다.[41]

탁본의 기원은 확정짓기가 어렵다. 전통적인 설법에 의하면 서기 2세기까지 거슬러 올라간다. 그러나 이 설법은 「모사摹寫」라는 문구에서 온 것이므로 결코 믿을 만한 게 아니다. 《후한서》〈채옹전〉에 『(희평석경) 비가 처음으로 세워지자 이를 살펴보고 모사하려는 사람들이 타고 온 수레가 하루에 1천여 대나 되었다 (熹平石經)碑始立, 其觀視及摹寫者, 車乘日千餘輛』고 하였다. 그러나 여기에서의 「모사」란 손으로 베껴쓴 것을 가리키는 것이며 탁본을 말하는 게 아니다. 또한 석면이나 그밖의 단단한 표면으로부터 탁본을 뜨는 일은 가볍고 얇은 종이를 제조하는 기술이 완비되고 난 뒤에야 비로소 가능한 일이다. 중국 서북부와 신강 등지에서 발견된 서기 2,3세기의 옛 종이는 두껍고 거칠어서 탁본용으로는 부적당하다.

현존하는 탁본의 고본古本으로 가장 오래된 것은 서기6세기의 것이다. 그러나 탁본의 기술은 마땅히 그보다 앞섰다고 믿어진다. 《수서》〈경적지經籍志〉에 수대隋代의 황실도서관에 소장된 탁본한 석문자石文字는 「권卷」을 단위로 했다는 기록이 있다. 진시황이 동순東巡할 때에 세웠던 회계會稽의 석각문 1권을 포함하여 희평석경 잔문殘文 34권, 조위曹魏 3체석경 17권과 양대梁代 왕실에서 소장하고 있던 석각문자 등을 아울러 기록하고 있으나 수대에 이미 흩어져 없어졌다. 이러한 지권紙卷의 부본은 즉 『탁본이 계속 전승되어 비부秘府에 간직되었다』고 하였다. 이로써 우리는 수대에 보관했던 것들이 비록 서기 6,7세기의 탁본이지만 탁본의 기술은 전대前代로부터 계승되어 내려왔음을 알 수 있다. 따라서 석각문자를

탁본하는 일은 틀림없이 그 이전부터 있었을 것이다.[42]

석각문자를 탁본하는 기술은 당대唐代에 와 더욱 발전하였다. 궁중 안에 전문적으로 탁본을 하는 「탁서수拓書手」를 고용하여 관장케 한 곳이 최소한 두 곳이 있었다. 《대당육전大唐六典》의 기록에 의하면 숭문관崇文館에 3명의 탁서수가 있었다고 한다. 《신구당서新舊唐書》에도 서기 718년 집현전서원集賢殿書院에 탁서수 6명과 그밖의 작업에 종사하는 서기 · 장정공裝訂工 · 제필공制筆工 등이 있었다는 기록이 있다.[43]

현존하는 최고의 탁본 가운데 9세기의 《금강경》이 있는데 인쇄본 1권과 함께 돈황에서 발견되었다. 그밖에 천을 오려서 덧붙여 장정한 서첩이 돈황에서 나왔다. 구양순歐陽詢이 쓴 화도사비化度寺碑의 단편과 당태종이 쓴 《온천명溫泉銘》이 그것이다.[44]

후대 사람들은 고대 서법가가 각석한 문자를 목판에다 음각陰刻으로 똑바르게 본떠 새긴 후, 이 조판에서 탁본하여 서법을 학습하는 교본으로 삼았으며 이를 「법첩法帖」이라 불렀다. 이 또한 석각이 목각으로 전이轉移된 한 예이다. 석각으로부터의 탁본은 청동기나 그밖의 물건을 탁본하는 기술보다 비교적 빠르다. 서기 1051년 송宋 인종仁宗은 청동기 문자를 탁본하여 각 비각秘閣에 보관하도록 칙령을 내렸다.[45] 이것이 청동기 명문에 대한 탁본의 시작이며 석각탁본의 기술을 모방한 것으로 여겨진다. 오늘날에도 갑골문 · 도문 등을 포함한 거의 모든 명각문자銘刻文字가 이와같은 방법으로 탁본하여 부본을 얻고 있다.

---

1) 곽말약 《석고문연구石鼓文研究》 pp.2-3. 이 책이 영인한 송宋의 탁본은 명明의 안국安國이 소장했던 〈선봉先鋒〉본이다. 그 〈중권中權〉본은 상해 예원진상사藝苑眞賞社가 영인했고, 〈후경後勁〉본은 동경東京 이현사二玄社 《서적명품총간書迹名品叢刊》에 보인다.

2) 한유韓愈의 〈석고가石鼓歌〉와 같은 것

3) 일부 학자들은 석고를 진秦 영공靈公이 새긴 것으로 여기고 있다. 당란 〈진영공 3년에 새겨진 석고문의 고찰〉《대륙잡지》 제5권 제7기 (1952) p.10-11; 소영휘蘇瑩輝 〈석고문이 진영공 3년에 새겨졌다는 설의 보정補正〉《대륙잡지》 제5권 제12기 p.4-6; 나지량那志良 《석고통고石鼓通考》 p.67. 또한 혹자는 진덕공秦德公 때의 물건으로 보는 이도 있다. 대군인戴君仁 〈석고의 시대를 다시 논함〉《대륙잡지》 제26권 제7기(1963) pp.1-4에 보인다.

4) 마형 〈석고가 진의 각석임에 대한 고찰〉《국학계간 國學季刊》 제1기(1923),
pp.24-25

5) 곽말약《석고문연구》 pp.9-10

6) 용경《고석각영습古石刻零拾》 pp.1, 5. 마형〈석고가 진의 각석임에 대한 고찰〉
p.21

7)《사기》〈진시황본기秦始皇本紀〉

8) 용경〈진시황각고秦始皇刻石考〉《연경학보》 제17기(1935) pp.128-129

9) 엽창치葉昌熾 《어석語石》 권1

10) 서삼옥徐森玉은 서한西漢의 각석임을 확인할 수 있는 10종을 들고 있는데 그밖
의 4종에 대해서는 기록만 하고 탁본이 없다. 〈서한석각문자초탐西漢石刻文字初
探〉《문물》 1964년 제5기 pp.1-9, p.40에 보인다.

11)《예기》〈왕제王制〉〈단궁檀弓〉

12) 마형〈고석각영습발古石刻靈拾跋〉 상승조商承祚《석각전문편石刻篆文編》 참조

13) 조만리趙萬里《한위남북조묘지집석漢魏南北朝墓志集釋》제1책. p.1, 도판은 제3
책에 있다.

14) 풍등부馮登府《절강전록》 발문

15) 황문필黃文弼《고창전집高昌專集》

16) 관보겸關保謙《이궐석각도표伊闕石刻圖表》서序 1. 그림 64는 최고最古의 제명
題名이다.

17) E. Chavannes 《ission archéologique dans la Chine Septentrionale》(Paris,
1913~15) Ⅰ pp.320~561, 역제譯題 수백 개를 모아 기록하였다.

18) Li Shu-hua 〈The Early Development of Seals and Rubbings〉《Tsing Hua
Journal of Chinese Studies》 n. s. Ⅰ no 3(1958) pp.82-84

19) 7차례나 새겨진 석경은 동한東漢(175~183)·위魏(340~348)·당唐(833~
837)·후촉後蜀(950~1124)·북송北宋(1041~1054)과 청대清代(1791~1794)
에 세워졌다.

20)《책부원구册府元龜》권68에 : 서기 932년, 후당後唐의 재상 풍도馮道가 주청하
여 아뢰길『한대에는 유가를 존중하여 삼자 석경이 있었으며 당조 또한 국학에
새겨놓았습니다. 지금 조정에는 여가가 없어 따로이 새겨 세울 수가 없습니다.
일찍 오와 촉나라 사람이 파는 것으로 탁본한 문자를 보았는데 종류가 많으나
끝내 경전에는 못 미치고 있습니다. 경전을 교정하여 모본을 유행시킨다면
문교에 크게 유익함이 있을 것입니다 漢時崇儒, 有三字石經, 唐朝亦於國學刊
刻. 今朝延日不暇給, 無能別有刊立. 常見吳蜀之人鬻印板文字, 色類絕多, 終不及經
典. 如經典校定. 雕摹流行, 深益於文教矣』는 기록이 있다.

21) 왕국유王國維 〈위석경고魏石經考〉《해녕왕정안선생유서海寧王静安先生遺書》
제8책

22) 마형 〈한석경개술漢石經概述〉《고고학보》 제10기(1955) pp.1-9. 조철한趙鐵寒 〈희평석경 잔비기를 읽고 讀熹平石經殘碑記〉《대륙잡지》 제10권 제5기 (1955) pp.145-155

23) 《수서》〈경적지〉

24) 낙양에서 새로 발견된 석경의 잔편은 《고고》 1982년 제4기에 보인다.

25) 장국금張國淦《역대석경고歷代石經考》 제2책 p.16

26) 양전순楊殿詢《석경제발색인石經題跋索引》 p.297

27) 완원阮元《산우금석지山右金石志》 권10

28) 《강소금석지江蘇金石志》 권3

29) 고염무顧炎武《금석문자기金石文字記》 권2

30) 완원《산우금석지》 권10

31) 주이존朱彝尊《일하구문고日下舊聞考》 권31. 무전손繆荃孫《순천부지順天府志》 권128.《문물참고자료文物參考資料》 1955년 제9기 pp.48-58

32) 마형〈석각〉《고고통신考古通訊》 1965년 제1기 pp.51-52. 왕중민王重民《노자고老子考》 pp.519-523

33) 호후선胡厚宣〈갑골학서론甲骨學緒論〉《갑골학상사논총甲骨學商史論叢》 제2집 p.8

34) 동작빈〈沁陽玉簡〉《대륙잡지》 제5권 제4기(1955) pp.107-108

35) 《하북제1 박물관반월간河北第一博物館半月刊》 제30기(1932) p.2

36) 《사기》〈봉선서封禪書〉

37) 응소 《풍속통의風俗通儀》

38) 휘현輝縣 옥간은 《휘현발굴보고》 p.8 그림 54에 보인다. 심양 옥간은 주34를 보라. 후마맹약서侯馬盟約書는 《문물》 1966년 제2기와 5기에 보이고, 1972년 제3·4·8기에는 그에 대한 보도와 해석문이 실려있다.

39) 하남 온현溫縣에서 출토된 동주맹약서東周盟約書는 《문물》 1982년 제3기에 보인다.

40) 오대징《고옥도고古玉圖考》 pp.8-9, 17-18. 1982년 하남 등봉登封의 중악中岳인 숭산嵩山 준극봉峻極峰에서 발견된 당 무측천武側天 구시久視 원년(서기 700년)의 금간金簡은 길이가 36.3cm에 무게는 247g인데 앞면에 63개의 쌍구문자雙鉤文字가 새겨져 있다. 금으로 간을 만든 것은 옥석의 대용품으로 여겨지는데 극히 드물다. 이것은 훗날의 명함에 해당되는 것으로 여황이 산문山門에 들어 금간을 던진 것은 그 지위가 지고무상至高無上함을 보이기 위해서이다. 《역사교학歷史教學》 1983년 제3기 p.63에 보인다.

41) 용경《상주이기통고商周彝器通考》 제1책 pp.176-812. 마자운馬子雲〈전탁기술傳拓技術〉《문물참고자료》 1962년 제10·11기

42) 왕국유《위석경고魏石經考》

43) 《구당서舊唐書》〈직관지職官志〉, 《신당서新唐書》〈백관지白官志〉
44) 당唐에서 탁본한 〈화도사탑명化度事塔銘〉〈온천명溫泉銘〉(서기 654년)과
    〈유공권서금강경柳公權書金剛經〉(서기 824년)은 현재 파리에 있다.
45) 작기년翟耆年《주사籀史》권1

第五章 —— 죽간竹簡과 목독木牘

죽간과 목독은 중국에서 가장 오래된 서사재료이다. 중국의 전통문화에서 간독은 극히 중요하고 심원한 영향을 미쳤다. 중국문자의 종서縱書와 횡서橫書의 배열순서가 여기에서 비롯될 뿐만 아니라 종이와 인쇄술의 발명 이후, 중국 서적의 단위·술어 및 판면版面의「행격行格」형식 역시 간독제도에서 비롯되고 있다.

문자의 종·횡 배열과 그 독서의 효율에 관해서는 결론에서 다시 거론하기로 한다. 본장에서는 문헌상의 기록과 고고학상의 실물을 증거로 하여 중국 고대간독제도의 재료·형식·행격·서체 및 고서古書의 단위·종류와 편장 등을 종합서술하여 종이가 서사書寫에 보편적으로 사용되기 이전의 중국 고대서적제도의 일반을 보이고자 한다.

1 서적재료의 변천

고대문자 가운데 갑골이나 금석에 새기거나 점토에 찍은 것들은 모두「책」이라 할 수 없다. 서적의 기원은 서승書繩으로 간簡을 모아 엮어 편篇을 만들어 오늘날 서적의 형식과 같았던 죽간과 목독으로 거슬러 올라간다. 종이가 발명되기 이전에 대와 나무는 가장 보편적인 서사재료였다. 그뿐만 아니라 중국역사상에서 대와 나무가 쓰여진 기간도 그밖의 다른 재료보다 장구하다. 심지어는 종이가 발명된 이후에도 죽간과 목독은 수백년 동안 여전히 서사에 쓰였다. 대와 나무가 그토록 광범하게 사용된 원인은 그들 모두 중국에서 생산되어 현지조달이 가능하고 값이 싸며 얻기가 쉬웠기 때문이다. 이는 이집트에서는 파피루스가 쓰였고, 인도에서는 종려나무 잎이 쓰인 것과 마찬가지다.

대와 나무가 서사에 응용된 기원을 고증할 수는 없으나 그 시기가 상당히 빠른 것만은 확실하다. 전국시대 이전의 간책簡策은 이미 인멸되었으나, 고대문자 및 전적의 기록 속에서 남아있는 것으로 보아 대와 나무는 아마 중국 최초의 서적재료가 아니었나 싶다.「책册」이라는 글자는 묶여져 있는 간독을 상징하는 것으로 서승으로 두 개를 엮고 있다. 가장 빠른 것은 은대殷代의 갑골복사甲骨卜辭에 보인다. 책이란 글자와 관계가 있는 「전典」자는 「책册」을 상에 올려놓은 것을 상징하며 이 또한 양주兩周의 금문에 보인다.[1] 이 두 글자는 보통 제왕이 고명誥命(오품관 이상의 벼슬아치들에게 땅이나 작위를 주는 왕의 명령)한 문건을 사관史官이 기록한 것을 가리킨다. 양한兩漢은 이 제도를 이어받아 간독으로 책봉하고 왕명을 전달하였는데 서기 5세기까지 계속해서 사용되었다.[2] 수많은 주대周代의 문적은 모두 명령·축도·공문 등을 죽간과 목독에 대량으로 응용하여 기록하였다. 《시경》〈출거出車〉는 원정나간 군사가 오랜만에 돌아온 일을 노래한 것인데 『위급함을 고하는 간서 올까 두렵다네 畏此簡書』하였다. 《상서》〈금등金縢〉은 주나라 사람이 상商을 이긴 뒤 2년 만에 무왕武王 이 병에 걸리자 주공周公이 그를 위해 기도한 기록으로 『내사內史가 책문册文을 지어 신에게 빌며 고하였다 史乃册祝』는 기록이 있다. 무왕은 상을 이긴 후에 역사적 사실을 들어 전례前例로 삼았으니 《상서》〈다사多士〉에 『은나라의 선조에게는 크고 작은 일을 기록한 서책書册이 있어 은나라가 하나라의 국운을 바꿔버렸다 惟殷先人, 有册有典, 殷革夏命』고 하였다. 이로써 주대뿐만 아니라 은의 초기에도 이미 간독을 정식 공문이나 축도·당안 등에 사용했음이 분명하다.

오늘날 죽목이 서사에 쓰인 정확한 연대를 단정할 수 있는 사람은 없다. 대체로 말하면 죽목은 겸백보다는 앞서고 있다. 간독·겸백·종이의 사용에 대해서 시간적인 한계를 명확하게 구분할 수는 없다. 겸백이나 종이의 사용이 간독이 도태된 뒤에 시작되었다고는 볼 수 없다. 중국의 각종 서사재료의 사용은 크게 3기로 나눌 수 있다. ①죽간·목독 — 상고에서부터 서기 3,4세기 ②겸백 — 기원전 5,6세기부터 서기 5,6세기까지 ③종이 — 기원을 전후하여서부터 현대까지.[3] 이같이 3기로 나누어보면 연대는 별차이가 없다. 다만 간독의 사용기간이 상술한 것보다 더 길었다는 것을 증명할 수 있는 소수의 재료가 있기는 하다. 그리고 겸백의 사용도 그 시기가 더 빠르다. 이런 까닭에 죽竹·백帛이 섞여 사용된 시기는 약 1천여 년에 달하고 백과 종이가 공존했던 시기는 약 5백 년이며, 죽과 종이가 병행된 시기는 약 3백 년이 된다.

「간독簡牘」이란 이제 비록 하나의 명사로 되었지만 대와 나무 사용에 대해서도 아울러 논의하고자 한다. 최초에 서사재료로 사용된 것은 죽간이지 목독은 아니었던 것으로 믿어진다. 목독의 사용은 당연히 죽간보다 뒤이거나 혹은 죽간의 대용품으로 쓰여졌다. 그에 대한 논거는 다음과 같다. 첫째, 간의 면은 아주 좁아서 보통 1행만이 가능한데 이는 통대나무를 잘라서 평면을 만들게 되면 면적의 제약을 받기 때문이다. 그런 까닭에 간독형식의 전통이 이루어졌다. 만약 처음에 목독을 사용했다면 판면版面이 넓어 1행만 겨우 쓸 수 있는 좁고 긴 형식을 띠지 않았을 것이다. 둘째, 간簡자는 대나무에서 온 글자다. 대와 비단을 함께 사용한 것이 선진先秦의 고적古籍에 여러 차례 보이는 데 반해 독牘의 사용은 한대에 이르러서야 비로소 문헌에 보이고 있다. 셋째, 문헌의 기록 및 근년에 출토된 전국戰國과 한초漢初의 간책簡策은 모두 대나무가 재료이다. 역대로 출토된 목독은 모두 동한을 전후로 한 물건이거나 혹은 대나무가 생산되지 않는 서북의 변경 지역에서 출토되고 있다. 이로써 죽간의 사용이 당연히 목독보다 앞선다는 사실을 알 수 있다. 목독은 아마도 죽간의 대용품으로 기원을 전후로 하여 한대에서 통행되던 서사재료인 듯하다.

근대로 들어와 고적들이 계속 출토되자 구식의 서사재료가 점차 새로운 재료로 대치되었다는 사실이 실증되었다. 발굴지역의 시대가 늦을수록 발견되는 구식재료는 적어진다. 예로써 돈황敦煌과 거연居延에서 대량으로 출토된 목독은 대략 기원전 1세기에서 기원후 2세기까지의 것인데 종이를 쓴 것은 아주 적다. 루란樓蘭 지역의 고적은 대개 서기 3세기에서 4세기에 이르는 것들인데 목독은 겨우 20 %에 지나지 않는다.[4] 토로번吐魯蕃 지역의 고적은 약 서기 5세기에 해당하는데 거의 전부가 종이를 썼다.[5] 종이의 비례적인 증가는 새로운 재료의 사용이 점진적으로 보급되었음을 증명한다. 더욱이 루란과 토로번은 당시 종이를 생산하는 중국의 지역과는 굉장히 거리를 두고 있었다.

종이가 발명되었어도 초기에는 공급이 한정되어 있고, 혹은 가격이 너무 비싸서 신속하게 보급되지 못했다.

역대의 사서목록史書目錄상의 기록도 서사재료의 변천하는 추세를 보여주고 있다. 즉 시대가 늦이질수록 간독의 단위로 쓰인 「편篇」자가 점차 적어지고 비단이나 종이의 단위인 「권卷」자가 점차 증가한다. 《한서》〈예문지藝文志〉 속에는 ¾이 「편」으로 적혀 있고 겨우 ¼만이 「권」을 쓰고 있다. 동한에 이르자 편과 권의 수는 각각 반수가 되었다. 그러다가 삼국시대에 이르자 권축卷軸의 수가 간독의 수를 앞지르게 되었다. 진대晋代가 되자 종이의 사용이 이미 보편화되어 간독의 서적은 이미 찾아볼 수 없게 되었으니 전체가 모두 권축으로 대체되었음에 틀림없다.

2 전국戰國과 진한秦漢의 죽간

한대 이전의 간독은 근년에 들어서야 비로소 출토되기 시작했다. 그러나 사적史籍의 기록에 의하면 서기 3세기말에 전국시대 죽간이 지하에 매장된 지 6백 년 뒤에 대량으로 발견되었다고 한다. 서기 281년 이름이 정확하지 않은 어떤 사람이 지금의 하남河南 북부 급군汲郡에서 위양왕魏襄王의 묘를 도굴하다 대량의 죽간을 발견하였는데 모두 길이가 2척尺 4촌寸이며 각 간마다 40자가 실렸고 흰 끈으로 묶여있었다. 모두 계산해보니 서적 16종에 75묶음, 10만여 자로 사지史地를 포함하여 점복占卜 과 고사 및 기타 등이었다. 그 중 가장 유명한 것은 《죽서기년竹書紀年》으로 상고에서 기원전 299년에 이르기까지 이 책이 매장되었던 시기의 위魏나라의 사기史紀이다.

진무제晉武帝는 그 죽간을 황실도서관에 소장하고 순욱筍勗·속석束晳 등에게 주석注釋을 하도록 명을 내렸다. 그리고 아울러 2척의 종이에 그것을 베껴 적고 황색으로 물을 들여 좀이 스는 것을 방지하였으니 이른바 「염황染黃」이다. 원래의 죽간은 「중경中經」에 보관하고 부본副本은 그밖의 3곳에 나누어 보관하였다. 당대唐代 이후 이러한 문적들은 대부분이 산일되고 겨우 2가지만 송대宋代까지 전해졌다. 그러다 원대元代에 이르자 《죽서기년》이 또 없어졌다.[6] 현재는 그 많은 것 가운데 단지 《목천자전穆天子傳》 1권만이 남았을 뿐이다. 이는 진화秦禍가 휩쓸고 지난 뒤에 남은 고서古書로 역사상 최대의 발견이었다. 도굴한 사람이 횃불로 쓰기 위해 태운 것을 제외하고, 각 간마다 실려있는 글자의 수를 근거로 하고 사적史

籍이 기록하고 있는 총 자수를 참고로 하여 출토된 죽간의 수를 계산하면 총 2천5백 매 이상이 된다.

또 한 차례의 발견은 서기 479년에 있었다. 지금의 호북湖北 양양襄陽 부근의 초나라 묘에서 출토된 죽간은 위묘魏墓의 것보다 더 빠른 것이다. 푸른 실로 엮은 10여 개의 죽간은 길이가 2척에 넓이는 수 푼인데 과두서가 실려있다.[7] 만약 기록이 확실하다면 이 죽간의 연대는 대략 기원전 505년에서 278년까지로 초나라가 도읍을 세우던 시기에 해당된다.

기록 속에 출토되었다고 전해지는 죽간은 지금 하나도 남아있지 않다. 현존하는 것은 모두 근년에 출토되었다. 서북지역에서 출토된 것은 거의 전부가 목독이며 한대 혹은 그뒤에 제작된 것이다. 중원中原 각 성省의 경내에서 발견된 전국·진한의 죽간은 연대가 비교적 빠른 것으로 역사적 가치도 비교적 높다. 1930년 이래 장사長沙 부근의 초묘楚墓는 수차에 걸쳐 도굴되기도 하고 과학적으로 발굴되기도 하였다. 1952년 오리패五里 牌에서 약 37점 정도의 죽간이 출토되었다. 그 모양과 구조 및 크기가 다르고, 더욱이 기록된 문자는 모호하고 확실치 않아 겨우 몇 개의 간문簡 文만을 읽을 수 있는데 이들은 대개가 순장품이다.[8]

1953년 앙천호仰天湖에서 약 43점의 죽간이 출토되었는데 기원전 4세기 의 물건이다. 죽간은 길이가 약 22cm, 넓이가 1.2cm에 두께는 0.1cm이며 사각이 날카롭다. 각 죽간마다 2자에서 21자에 이르기까지 수가 다르고, 대나무의 배면背面에 먹물로 썼으며 대나무의 면을 평평하게 깎지 않았다. 글자체는 초楚나라 동기銅器의 전국자체戰國字體와 매우 흡사하여 처음에는 둥글고 굵직하게 시작했다가 끝부분으로 가면서 가볍고 가늘게 맺는 이른바 「과두문」이다. 간책은 매장품의 장부로 책 속에는 각 물건들이 기록되어 있는데 대부분이 금속이나 실로 된 물품이며 그 수량 역시 간책에 기재되어 있다. 이것은 이른바 고적 속에서 일컫는 「견책遣策」이다. 《의례儀禮》〈기석례旣夕禮〉에 『(부의를 보낸 사람과 물품을) 네모난 목판(方)에 적었는데 9행·7행·5행이다. (빈객과 물품이 많으면 이를) 책策 에다 기록하여 보낸다 書贈於方, 若九·若七·若五, 書遣於策』고 하였다. 묘혈 안에서 의식을 집행하는 사람이 관棺 앞에 서서 이 「견책遣策」을 읽었다. 이같은 간책의 발전은 고적의 기록과 부합되고 있다.

1954년 세번째로 장사長沙 양가만楊家湾에서 죽간이 출토되었다. 모두 73점인데 그 가운데 27개의 죽간에는 글자가 없고, 그외에는 각 간마다 1,2자씩 일정치 않고 또한 글씨도 모호하여 확실치 않다. 길이는 약 13.5cm이고 넓이가 약 0.6cm, 글자체는 앙천호에서 출토된 것과 다르다. 시대는 기원전 3세기 중엽에 해당되어 앞서 말한 것보다 조금 늦다. 1957년 하남河南 신양信陽 장대관長台關의 고묘古墓에서 죽간 28점이 출토되었는데 각 편마다 10자에서 40자에 이르는 고문이 실려있었다. 1966년 호북湖北 강릉江陵 경내의 망산望山에 있는 초나라 묘 속에서도 두 무더기의 죽간이 출토되었다. 도합 30여 점으로 모두가 「견책」의 종류인데 전국말기의 초나라 물건이다.

1978년 호북 수현隨縣에서 전국초기의 증후을묘曾侯乙墓(기원전 433년)가 발견되어 죽간 240여 점에 6천여 자를 얻었다. 내용은 장례의식에 필요한 병갑兵甲과 마차를 기록하고 있는데, 이는 현재 발견된 것 가운데 연대가 가장 빠르고 자수도 가장 많은 선진先秦의 죽간이다. 죽간은 길이가 72~75cm이고 넓이는 10cm로 양면에 모두 글씨가 있으며 글자의 자체는 전국 시기와 같다.[9]

1975년 호북 운몽雲夢 수호지睡虎地의 진묘秦墓에서 죽간 1,100여 점이 출토되었는데 그 가운데는 진대의 율령律令 및 진소왕秦昭王 원년에서 시황始皇 30년(기원전 306~217년)에 이르기까지의 《편년기編年記》 등이 있다. 이는 진대 죽간의 첫번째 출토이며 중국 최고의 법률조문과 진대의 역사문헌이기도 하다.

한초漢初의 죽간에 관해서는 근년들어 발견이 점차 증대되고 있다. 1972년초에서 1973년말에 이르기까지 장사長沙 마왕퇴馬王堆의 서한묘西漢墓 두 군데에서 전후하여 대략 1천 점의 죽간이 발견되었는데 이들은 모두 기원전 2세기의 물건들이다. 어떤 묘에서는 312점의 죽간이 출토되었는데 길이가 27.6cm에 넓이는 0.7cm로 황갈색을 띠고 있으나 뒷면의 대껍질은 여전히 녹색을 띠고 있었다. 글씨는 먹으로 썼고 두 가닥의 서승書繩으로 엮어져 있다. 각 간의 자수는 2자에서 25자까지 각각이며 부장기물의 장부이다. 또 다른 묘에서는 6백여 점이 출토되었는데 그 가운데 4백여 점은 부장물품의 장부이고, 그밖의 약 2백여 점은 의서醫書인데 문체가

황제내경黃帝內經과 비슷하다. 또 산동山東 임기臨沂의 서한묘西漢墓에서
는 고대 병서兵書와 음양서陰陽書의 죽간 4천9백여 점이 출토되었는데
그 가운데는《손자병법孫子兵法》《손빈병법孫臏兵法》《육도六韜》및《울
료자尉繚子》등의 잔편殘篇이 들어있다. 이번에 발견된 죽간은 근년들어
출토된 것 중에서 가장 오래되었고 장편저술이 제일 많이 발견되었을
뿐만 아니라, 오랫동안 해결을 보지 못했던《손자병법》의 작자 문제를
해결하게 되었다. 그곳의 2호 무덤에서 출토된 죽간 32매는 한漢 원광元光
원년(기원전 134년)의 역보曆譜로서 유략역보儒略曆譜보다 80여 년이 앞선
다.

　1977년 안휘安徽 부양현阜陽縣에 있는 서한의 개국공신 하후영夏侯嬰의
아들 하후조夏侯灶(기원전 163년卒)의 무덤 속에서 죽간이 출토되었다.
내용을 보면《창힐편蒼頡篇》《시경》《주역》및《연표年表》《대사기大事
記》《작무원정作務員程》등 10여 종의 고적이다. 1983년 호북 강릉江陵의
장가만張家湾에 있는 서한묘에서 서한 초기의 죽간이 모두 1천여 매가
출토되었는데 기원전 2세기 서한무제西漢武帝에서 문제文帝 시기에 이르
는 유물이다. 죽간은 길이가 30~33cm에 넓이는 0.6~0.7cm이며 각 간의
사이는 3가닥의 엮음실로 연결되어 있다. 문자는 대의 황색면에 썼는데
각 간의 자수는 다소 차이가 있으며 가장 많은 것은 40여 자이고 전부
합하면 모두 4만여 자이다. 내용을 살펴보면 율령律令·주헌서奏獻書가
있고《개려蓋廬》《산술서算術書》《맥서脉書》《인서引書》역보曆譜·일서
日書·견책遣策 등 서한의 법률·군사·의학·수학 등의 중요 문헌이다.
5백여 간의 율령은 20여 종의 율명律名을 포함하고 있는데 비록 한율漢律
의 전모를 반영하는 것은 아니나 그 주체를 운몽雲夢에서 출토된 진율秦
律과 비교하면 보다 충실하게 완비되어 있다. 진율을 통하여 진이 6국을
통일했던 전쟁의 포연을 볼 수 있듯이 학자들은 한율은 초한전쟁楚漢戰爭
후 유씨왕조劉氏王朝가 세운 각종 조치를 반영한다고 보고 있다. 그외에
《산술서》는 1백여 간의 수학문제집으로 체례體例는《구장산술九章算術》
과 비슷하나 그보다 비교적 빨리 만들어졌다. 이는 현재 중국이 발견한
가장 빠른 수학 전문서적이며 세계 수학사상 중요한 발견이기도 하다.
그 묘 속의 역보曆譜는 두 벌인데 한 벌은 한고조漢高祖 5년에서 여후呂

后 2년(기원전 202~186년)까지의 것이고, 한 벌은 한문제漢文帝 전원前元 5년(기원전 174년)의 것인데 이 역시 발견된 역보 가운데서 연대가 가장 빠른 것이다.[10]

3 한진漢晋의 목독木牘

간독이 출토된 주요 지점을 보면 중원中原의 장사長沙 · 강릉江陵 · 신양信陽 · 임기臨沂 외에도 서북 변방의 돈황敦煌 · 주천酒泉 · 거연居延 · 무위武威 및 신강新疆 남부의 루란樓蘭과 화기和闐 등이 있다. 장사에서 출토된 죽간은 대부분이 전국과 한초의 유물로 시대가 가장 오래된 것이다. 거연에서 출토된 것이 수량으로는 가장 많은데 대부분이 양한兩漢의 목독이다. 루란에서 출토된 것은 모두가 진대晉代의 유물이다. 서기 1900년 이래, 해외의 고고학자의 발굴에 의하여 출토된 간독은 근 5만여 점이며, 시간의 흐름으로 보면 약 1천 년을 전후하게 된다. 이들은 역사 · 제도 및 교감校勘의 연구에 있어 중요한 신사료新史料를 더해주었을 뿐만 아니라 또한 현세계에 근근이 남아있는 고대서적의 표본이기도 하다.

1901년, 인도고고조사단印度考古調査團의 스테인 Aurel Stein은 제1차 중앙아시아의 탐사에서 화기 경내의 니아尼雅 옛터에서 목독을 발견하였다. 그 수는 40개이며 동한의 유물이었다. 그곳의 위치는 화기의 북쪽, 탑리목塔里木 분지내인데 이곳은 본래 주거지였으나 3세기 중엽에 이르러 버려졌다.

스테인은 제2차(1906~1908년)와 제3차(1913~1916년) 탐사를 통해 더욱 많은 것을 얻었다. 돈황 부근의 폐허와 그보다 조금 동쪽인 주천에서 약 1천여 점의 간독을 얻었다. 그 유적지는 감숙을 연결하는 최서단最西端에 위치하고 있어서 옛부터 중국과 중앙아시아의 상업과 군사의 요충지였다. 기원전 111년, 정부는 돈황에 병력을 배치하여 북부의 흉노匈奴를 방비했다. 이곳에서 발견된 목독은 대략 기원전 98년에서 기원후 153년 사이의 유물로 모두 문학 · 역서曆書 · 수학 · 점복占卜 및 천문天文에 관한 자료이며 아울러 각 병참지 사이의 통신기록이 있다. 그 가운데 가장 주의를 끄는 것은 《급취장急就章》의 잔편이다.(圖15) 그리고 그외에도 적지않은 역서의 잔편이 있다. 완전한 역서로는 기원전 63년(圖15)·59년·57년 및 39년과 기원후 94년·153년의 목독이 있다. 그 가운데 오래된 역간曆簡은 율리우스력Julian Calendar(B.C. 46)의 제정보다 17년이나 빠르다. 더욱이 대량의 공·사문건公私文件은 그 시기의 군사·정치·봉화 및 역참 등의 제도 연구에 도움을 준다.[11]

거연의 한간漢簡은 중국서북과학고찰단이 1930년에 발견했다. 이는 수량 면에서 볼 때 역대의 출토물 가운데 한간漢簡이 가장 많았다. 거연은 내몽고內蒙古 서북부로 약수弱水가에 위치하고 있다. 거연성은 기원전 104년에 세워졌는데 옛이름은 흑성자黑城子였고 돈황과 무위武威 사이에 있는 군사와 정치의 중심지였다. 동으로 거연 한해旱海의 서남에 약수弱水의 끝이 있어 돈황·무위와 함께 세력의 대립을 이루었다. 한대에는 여기에 봉화대烽火台를 설치하여 감숙으로 연결되는 북부를 방어하였다.

선후하여 이곳을 조사했던 이들은 1908년 제정 러시아 지리학회의 코슬로프 P.K. Koslov, 1914년 스테인, 1930년 중국서북과학고찰단의 스번헤딘 Sven Hedin과 베르그만 Folk Bergman 등이 있다. 그들은 약수의 동안東岸에 연해 있는 몇 곳에서 막대한 양의 목간을 얻었다. 파성자破城子에서 발견된 목간이 5천2백여 점, 홍성자紅城子 등지에서 발견된 것이 3천5백여 점, 총수는 거의 1만여 점에 달한다. 목간에 표기된 날짜를 통해 이 간독들이 대략 기원전 102년에서 기원후 30년 사이의 유물임을 알 수 있다.[12]

이 간독들의 내용을 보면 돈황에서 발견된 문건들과 비슷하여 보고서·공문·서신·역서·《급취장》·율령·약방문藥房文 등이 있다. 그 가운데 하나는 77개의 죽간으로 되었으며 두 가닥의 삼줄로 엮어져 있어 「冊」자의 원시모습을 실증해주고 있다.(圖16) 간은 길이가 23cm에 넓이는 103cm이며 전부를 다 펴면 약 122cm가 된다. 그것은 당시 이곳 병참기지의 기물을 조사한 장부로서 대략 서기 93년에서 95년 사이의 물건이며 또한 장정하여 완전한 형태를 갖춘 중국에서 현존하는 최고의 책이기도 하다.[13]

1959년 감숙박물관甘肅博物館은 무위의 교외에 있는 동한묘東漢墓에서 385점의 완전한 간독을 발굴하였다. 그들은 대부분이 가문비나무로 된 목독이였으며 죽간은 극히 적었다. 간은 길이가 꽤 길어서 약 54㎝에서 58㎝이고 넓이가 1㎝에 각 간마다 60에서 80에 이르는 글자가 실려있다. 자체는 대개가 간체簡體나 변체變體였다. 그리고 각 간의 앞뒤에 숫자를 표시하여 오늘날의 책 페이지 수와 같았다. 그 속에는 《의례》 7장이 있었는데 그 형태와 체제가 현재까지 발견된 간독 가운데 가장 긴 것이며, 또한 현존하는 경서 가운데 가장 빠른 「판본版本」이기도 하다. 이와 동시에 출토된 것으로 동한 영평永平 15년(서기 72년)의 왕장목간王杖木簡이 10점 있다. 이는 길이가 23㎝이며 한대 노인에게 왕장王杖(齒杖 : 임금이 70세가 넘은 신하에게 주는 지팡이)을 준 법령이다. 또 1972년에는 무위武威 한탄파旱灘坡의 동한묘에서 의약간독醫藥簡牘 92점을 발견했다. 그것은 길이가 약 23㎝에 넓이는 일정치 않으며 재질은 소나무와 버드나무를 썼다. 간독에는 약 1백 종의 약물이 기재되어 있는데 그 중 약 20종은 본초서本草書에 기록이 없는 것이다. 이것은 지금까지 발견된 동한의 것 중 비교적 완전한 의학저작이다.

1972년에서 1976년 사이에 감숙 액제납하額濟納河 유역의 거연에서 전후하여 동한 왕망시기의 간독 2만여 매를 발견하였다. 그것은 대부분이 목간이었고 죽간은 소수였다. 내용을 보면 율령·과별품약科別品約·상조서象詔書·판결서·탄핵서 등의 문서당안이다. 간독 출토시에 어떤 것은 엮어서 책의 형태를 이룬 것도 있었는데, 간독을 엮은 줄이 두 개짜리도 있고 세 개짜리도 있어 일정치 않았다. 간독의 문자는 일정한 행문의 순서와 문독의 격식이 있어 고대 문서당안제도 연구에 중요한 가치를 지니고 있다. 출토된 간독의 형식에는 통筒·찰札·양행兩行·독牘·검檢·부符· 고觚·첨簽 및 글자가 있는 봉간封簡·삭의削衣 등으로 다양하여 간독제도를 고증하는 데 중요한 물증이 된다.

1978년 청해성青海省 대통현大通縣 손가채孫家寨에 있는 115호 서한 말기의 무덤에서 간독 4백여 매가 출토되었다. 그 간독의 재질은 가문비나무이고 자체는 예서인데 주요 내용은 군사방면의 문서이다. 1979년 강소江蘇 한강邘江에서 서한 후기의 목독 16점을 발견했는데 내용을 보면 신령神靈의 명위名位·일기·통고문 및 장례 후 지내는 제사의 물품 등에 관한 것이다. 1979년 감숙 돈황의 마권만馬圈湾에 있는 한대의 봉수燧燧

유적지에서 간독 1217매를 발굴하였다. 연대를 보면 원강元康원년(기원전 65년)에서 왕망이 나라를 세운 지황地皇2년에 이르는데, 이 간독을 연구함으로써 옥문관玉門關의 방위를 해결할 수 있는 실마리를 찾았다.[14)

루란樓蘭에서 출토된 간독은 시기적으로 비교적 늦다. 3세기 중엽 진무제晉武帝가 서역개척의 계획을 중흥하면서 루란은 라포뇨이 북쪽의 군사 식민지가 되었다. 루란의 옛터를 제일 먼저 발견한 사람은 헤딘이다. 헤딘은 1894년부터 시작해서 7차례나 중앙아시아를 살펴보고 나서 1903년 루란에서 대량의 목독과 겸백 및 종이를 사용한 문서들을 발견했다. 그 가운데 목독 121건은 서기 266년에서 269년 사이의 유물이다. 1902년에서 1914년 사이에 일본 西本願寺의 大谷考察團이 이 지역에서 발견한 간책簡策 역시 같은 시기의 유물이다. 1913년에서 1915년까지 스테인은 3번째의 조사를 통해 이 지역에서 목독 83건을 발견했는데 모두가 서기 263년에서 270년 사이의 유물이다. 그 가운데는 「척독尺牘」이 1매 들어있었는데 서기 266년의 유물이었으며 나머지는 모두 공사문건公私文件 등이다.[15)

4 죽목竹木의 손질

대나무는 성장이 빠른 화본과식물禾本科植物로 열대와 아열대기후에서 흔히 볼 수 있다. 중국의 아주 북부지역만 제외하고는 거의 어디에서라도 대나무를 볼 수 있다. 고적古籍에서 기록하고 있는 죽림竹林이 위魏·진晉·진秦·제齊와 같은 화북지방華北地方에서도 보이는데 이곳은 오늘날 황하유역의 하남河南·산서山西·섬서陝西·산동山東 등의 성省에 해당한다. 그러나 현재는 몇몇 지방을 제외하고는 이 구역에서는 이미 대나무를 보기 힘들게 되었다. 이는 대개 기후의 변화와 죽림의 남벌 등으로 인해 대나무의 생장이 점차 남으로 옮겨졌기 때문일 것이다.

대의 각 부분은 쓰임이 아주 다양하다. 특히 대나무는 속이 비고 마디가 많으며 단단하면서 가볍고 탄력성이 풍부하다. 대의 표면에는 규소질이 함유되어 있어 아주 단단하여 깎아서 물건을 자를 수도 있다. 옛부터 대는 집을 짓거나 다리를 세우거나 뗏목을 엮기도 하고 수레를 만드는 등 그 용도가 다양했고 아울러 갖가지 가구와 농기구 및 활과 화살·병기·붓대롱 등의 제조에도 쓰였다.[16] 그리고 특히 가뿐하면서 표면이 매끄러워 종이가 발명되기 전에 선인先人들은 대나무를 서사書寫의 주요 재료로 사용했다.

약간의 나무도 서사의 재료로 쓰였다. 돈황 및 거연의 목독은 대부분이 백양이거나 버드나무였다. 백양과 버드나무는 대부분 중국의 북부에서 생산되지만 그 가운데 몇 종은 사막의 오아시스에서 자라기도 한다. 대나무의 주요 산지는 중원이므로 서북지역에서는 죽간이 퍽 드물다. 스테인이 돈황에서 발견한 목독은 대개가 백양이었다. 전중앙연구원前中央研究院이 발견한 것은 소나무·버드나무·백양 및 괴류柽柳로 된 것들이다.[17] 이러한 나무들은 모두 색이 희고 재질이 가벼우며 먹물을 쉽게 빨아들이는 특색이 있고, 더욱이 그 지역에서 생산되기 때문에 자연히 서사의 재료로 이용하게 되었다.서사의 재료로 쓰기 위한 대나무의 손질은 나무보다 까다롭다. 왕충王充의 《논형論衡》 권12에 『나무를 잘라서 건목을 치고 이를 쪼개어 판자로 만든 뒤에 깎고 다듬으면 바로 주독이 만들어진다 斷木爲槧, 析之爲板, 力加刮削, 乃成奏牘』고 하였다. 죽간에 글자를 쓸 때는 대나무의 외표피에 쓰는 것이 아니라 외부의 푸른 표피를 깎아내고 그 안에 쓰거나 혹은 「대나무의 안쪽」에 쓴다. 대나무의 손질법을 살펴보면, 우선 대나무를 일정한 길이의 원통으로 자른 뒤, 다시 일정한 폭으로 쪼개어 죽간을 만든다. 그러나 아직도 글자를 쓰기에는 적합하지 않다. 글씨를 쓰기 위해서는 「살청殺青」이라는 처리를 거쳐야만 한다. 즉 먼저 표면의 푸른 표피를 깎아내고 불에 쪼여 말려서 쉽게 썩지 않도록 한 후에 다시 깎아서 고르게 한 다음에야 글씨를 쓸 수 있다. 유향劉向의 《별록別錄》에 『살청은 대나무를 손질하여 죽간을 만드는 것이다. 새 대는 더러운 곳이 있으면 잘 썩고 좀이 잘 슨다. 죽간을 만든다는 것은 불 위에 이를 굽는 것이다 殺青者, 直治竹作簡書之耳. 新竹有汗, 善朽蠹 ; 凡作簡者, 皆於火上炙乾之』[18]고 하였다.

표피의 문자를 깎아낸 뒤 그 간을 다시 쓰기도 하였는데 이를 「삭의削衣」라 한다. 그리고 그렇게 표피가 깎여진 나무편을 「시」라 한다. 《설문說文》에 『시는 목찰(지저깨비)을 깎아낸 나무판이다 柿, 削木札朴也』하였다. 간혹 글씨를 잘못 썼을 경우에는 틀린 글자를 칼로 깎아내고 다시 쓰기도 하였다. 스테인이 돈황에서 발견했던 글자가 씌어진 수천 개의 시柿는 모두 옛사람들이 목간에 글자를 익힐 때 목간을 깎아내고 다시 사용했던 것을 증명하고 있다. 1944년 전중앙연구원 역시 문자가 실린 시를 발견하였는데 「서도書刀」로 깎아낸 흔적이 명백하다.[19] 이는 마치 서양에서 양피지를 불렸다가 다시 쓰는 것과 마찬가지로 간독 역시 깎아서 거듭 사용할 수 있었다. 간에 글씨를 잘못 썼을 경우는 칼로 깎아내고 다시 쓰는 외에도 즉시 물로 씻거나 침으로 먹을 닦아내고 정확한 글자를 다시 쓰기도 했다. 감숙 무위에서 발견된 의례儀禮의 간에 이같은 흔적이 있다.

절강浙江 소흥紹興의 306호 전국시대(월국越國)의 무덤에서 51점의 문서공구가 출토되었다. 칠기상자 안에 청동칼을 포함하여 조각칼·서도·송곳·숫돌·도선추陶線錘 등이 들어있었다. 숫돌은 칼이나 서도를 연마하는 데 쓰였다. 조각칼과 서도는 간독을 손질하는 데 사용했고 숫돌은 간책을 엮어매는 데 쓰는 공구이다.

5 간독簡牘의 형식

고대의 간독은 형식과 용도면에 있어서 모두 같지는 않았다. 죽간의 형식은 모두 좁고 길며 종서縱書로 1행을 쓴 뒤 평주끈이나 마麻, 혹은 가죽끈으로 엮음으로써 오늘날 페이지를 나눈 책과 같은 형태로 만들었다. 목독 역시 흔히 좁고 긴 형태이나 간혹 장방형長方形이나 정방형의 것도 있다. 장방형이나 정방형의 목독은 스스로 한 규격을 이루므로 보통 이어엮지를 않았다. 기록에 의하면 목독은 대부분이 공문·율령·단간短簡 및 개인의 서신에 쓰였고, 죽간은 문학저작 및 편폭이 비료적 긴 서적에 쓰였다.

고대 간독의 길이에는 일정한 규율이 있어서 그 용도와 중요성에 따라 차이가 있는 듯하다. 경전저작經典著作의 죽간은 보통 2척 4촌·1척 2촌·8촌 등이다. 정현鄭玄의 설에 의하면 《육경六經》은 2척 4촌의 간에 썼고, 《효경孝經》은 1척 2촌에 《논어》는 8촌에 썼다고 한다. 이것으로 볼 때 장간長簡은 비교적 중요한 경전에 쓰였고 짧은 것은 부차적인 책에 쓰였음을 알 수 있다. 《효경》과 《논어》는 서기 9세기에 들어서야 비로소 유가경전에 끼게 되었다. 왕충은『큰 것은 경이요 작은 것은 전기다 大者爲經, 小者爲傳記』하였으며,『2척 4촌은 성인의 말씀이다 二尺四寸, 聖人之語』라고도 하였다. 무위에서 발견된 《의례》의 간은 길이가 54㎝에 넓이가 1㎝로 한제漢制의 2척 4촌에 합치된다. 다년간 출토된 간책 가운데 가장 긴 것은 한대의 것으로 장간長簡에 유가경전을 씀으로써 공자를 존중하고 경을 읽는 제도가 시행되었다는 것을 확실하게 증명하고 있다.[20]

　　역대 간독의 발견을 보면, 그 길이로 기록상 수치의 정확함을 증명할 수 있다. 순욱荀勗은 기원전 3세기에 《목천자전》이 씌어진 죽간에 대해『신 욱이 전에 고증했던 옛 척도로 따지면 그 간의 길이는 2척 4촌이요 …… 以臣勗前所考定古尺度, 其簡長二尺四寸…… 』[21] 하였다. 《고공기考工記》는 《목천자전》보다 앞서 쓰였는데 정사正史의 기록에 의하면 간의 길이가 2척으로 한제漢制의 2척 4촌에 합치된다.[22] 이것으로 볼 때 경전을 제외한 그밖의 중요 저작 역시 2척 4촌의 간에 썼음을 알 수 있다.

　　한대 목독의 길이는 5촌에서부터 2척에 이르기까지 일정치 않다. 채옹蔡邕의 설에 의하면 조령詔令의 목독은 2척이나 1척의 것으로 썼다고 한다. 스테인이 돈황에서 발견한 대량의 목독은 대부분의 길이가 23㎝나 24㎝로 한제漢制의 1척에 해당된다. 한 이후로 일상적인 목독의 표준은 1척으로 정해졌는데「척독尺牘」이라 불리우는 개인 서신도 실은 여기에서 근원한 것이다. 가장 짧은 목독은 겨우 5촌으로 초소를 통과할 때 검사용으로 쓰이는「부符」이다.

　　각종 목독은 그 쓰임이 다를 뿐만 아니라 길이 역시 달랐다. 3척짜리는 아직 깎지 않은 참槧이고, 2척짜리는 명령에 쓰며, 1척 반짜리는 공문보고에, 1척은 서신에, 그리고 반 척짜리는 신분증에 쓰였다. 이로써 한대 목독의 척촌尺寸은 5촌의 배수이고 전국의 죽간은 2척 4촌으로 수를 나누고 있음을 알 수 있다. 이같이 서로 다른 원인은 만주晚周와 진대秦代에서는「6」이나 그의 배수로 단위의 표준을 삼는 데 반해 한은「5」로 하기 때문이다.

이상에서 말한 바와 같이 서로 다른 간독의 길이에는 각기 모두 일정한 용도가 있다. 그러나 기록 속에는 그와 다른 설도 있어 어떤 특수한 문건 文件을 표시하는 간책 중에는 길이가 다른 것도 있다. 《설문》에 『책은 임금의 명령이다. 제후가 나아가 왕에게 받는 것이다. 찰을 본떴으며 길기 도 하고 짧기도 하다 冊, 符命也, 諸侯進受於王者也, 象其札,一長一短』고 하였다. 이와같이 장단長短이 일정치 않은 제도에 관해 선진先秦의 문적에 서는 자료를 찾아볼 수 없다. 다만 《전국책戰國策》의 유향劉向 서序 중에 언급하고 있는 책에는 「장단」이 있다. 비록 엽덕휘葉德輝와 왕국유王國維 가 고대 간독의 길이가 같지 않음을 증명하기는 했으나 거기서 말하는 장단은 유협변사遊俠辯士들의 변론의 옳고 그름이나 호오好惡, 혹은 장단 양면의 책모策謀 등을 말하는 것이지 서적의 장단을 가리키는 것이 아니 다. 한대에 이르러 한무제는 자신의 세 아들에게 채읍采邑을 봉함에 있어 책명冊命을 길이가 다른 간독에 썼다.[23] 채옹 또한 명령을 내림에 있어 1척이나 2척의 간독 외에 종종 길이가 다른 간독에 썼다고 하였다.[24] 이로 미루어 길이가 다른 간독은 주로 책명에 썼으며 그밖의 공문과는 달랐음 을 알 수 있다. 갑골문과 금문 속의 「책冊」자의 필획을 보면 길이가 같지 않다. 이것으로 볼 때 이런 제도는 아마도 상주로부터 비롯된 것 같다.

간독의 넓이는 길이와 달리 고적에도 명문화된 기록이 없다. 《남제서南 齊書》권21에 서기 479년에 발견된 간독의 기록이 있는데 『간의 넓이는 수 푼이고······ 簡廣數分······』하였다. 스테인이 발견한 간독은 넓이가 0.8cm에서 4.6cm에 이르기까지 일정치 않으나 그 가운데 대다수가 1cm이 다. 거연에서 출토된 〈병물책兵物冊〉은 각 간의 넓이가 1.3cm이다. 최근 출토된 장사長沙의 죽간은 넓이가 0.6cm에서 1.2cm까지 일정치 않다. 대체 적으로 말해 간의 넓이는 2cm를 넘지 않는다. 다만 목독의 경우에는 비교 적 넓어서 5행이나 5행 이상의 글자를 적을 수 있다.

6 행격行格과 서체書體

각 간에 쓰는 행수와 자수 역시 모두 같지는 않다. 보통은 간독의 앞면에 1행만을 쓰지만 간혹 2행 이상이나 앞뒷면 모두에 쓰는 수도 있다. 대만의 중앙도서관에서 소장하고 있는 30개의 간 가운데 7개는 앞뒷면 모두에 쓰고 있다.[25] 글자수에 있어서는 8자에서 80자에 이르기까지 일정치 않은데, 이는 간독의 장단과 글자체의 크기가 다르기 때문이다.

정현鄭玄의 《의례주儀禮注》는 《상서》의 간에는 각 간마다 30자라고 한다.[26] 이것으로 추측해보면 《춘추》를 포함한 기타의 경전이 모두 2척 4촌의 길이이므로 각 간에 실린 글자의 수도 틀림없이 같을 것이다. 복건服虔의 고증에 의하면 《좌전左傳》은 한 간에 8자라고 한다. 이는 좌전이 《춘추》만큼 중요하지 않기 때문에 간의 길이가 8촌에 지나지 않으니 이것이 경經과 전傳의 차이이다. 《한서》〈예문지〉와 《상서》에 빠진 간 가운데 어떤 것은 25자이고 어떤 것은 22자라고 했다. 순욱은 《목천자전》의 서序에서 각 간마다 40자라고 말한 바 있다.

돈황에서 발견된 간독 가운데 《급취장》이 있는데 매 간마다 1장章을 썼는데 모두 63자였다. 그것은 각진 기둥형태의 목간으로 3면에 글자가 있으며 각 면마다 1행에 21자가 들어있다. 다른 간에 2행짜리가 있는데 한 행은 32자이고 다른 한 행은 31자였다. 장사에서 출토된 죽간은 각 간의 길이가 대체로 같으나 각 간에 실린 글자는 2자에서 20자까지 일정치 않다. 문적과 고대유물을 통해서 볼 때 각 행에 실리는 글자수는 일정치 않으며 이는 완전히 자형字形의 크기와 간독의 길이에 의해 정해짐을 알 수 있다.

고대 간의 자체가 서로 다른 것은 그것을 쓴 시대와 그 중요성에 따르는 것으로 보여진다. 채옹은 《독단獨斷》에서 중요 문건은 전서篆書로 죽간에 쓰고 부차적인 것은 예서隸書로 목독에 쓴다고 하였다. 3세기말에는 이미 해서楷書가 유행되고 있었으나, 6세기 때의 정부책명政府冊命에는 여전히 전서체가 쓰였다.[27] 중요한 문서에 전통적인 자체를 쓰는 습관은 외국의 역사상에도 거의 마찬가지며 또한 그러한 습관은 상당히 오랫동안 이어졌다. 공안국孔安國은 《고문상서》 서序에서 《고문상서》는 죽간에 고문으로 쓰인 것을 예서로 베낀 것이라 하였다. 그러므로 한대의 《육경》이 당시 유행하던 예서로 베껴쓴 것이라 해도 큰 무리는 없을 것이다.

기원전 1세기에 유행했던 장초章草는 예서를 빨리 씀으로 해서 변화된

것이다. 「장章」자는 사유史游가 기원전 48년에서 43년까지 쓴 《급취장》
의 서체에서 얻은 명칭이다. 돈황의 간독 가운데도 이같은 초서의 자체가
있는데 그 연대는 기원전 58년·기원전 48년 및 63년이다.[28] 비교적 연대
가 빠른 간독이나 서기 93년에서 95년에 이르는 거연의 〈병물책〉의 자체
는 모두 이런 추세이다. 이는 2세기에 유행했던 행서行書와 4세기의 초서
草書 발전의 첫걸음이 된다.

7 고서古書의 단위와 종류

　고서의 단위와 종류는 간독의 재료·길이·형태 및 편장編裝의 형식에
따라 각기 차이가 있다. 따라서 갖가지 명칭이 때로는 호용互用되기도
하고 전혀 다르기도 하였으므로 오늘날에는 각종 명칭이 뒤섞여 확실치
않게 되었다. 죽간과 목독의 각종 명칭에 대해서는 다음과 같은 구별이
있는 듯하다. 죽간을 표시하는 단위자單位字에는 보통 「죽竹」의 부수部首
가 붙고, 목독을 표시하는 것에는 「목木」이나 「편片」자의 편방偏旁이 따른
다. 1개의 죽간을 보통 「간簡」이라 하며 일반적으로 종서縱書로 1행을
쓴다. 자수가 비교적 많을 때는 몇 개의 간에 써서 하나로 이어엮는데
이것을 「책册」이라 일컫는다. 장편의 문자 내용을 1개의 단위로 할 때는
「편篇」이라 한다. 「책」은 비교적 작은 형태의 문서단위를 표시하고, 「편」
은 비교적 긴 내용의 단위에 쓰인다. 따라서 한 「편」에 몇 개의 「책」을
포함할 수도 있다.
　「권卷」이 간독서적의 단위로 쓰일 수 있는지에 관해서는 문제가 많다.
일반적으로 권은 겸백이나 종이말이(紙卷)의 단위로 여겨져 왔다. 노정일
勞貞一은 거연의 〈병물책〉 77개의 간을 두 가닥의 삼끈으로 엮어 대나무
발 같은 모양이 되었으니 권이라 할 수 있다고 했다. 따라서 『간을 엮어
책이 되고, 이를 말면 곧 권이 된다 簡編則爲册, 卷則爲卷』고 하였다.[29]
진반암陳槃庵이 《선진양한간독고先秦兩漢簡牘考》에서 그 이론을 증명해
보고자 하였다. 그러나 제기하고 있는 증거들 가운데 동한 이전의 것은
하나도 없었고, 한대에는 「권」이 이미 종이와 겸백의 단위로 광범위하게

사용되었다. 진씨는 또한 《한서》〈예문지〉 서序에서 《금문상서》 29「편」이
라 하였으며 그 목록에는 경經 29〈권〉이라 했음을 지적했다. 공안국의
《고문상서》 서序에도 『서와 합쳐 59편 46권이 된다 竝序凡五十九篇, 爲四
十六卷』고 하였다. 진씨는 《고문상서》 서에서 먼저 편이라 했다가 다시
권이라 했으므로 이에 근거하여 한 편이든지 혹은 몇 편이든지 말 수만
있으면 「권」이 된다고 여겼다.[30]

　《한서》〈예문지〉에 이미 「편」이 있는데 다시 「권」이 있으니 이는 도리
어 진씨의 주장이 잘못임을 증명하게 된다. 만약 「말면 곧 권이 된다」면
「편」자는 불필요하게 된다. 이 두 가지의 예증例證에 대한 나의 견해는
이렇다. 「편」과 「권」은 구분되는 것이며 이는 재료와 단위의 다름에 있는
것으로 여겨진다. 응소應劭는 『유향이 효성황제를 위하여 서적을 맡아
20여 년간 교정하였다. 먼저 죽간에다 써서 쓸데없는 문자는 삭제하고
잘못된 것은 바로잡았으며 부족한 곳은 보충하여 흰 비단에 정서하였다
劉向爲孝成皇帝典校書籍二十餘年, 皆先書竹,改易刊定,可繕寫者以上素也』
하였다.[31] 《서書》의 서에서 일컫는 고문과 금문의 《상서》는 본시 59「편」
과 29「편」으로 구분이 있었다. 그러다 경을 겸백에 베껴 적은 후에는
46「권」과 29「권」으로 되었다. 따라서 목록 속에 들어있는 「권」은 황실도
서관에 있는 백서帛書로 권축卷軸의 단위이며,《상서》의 서序 가운데 보이
는 「편」은 원본原本인 간독의 단위이다. 실제적으로 말하면 간은 엮는
것보다 마는 것이 쉽다. 그러므로 거연〈병물책〉의 몇 묶음의 간책簡册은
가령 그것이 말려 있더라도 「편」이라 함이 옳지 「권」이라 해서는 안 된
다.

　「간」과 「책」은 문적에 쓰이는 외에도 간혹 또 다른 특수한 용도에도
쓰인다. 부계符契와 같은 것은 신임을 얻는 데 쓰인다. 《설문》에 『부는
믿음이다. 한대의 제도는 대의 길이가 6촌이며 반으로 나누었다가 서로
합한다 符, 信也. 漢制以竹長六寸, 分而相合』고 하였다. 이 말은 돈황·거
연 등지에서 발견된 실물과 완전히 부합된다. 거연에서 발견된 24점의
짧은 간에 대해 노정일은 그것이 초소를 통과하기 위한 증서임과 중앙
및 지방관원의 신분증서라고 고증하여 해석했다. 나무나 겸백·옥 및 금속
등 그밖의 재료로도 「부」를 제작하여 같이 사용하기도 했으나 대로 만든

부만큼 보편적으로 쓰이지는 않았다.

　그밖에 「첨簽」이라는 부符가 있는데 이는 수학에서 계산에 쓰이는 산가지로 글을 쓰는 간을 짧고 좁게 한 것이다. 첨어簽語를 쓴 산가지는 미래에 대한 점복에 쓰인다. 그외에 짧은 간으로 「홀笏」이라고 하는 것이 있는데, 이는 신하가 제왕 앞에 나아가 아뢸 때 사용하는 것으로 형체를 보면 약간 굽어진 듯하면서 양끝이 조금 좁으며 대나무나 혹은 다른 재료로 만들었다.

　목독은 본래 공문公文에 쓰였으며 장편의 문적용으로는 쓰지 않았다. 「방方」과 같은 것은 주로 정부의 당안이나 기타 공문에 쓰였는데 5행에서 9행까지 쓸 수 있으나 글자수는 100을 넘지 않았다. 「판版」은 장방형이며 표면이 널찍하고 매끄럽다. 「첩牒」은 얇고 짧은 모양으로 쓰임새는 「방」과 같은데 단지 크기만 다를 뿐이다. 「독牘」은 좁고 길이가 약 1척인데 공문에도 쓰이고, 또한 개인의 서신에도 쓸 수 있다. 이러한 목독들은 원래 3척 길이의 목판을 잘라서 만든다. 보통은 단독으로 사용하지만 몇 개를 하나로 잇기도 하여 이를 「찰札」이라고도 하는데 죽간의 「책策」과 같은 것이다.

　목독은 여러 면을 만들어 다면형체多面形體로 쓸 수도 있는데 학습과 습자용習字用이다. 이런 각기둥형의 목독은 본래 네모기둥형의 목독이었으나 대각선으로 반을 나눈 것으로 3면을 모두 쓸 수 있다. 그리고 꼭대기에는 작은 구멍이 있어서 나머지 반쪽을 묶어서 쓴다. 돈황과 거연에서 발견된 《급취장》이 바로 다면형의 목독에 쓴 것이며 《한서》〈예문지〉에 기록된 바와 일치한다. 이런 다면형의 목독이 쓸 수 있는 면적은 보통 목독에 비해 크고 또 탁자 위에 세울 수도 있으며, 어떤 면의 글자를 읽거나 욀 때 다른 두 면은 보이지 않으므로 초학자들을 위해서는 정말 편리하다.

8 편장編裝의 방식

　간簡은 고서의 기본단위로서 오늘날의 책 한 페이지에 해당된다. 전편의 문장은 보통 간을 이어 책册으로 만든 뒤, 순서에 따라 책을 묶는 끈으로 한 번에 엮는다. 엮어 잇는 방식에는 먼저 글을 쓴 다음 나중에 엮기도 하고, 혹은 먼저 엮은 뒤에 나중에 쓰기도 하여 이어 엮는 방법이 각기 다르다. 돈황에서 출토된 《영원병물책永元兵物册》의 몇몇 글자는 엮은 줄에 덮여있으니 이는 먼저 쓰고 나중에 엮은 것으로 완성된 단책短册을 모아 장책長册으로 다시 연결하였다. 무위의 한간漢簡인 《의례》의 간에는 끈으로 엮은 곳에 글자없는 공백이 있는 것으로 보아 먼저 엮고 나중에 쓴 것이다. 호북 수현隨縣 증후을묘曾侯乙墓의 죽간은 두 줄로 엮었는데 끈의 흔적이 있는 상하 두 글자의 간격이 비교적 큰 것으로 보아 이 역시 먼저 엮고 나중에 썼다는 증거가 된다. 70년대 감숙 거연의 한대 유적지에 서 붉은색의 엮음줄로 이어 엮은 간책이 발견되었다.

고서를 보관하는 데는 서로 다른 두 가지의 형식이 있는 듯하다. 하나는 몇 개의 간을 이어 엮은 후에 한 다발로 묶는 것이고, 다른 하나는 접는 형태로 각 책간册簡의 면을 마주하는 방법이며 오늘날의 책 페이지와 같은 형식이다. 현재 발견된 간독들은 대부분이 흩어져 있어 학자들은 흩어진 간을 다시 엮어 복원하고자 시도한 바 있다. 그 방법을 보면 우선 끈을 두 가닥 연결하여 첫번째 간을 두 끈 사이에 놓고 매듭을 짓는다. 그리고 다시 두번째 간을 이 매듭의 왼쪽에 놓고 두 가닥의 끈을 아래위 로 교차하여 맺고, 세번째 간도 이와같은 방법으로 마지막 간까지 이른 뒤에 다시 한 차례 매듭을 지어 묶는다. 남는 끈은 책册의 형태가 된 전체 의 간독을 다발로 묶을 때 쓴다.[32]

접는 형식으로 연결된 간은 현재 남아있는 것이 극히 적다. 고적 가운데 도 이 방법에 대한 자세한 기록이 없다. 다만 기원전 3세기의 한 무덤의 벽돌에, 한 사람이 간책 형상의 책을 받들고 가는 그림이 있을 뿐이다. 그림을 보면 죽간을 이어 엮은 뒤 말은 형상을 하고 있다. (圖18 〈포간도 抱簡圖〉를 참조. 벽돌은 현재 캐나다의 황실박물관에서 소장하고 있다.) 거 연의 〈병물책〉은 77개의 간을 두 가닥의 삼끈으로 엮은 것인데 발견된 당시, 그 역시 한곳에 말려있었다고 한다. 무위의 《의례》 장간長簡은 3 가닥이나 4가닥으로 묶었던 흔적이 있다. 최근에 출토된 의약간醫藥簡은 3가닥으로 엮은 흔적이 있다.

간을 이어 엮는 직물에는 명주끈·삼끈 및 가죽끈이 있다. 서기 280

년에 발견된 위묘魏墓의 죽간은, 기록에 의하면 흰색의 끈으로 엮었다고
한다. 유향의 《별록別錄》에『손자의 책은 푸른 표피를 깎아낸 간에 쓰였으
며 흰빛의 명주끈으로 엮어져 있다 孫子書, 以殺青簡,編以縹絲繩』고 하였
다.[33] 서기 1세기의 〈병물책〉은 삼끈으로 엮어졌고 돈황의 간 가운데도
삼끈으로 엮어진 것이 있다. 그밖에 간독을 엮는 데 쓰인 재료는 현재
실제적 증거가 없다. 유일하게 가죽으로 간을 엮은 것에 관해 언급한 것은
사마천司馬遷의 《사기史記》로서 〈공자세가孔子世家〉에 이르길『공자께서
만년에 《역易》을 좋아하시어 《역》을 읽는데 가죽으로 된 책끈이 세 번
끊어졌다 孔子晚而喜易, 讀易韋編三絶』고 하였다.

　책끈의 또 다른 용도는 다발을 지어 묶는 것이다. 돈황 및 거연에서
20장丈의 책끈을 징발한 일에 관한 목간이 발견된 바 있다.[34] 목간을 다발
로 묶을 때 편리하도록 자국을 새기는데 그 자국은 1줄에서 5줄까지 일정
치 않다. 돈황에서 발견된 것은 모두 3줄짜리였으며 각 줄마다 1가닥이나
2가닥의 책끈으로 묶고 봉니를 단다. 옛 간이 보여주는 다발의 흔적은
가로도 있고 세로도 있고 十자형의 것도 있으나 가로로 된 흔적이 많다.

　봉함문서에 대해서는「봉면封面」이라 부르는 나무판을 문서 위에 묶고
책끈에 봉니封泥를 덧붙인 후, 다시 봉인封印을 찍어서 발송한다. 문서를
받는 사람의 이름과 문서내용의 개요는 보통 봉면 위에다 쓴다. 봉면 위의
봉인을 한 곳에 사각형으로 오목한 홈을 만들어 봉니를 넣는데 이를「인
치印齒」라 한다. 스테인이 화기에서 발견한 간독에는 모두 이와같은 인치
의 흔적이 있다.(圖8 丙上)

　봉면은 단독 문건에만 쓰여졌고, 몇 가지의 문서를 동시에 발송할 때는
베나 명주로 된 서낭書囊에다 봉하였다. 색깔이 다른 서낭은 각각의 발송
형식을 표시한다. 붉은색과 흰색은 급한 문서이고, 초록색은 고유誥諭이며
검은색은 보통의 문서이다. 서낭은 대부분이 방형方形인데 꿰매지 않았으
며 문서는 중앙부분에서 입구를 열어 넣는다. 자루의 양끝을 접어서 중앙
의 봉구封口를 덮고 책끈으로 묶어 봉니를 덧붙인 뒤에 다시 인장을 찍는
다. 문서의 발송방식은 보통 봉면 위에 쓰며 역참으로 전달되나 급한 서류
일 경우에는 전문적인 말에 의해 송달된다. 1973년 신강 약강미란若羌米蘭
에 있는 당대唐代 토번吐番의 고용보古戎堡 유적지에서 대량의 티벳어

목독이 출토되었다. 그 형식을 보면 간독의 오른쪽 끝에 홈이 한 줄 있어 묶고 봉니를 찍을 수 있게 되어있다. 간독에는 또한 깎아낸 흔적이 있는데 한 차례 한 차례 깎아서 이용할 때마다 가장자리에 기호를 새긴다. 오른쪽 끝에는 보통 구멍이 하나 있어 끈에 꿰어 쓸 수가 있다. 이는 7세기 이후, 소수민족 지역에서 간독제도가 여전히 광범위하게 응용되고 있었음을 설명해준다.[35]

---

1) 《갑골문편甲骨文編》 증정본(1965) pp.87-89. 용경 《금문편金文編》 3차 수정본 (1957) pp.98-99

2) 平岡武夫 〈竹冊과 중국 고대의 記錄〉《東方學報》(京都) 제13권(1943) pp.171-173. 《수서隋書》 〈예의지禮儀志〉

3) 마형 〈중국 서적제도 변천의 연구〉《도서관학계간圖書舘學季刊》 제1기(1926) pp.201-202

4) A. Stein 《Serindia》 Ⅱ p.674

5) 황문필黃文弼 《토로번고고기吐魯蕃考古記》 p.2

6) 《죽서기년竹書紀年》이 산일된 후 집일輯佚한 사람이 적지않다. 비교적 유명한 것으로 주우증朱右曾의 《급총기년존진汲冢紀年存眞》, 왕국유王國維의 《고본죽서기년집교古本竹書紀年輯校》, 범상옹范祥雍의 《古本竹書紀年輯教訂補》 등이 있다.

7) 《南齊書》 권21

8) 하내夏鼐 〈장사長沙 근교의 고묘古墓 발굴기략〉《고고학보》 제7기(1953) 또 《문물참고자료》 1952년 제2기

9) 사수청史樹青 《장사의 앙천호仰天湖에서 출토된 초간楚簡연구》 pp.2, 6-18. 장사 양가만楊家湾에서 출토된 죽간은 《문물참고자료》 1954년 제12기 pp.29-30에 보인다. 신양信陽 장대관長台關의 죽간은 같은 책 1957년 제9기 pp.21-32에 보인다. 호북湖北 수현隨縣 증후을묘曾後乙墓의 전국초기의 죽간은 《문물》1979년 제7기 pp.1-14에 보인다.

10) 장사 마왕퇴馬王堆 죽간은 《마왕퇴 1호 한묘 발굴간보》(1972) pp.9-10에 보인다. 산동 임기의 병서죽간兵書竹簡은 《문물》 1974년 제2기 pp.15-35, 그림 1-8에 보인다. 운몽雲夢의 진대秦代 죽간은 《문물》 1976년 제5기 pp.1-6에 보이고, 또 한 《睡虎地秦墓竹簡》 (北京 1978년)에도 보인다. 부양阜陽의 한초漢初 죽간은 《문물》 1983년 제2기 pp.21-23에 보이고, 강릉江陵 장가만張家湾의 서한西漢 죽간은 《江漢考古》 1985년 제2기 pp.1-3에 보인다.

11) 스페인의 1·2차 소득은 나진옥의 《流沙墜簡》에 보인다. E.Chavannes 《*Les documents chinois découverts par Aurel Stein dans les sables du Turkestan*

Oriental》(Oxford, 1913), 제3차에서 얻은 것은 장봉張鳳《漢晉西陲木簡匯編》에 보인다. H. Maspero 《*Les documents Chinois dela troisiéme expedition de-Sir Aurel Stein en Asie Centrale*》(London, 1953)

12) Bo Sommarstrom 《*Acchaeological Researches in the Edsen-Gol Region, Inner Mongolia*》 I (Stockholm, 1956) pp.44, 371, 346. 또한 삼록삼森鹿三의 〈거연한간연구 서설〉《동양사연구》 제12권(1953) pp.193-203을 참고. 米田賢次郎의 〈居延漢簡과 그 研究成果〉《古代學》 제2권 (1953) pp.252-260, 제3권(9154) pp.173-183

13) 노간勞幹《居延漢簡考釋》釋文之部 권3 pp.27-30

14) 무위의 한간고석漢簡考釋에 관해서는 《고고》 1960년 제5기 pp.10-12, 제8기 pp.29-33을 참고하라. 중국과 학원 고고연구소, 감숙성 박물관이 편찬한 《무위한간武威漢簡》(1964)이 상세하다. 왕장王杖 10간에 관해서는 《고고》 1960년 제9기 pp.29-30; 1961년 제3기 p.160-162. 1965년 제2기 pp.1-7 등에 보인다. 무위의 한탄파旱灘坡 의약간독醫藥簡牘은 《문물》 1973년 제12기 pp.18-31에 보인다. 감숙 거연지역의 한간은 《문물》 1978년 제1기 pp.1-11에 보이고, 청해青海 대통현大通縣 서한 말기의 목간은 《문물》 1981년 제2기 pp.27-34에 보인다. 강소江蘇 한강邗江 서한 중발기의 목독은 《문물》 1981년 제11기 p.12-20에 보인다. 감숙 돈황 마권만馬圈湾의 한대 목독은 《문물》 1981년 제10기 p.1-7에 보인다.

15) 루란에서 출토된 간독은 A. Conrady 《*Die chinesischen Handschriften und sonstigen Kleinfunde Sven Hedins in Lou-lan*》 (Stockholm, 1920) pp.117-140, B. Schindler 〈Preliminary Account of the Work of Henri Maspero concerning the Chinese Documents on Wood and Paper Discovered by Sir Aurel Stein on His Third Expedition in Central Asia〉《*Asia Major*》 n.s. I (1949), pp.216-264. H. Maspero 《*Les documents chinois de la troisiéme expédition de Sir Aurel Stein en Asie Centrale*》 pp.52, 77, No.246 등에 자세히 보인다. 또한 근대에 출토된 한간으로 당시의 서역제도를 고증할 수 있는데 진몽가陳夢家의 〈한간고술漢簡考述〉《고고학보》 1963년 제1기 pp.77-109를 참고하라.

16) 구태지瞿兌之〈고대의 대나무와 문화〉《문학년보》 제1권 제2기(1930) pp.117-122

17) 하내〈새로 얻은 돈황의 한간〉《사어소집간史語所集刊》 제19본(1948) pp.260-261

18) 《풍속통의風俗通義》의 인용에 보인다.

19) 하내 〈새로 얻은 돈황의 한간〉 pp.235-236. 한간을 지운 흔적은 《武威漢簡》 (1964년) p.66에, 전국묘戰國墓 속의 문구文具는 《문물》 1984년 제1기 pp.1-

2에 보인다.

20) 《논형》 권12. 무위 의례의 길이는 《신중국의 고고수확》 p.83(1961년 문물출판
사)과 《무위한간》(1964년 문물출판사) 등에 보인다.

21) 《목천자전》 순욱荀勗 序

22) 왕국유 〈簡牘檢署考〉 《海寧王靜安先生遺書》 권26

23) 《사기》 〈三王世家〉 저소손褚少孫 注

24) 채옹 《獨斷》 권1

25) 소영휘 〈중앙도서관이 소장하고 있는 한간 속의 신사료新史料〉 《대륙잡지》
제3권 제1기(1951) p.23

26) 《예의주소禮儀注疏》 권24 인용

27) 《수서隋書》 〈禮儀志〉

28) 나진옥 《한진서영漢晋書影》 그림 1

29) 노간 《居延漢簡考釋》 고증 부분, 권1 p.74

30) 진반陳槃 〈先秦兩漢簡牘考〉 《學術季刊》 제1권 제4기(1953) pp.12-13, 〈편篇〉
〈권卷〉 附考

31) 《太平御覽》 권606 인용

32) A. Stein 〈Notes On Ancient Chinese Documents〉 《New China Review》
Ⅲ(1921) pp.251-252. 영원 병물책兵物册의 이어 엮은 상태는 《居延漢簡甲編》
(1959년 과학출판사)에 보이고, 무위 한간의 엮음은 《무위한간武威漢簡》(196
4년 문물출판사)에 보이며, 증후을묘曾侯乙墓 간의 엮음은 《문물》 1979년 제7
기 pp.1-14에, 감숙 거연 간의 엮음은 《문물》 1978년 제1기 pp.1-11에 보인다.

33) 《태평어람》 권606 인용

34) 《居延漢簡考釋》 고증 부분, 권1 p.74

35) 간독문건의 봉함·발송방식 등은 《居延漢簡考釋》 고증 부분, 권1 p.75에 보인
다. 신강新疆의 티벳어 목록은 《문물》 1984년 제9기 pp.55-61에 보인다.

第六章 백서帛書

1 견직문화의 기원

견직문화가 중국에서 기원되었다는 것은 세계의 학자들이 모두 공인하는 사실이다. 전설에 의하면 기원전 3천년에 누조嫘祖가 양잠직조를 발명했다고 하는데 이를 뒷받침할 만한 직접적인 증거는 아직 없다.[1] 그러나 섬서陝西 남부 서음촌西陰村의 신석기시대 유적지에서 인공으로 손질한 누에고치가 발견되었으며[2] 그밖에도 많은 신석기시대의 유적지에서 견직물과 석제 및 도제陶制의 방륜紡輪이 발견되었다. 이러한 발견들은 명주와 방직문화가 선사시기에 이미 존재했었음을 설명해준다.

은상시대殷商時代에 이르자 갑골의 복사卜辭 가운데 사絲·잠蠶·백帛·상桑 등의 글자가 흔히 보인다.[3] 안양 은허에서 발견된 견직을 자세히 연구한 결과, 은대 사람들의 방직기술이 이미 상당히 진보했었다는 것을 알 수 있었다.[4] 근년들어 은대와 주초의 많은 고분 속에서 옥잠玉蠶과 견직물이 발견되었다.[5] 수많은 문헌과 고고학상의 증거들도 고대의 양잠과 직조가 매우 발달하였음을 설명하고 있다. 1975년 섬서 보구시寶鳩市 교외에서 발견된 서주西周의 귀족 彊伯 묘묘墓의 유적지에서 대량의 옥잠이 출토되었다. 그리고 이와 아울러 청동기와 점토에 남겨진 견직물과 자수를 놓은 흔적도 발견되었다. 따라서 서주의 방직기술·견직물의 품종 및 염색·자수공예 등에 대해 새로운 인식을 갖게 되었다.[6]

이밖에도 서주의 전적 가운데는 양잠·방직 및 표사縹絲에 관한 기록이 아주 많다. 이로써 방직이 이미 당시의 주요한 가내공업이었음을 알 수 있다. 《시경》《빈풍豳風》〈7월〉에 당시의 젊은 아녀자들이 1년 내내 뽕잎을 뜯고, 옷감을 짜고, 표사하여 귀족의 옷을 만드느라 분주한 상황을 묘사하고 있다. 또 위풍衛風의 〈망氓〉에는 『그 사람 웃으며 오더니, 안고 온 피륙으로 실을 샀어라 氓之蚩蚩, 抱布貿絲』는 말이 있다. 기원전 9, 10세기의 금문 가운데 명주실과 노비를 교환한 기록도 있다. 이것으로 볼 때 주초에는 명주실이 방직의 재료로 쓰였을 뿐만 아니라 무역에 있어 통화로도 쓰였음에 틀림없다.

장사長沙와 그밖의 몇 곳에 있는 초묘楚墓 가운데서 최근들어 많은 견직 유물이 발견되고 있다. 이는 전국과 한나라 초엽에 이미 정교하고 아름다운 겸백이 있었을 뿐만 아니라 무늬가 복잡한 꽃무늬 비단과 자수를 놓은 것도 역시 있었다는 것을 증명하고 있다. 그리고 이와같은 갖가지 실물들은 그 시기의 견직기술이 고도로 발달했음을 증명한다. 1982년 호북湖北 강릉江陵의 마전암馬磚庵 1호 묘에서 출토된 전국시대 중기·말기의 견직물에는 견絹·사紗·라羅·금錦 등의 품종과 수량이 다양하다. 그 기술의 질과 도안의 디자인 등이 모두 전국시기 방직기술의 탁월함을 반영하고 있다. 금錦은 과거에 동한에서만 볼 수 있었는데 이번의 발견으로 금이 존재했던 연대를 앞당겼다. 그 묘에서 출토된 최대의 금錦은 267×210cm로 5폭을 이어 꿰맨 것인데 한 폭의 넓이가 50cm이며 보존상태가 상당히 훌륭하다.[7]

루란·거연·라포뇨이 등지에서 발견된 겸백은 기원전 1세기에서 기원후 2세기까지의 한대 유물인데 색이 흰 견絹도 있고, 기綺라고 불리는 꽃비단도 있는데 디자인이 정교하고 아름답다.[8] 최근 각지에서 발견되고 있는 품종은 더욱 다양하며 방직기술 역시 최고봉에 달했다.

기원전 1세기부터 견직물은 고대의 「비단길」을 경유하여 신강의 남부를 통과한 뒤, 중앙아시아를 넘어 유럽으로 수입되었다. 페니키아 및 시리아 등지의 상인들은 일찍이 해로海路를 탐사하여 중국으로부터 비단을 사들였다. 로마제국과 중국의 비단교역은 대단한 규모였다. 서기 2세기 당시의 생사生絲 1파운드는 같은 무게의 황금의 가치보다 높았다.[9]

뽕나무를 심고 양잠을 하는 곳은 대부분 기온이 온화한 지역이다. 오늘날 주요 잠사지蠶絲地는 장강長江유역 및 강남江南 일대로 대략 북위 20도에서 30도 사이이다. 그러나 고적의 기록에 의하면 고대에는 명주를 생산하는 지역이 오늘날의 양잠지역보다 더 북쪽이었다. 《시경》은 항상 비단과 황하유역의 여러 국가들을 함께 말하고 있다. 우공禹貢(대략 주대 중엽이나 전국의 초기)이 9주九州의 공물을 기재함에 있어 당시 견직물과 관계된 많은 중요 자료를 적었는데 특별히 명주는 곤주袞州(지금의 산동성)의 산물이라 언급하고 있다. 한대에 이르기까지 줄곧 산동은 견직업의 중심지였다.[10] 서기 11세기 이후, 경제와 문화의 중심이 남으로 옮겨가자 견직업의 중심도 중국의 북부에서 장강유역으로 옮겨지게 되었다.

누에는 본래 야생동물이었는데 나중에 비로소 인공으로 배양하기 시작했다. 산동과 황하유역 일대에서 동북에 이르기까지는 오늘날도 여전히 야잠사野蠶絲의 산지이다. 옛날에 사용했던 겸백의 일부는 아마도 야잠사로 직조하였을 것이다. 고대에는 대체로 양잠과 야잠의 구분이 있었다. 기후의 변천과 정치·사회적인 요소로 인해 양잠업은 남쪽으로 밀려나게 되었다.[11] 많은 학자들이 과거의 황하유역은 지금보다 훨씬 온화했을 것으로 여기고 있다.[12]

2 백서帛書의 연대

수많은 고대문학의 기록과 최근들어 발견되고 있는 실물들은 선인들이 비단으로 옷을 짓고 악기의 현弦을 만들고 서적을 장정하는 재료로도 썼으며 교역의 통화로도 썼음을 증명하고 있다. 그러나 비단이 춘추 이전에 서사書寫의 재료로 쓰였는지에는 확실한 증거가 없다. 에드워드 셔번 Edouard Chavannes은 비단이 서사의 재료로 쓰인 것은 붓이 발명된 시대와 같으리라고 여겼다. 붓으로만 겸백에 글을 쓸 수 있기 때문이었다. 일반적으로 붓은 몽염蒙恬이 발명한 것으로 간주되고 있는데, 에드워드가 글을 썼을 때는 선진先秦의 백서帛書와 붓이 아직 발견되지 않았던 때였다. 그러므로 그는 겸백이 서사재료로 쓰인 것은 진시황 때에 시작된 것으로 간주했다.[13] 그러나 최근의 발굴과 연구에 의하면 붓은 일찍이 상대商代에 이미 사용되고 있었다. 기원전 4,5세기의 전국 증서繪書의 출토와 문헌 속의 기록은, 겸백을 서사에 사용한 것이 늦어도 기원전 6,7세기이며 그후로 근 1천 년을 계속하여 사용했음을 믿게 해준다.

장사에서 출토된 증서는 겸백이 전국시기에 이미 서사에 쓰이고 있음을 증명한다. 현재까지는 전국시기 이전의 백서가 아직 발견되지 않고 있으나 고적의 기록에 의하면 겸백을 서사에 이용한 것은 전국 이전임을 알 수 있다. 《논어》〈위령공衛靈公〉에『자장이 이 말을 큰 띠에 썼다 子張書諸紳』는 기록이 있다. 《주례周禮》권30에『무릇 공이 있는 사람은 이름을 왕의 태상에 기록하였다 凡有功者, 銘書於王之大常』하였다. 비록「신紳」
과 태상大常(九旗의 하나로 임금의 旗이다. 日月과 용을 그리고 깃술은 12
이며 머리에 용의 머리가 달려있다)은 본래 보통 서사용으로 쓰이지는 않았
으나 앞에서 예를 든 기록에 의하면 공자시대(기원전 551~479년)에 이미
겸백으로 만든 물품에 글자를 썼음을 알 수 있다.

　《묵자墨子》〈명귀편明鬼篇〉에 『그러므로 옛 성왕은…… 이를 대와
비단에 적어서 후세 자손에게 남겨놓아 전하였다 故古者聖王…… 書之竹
帛,傳遺後世子孫』고 하였다.《한비자韓非子》〈안위편 安危篇〉에는 또『선
왕께서는 대와 비단에다 이치를 전하셨다 先王寄理於竹帛』하였다. 이러한
전국시대의 자료들은 모두 선인들이 일찍이 겸백을 서사에 사용했음을
언급하고 있다. 다만 그 성왕聖王·선왕先王의 이름과 시대에 대해서는
설명이 없다. 하지만《안자춘추晏子春秋》는 선인의 이름을 확실히 밝히고
있다. 경공景公이 안자晏子에게 말하길『이전에 내 선공이신 환공께서
관중에게 호와 곡의 현 열일곱을 주시고 비단에다 기록하시고 이를 책으
로 펴시었다 昔吾先君桓公予管仲, 狐與穀其縣十七 ; 著之於帛, 申之以策』
고 하였다.[14] 제경공齊景公과 안자는 기원전 5,6세기의 사람이며 제환공齊
桓公과 관중은 기원전 7세기의 인물이다. 그러므로 춘추시대에 이미 겸백
이 서사재료로 사용되었음을 알 수 있다.

　선진의 문적 가운데 비록 백서를 언급한 바가 있기는 하나 중요하거나
혹은 복서卜筮에 관계된 문헌에만 국한되어 쓰였다. 대개 진·한에 이르러
서야 겸백은 비로소 보편적인 서사에 응용되었다.《한서》〈예문지〉에만
무슨 책이 몇「권」이라 실린 것이 아니라 그밖의 한대 문헌 속에도 흔히
언급하고 있다. 양웅楊雄이 유흠에게 답한 서신에서《방언方言》을 편찬한
때를 일러『항상 3촌의 얇은 붓을 쥐고 섬세하고 흰 비단 4척을 갖고
있다가, 방언을 물어보았습니다. 그리고 돌아오면 바로 연(胡粉)으로 요점
을 참에다 기록하였습니다 常把三寸弱翰, 齎油素四尺, 以問其異語, 歸即以
鉛摘次之于槧』[15] 하였다. 겸백은 간독에 비해 휴대하기가 편리했으므로
점차 보편적인 통신재료가 되었다. 많은 전설 속에서 어복魚腹·안족雁足
과 백서帛書를 함께 묶어 통신의 대명사로 쓰는 일이 많았다.

　진대에는 이미 종이가 대단히 보편화되었지만 겸백은 여전히 서사에

사용되었다. 기록에 의하면 진대에는 치서령사治書令史가 있어서 글을 쓰는 겸백과 붓·먹 등을 받았다고 한다.[16] 순욱의 《신부新簿》는 29,945권의 책을 기록하고 있는 바 『표낭(책을 담아두는 엷은 쪽빛자루)에 담고, 상소(흰 비단에 담황색 물을 들인 비단)를 사용하여 기록하였다 盛以縹囊, 書用緗素』했다.[17] 당대에 이르기까지도 줄곧 겸백에 글을 쓰는 사람이 있었다. 《당국사보唐國史補》의 기록에 의하면 흰 비단에 붉은색·검은색의 줄무늬를 짜서 서사에 썼다고 한다. 심지어는 오늘날에도 여전히 흰 비단에 그림을 그린다. 그러나 서사의 용도가 서기 3,4세기 이후로는 눈에 띄게 감소하였다. 《수서》〈경적지〉는 남조南朝 송무제宋武帝가 즉위할 때 될 수 있는 대로 널리 서적을 구하여 『부에 저당된 책이 모두 4천 권인데 붉은 축에 푸른 종이로 되어 있다 府藏所有, 才四千卷, 赤軸青紙』는 기록이 있다. 이는 그 시기의 서적이 이미 대부분 종이를 사용하고 있다는 증거이다.

3 백서帛書의 발견

중앙아시아와 중국 본토에서는 문자가 기록된 겸백이 도처에서 발견되고 있다. 이같은 고대의 겸백은 각종 견직물 직조에 관한 재료를 제공할 뿐만 아니라 겸백이 일찍이 서사재료로 쓰였음을 확실하게 밝혀준다. 20세기초에서 최근에 이르기까지 선후하여 고고학자들은 신강 남부에 있는 중국과 서방의 통상로通商路인 「비단길」에서 많은 종류의 견직물을 발견하였으나 모두 문자가 없는 것이었다. 1908년 스테인은 제2차 고찰 때, 돈황에서 서기 1세기의 겸백으로 된 서신을 두 점 발견하였는데 보존상태가 양호하였다.[18] 2통의 서신은 한 사람이 보낸 것으로, 아마도 산서山西 북부 성악成樂 지방에 주둔하고 있는 관원이 돈황 변경관문의 어떤 이에게 보낸 편지인 듯하다. 편지의 내용은 통신의 곤란함을 원망하는 것이다. 그 편지의 하나는 약 9cm의 정방형이고, 다른 하나는 길이가 15cm에 넓이가 6.5cm인데 넓이가 6.7cm인 천으로 된 봉투에 넣기가 아주 편리했다.(圖19 甲) 두 통 모두 날짜를 적지 않았으나 같은 장소에서 서기 15

년에서 56년 사이의 물건이 적지않게 발견되었다. 그 당시는 아직 종이가 보편적으로 사용되지 않았다.

스테인은 또 돈황 부근에서 아직 염색이 되지 않은 흰 비단을 발견했다. 한 면에는 검은 먹의 인장이 찍혀 있고(圖8 戊), 다른 한 면에는 1행에 28자가 적혀 있었다. 내용은 『임성국 항보의 비단 한 필은 넓이가 2척 2촌에 길이가 4장이며 무게 25냥으로 맞돈 618냥에 해당한다 任城國 亢父, 縑一匹, 幅廣二尺二寸, 長四丈, 重二十五兩, 直錢六百一十八』고 하였다.[19] 여기서 언급하고 있는 겸백의 척촌尺寸은 고적에서 기록하고 있는 있는 표준척도와 부합된다.[20] 겸백의 가격은 중량을 표준으로 하고, 그밖의 천은 길이·두께·올의 굵고 가는 정도로 표준을 삼는다. 옛 임성任城은 서기 84년에 지금의 산동 제녕현濟寧縣 경내에 있었다. 따라서 이 겸백은 당연히 1세기 말기의 유물이 된다. 《후한서》에 『순제 때 강의 오랑캐가 수차 배반하여 노략질을 하였다. 임성왕이 번번이 전백을 올려 변방비를 도왔다 順帝時, 羌虜數反. (任城王)崇輒上錢帛, 左邊費』[21]고 하였다. 이 겸백은 아마도 임성왕의 변방보조비의 일부인 듯하다. 돈황의 문물 가운데 직조가 매우 정교한 흰 비단이 두 조각 있다. 그 중 하나에 짙은 검은색의 범문梵文이 명기되어 있는데 이는 옛날에 중국·인도와 중앙아시아에 비단무역이 있었음을 증명한다. 1930년 라포뇨이의 고분에서 명주조각이 발견되었다. 그것은 서기 2세기의 물건으로 오른쪽 구석에 10개의 Kharosthi 문자가 있다. 중국 고대겸백의 표준길이는 4장으로 고증되었다.[22]

이같이 드문드문한 겸백의 문자는 겸백이 서사에 쓰였음을 증명할 뿐이지 진정한 백서帛書라고는 할 수 없다. 장편 백서의 발견은 1973년 장사長沙 마왕퇴馬王堆의 서한묘 속에서 출토된 것이 수량적으로도 가장 많고 또한 가장 중요하다. 출토된 고대의 도서는 모두 10여 종이며 12만여 자에 달하는데 검은 먹으로 썼으며 자체는 소전小篆과 예서隷書로서, 기원전 2세기경이거나 혹은 조금 더 빠를 것으로 여겨진다. 그 가운데 《노자老子》의 사본寫本이 두 종 있었는데 상하편의 순서가 현행본과는 반대이다. 《전국책戰國策》(圖19 乙)은 1만2천여 자로 대부분이 현행본에는 없으며 《역경易經》은 현행본보다 4천여 자가 많다. 그외에도 음양陰陽·형덕刑德에 관한 서적과 중국 현존 최고의 지도가 있다. 전에 없던 이 대발견은 편장篇章이 완전할 뿐만 아니라 백서의 형식과 체제에 대한 실증을 제공해주며 또한 교감校勘과 목록학상의 수많은 문제에 영향을 끼쳤다. 20세기 초 이래 간독의 발견은 실로 중요하며 중국 도서사圖書史에 찬란한 장을 열었다.[23]

4 장사長沙의 증서繒書와 백화帛畫

1930년 이래 초楚의 문물이 중국의 중부에서 대량으로 출토되었다. 초문화는 본래 완전히 중국 중원中原에서 연원한 것은 아니나 중국 중원문화의 영향을 받아들여 점차 중국문화로 용해되었다. 장사에서 출토된 선진문물先秦文物 가운데 겸백서화가 3점 현존하고 있다. 그 중에 하나는 문자이고 다른 두 점은 정교하고 아름다운 그림이다. 이들은 겸백에 붓으로 쓴 것으로는 현존 최고의 물품이다.

1934년 장사의 초묘에서 백서가 한 점 발견되었다. 통칭 「초증서楚繒書」라 하는데 넓이가 47cm, 길이가 38.7cm로 붓으로 쓴 검은 먹의 글자가 있다. 글자체는 납작하고 양주兩周 금문과 비슷한 듯하나 전국의 간서簡書에 가깝다. 네 주변에는 기이한 형태의 채색그림이 있다.(圖 20) 전하는 말에 의하면 이 그림은 본래 칠기로 된 합盒에 담긴 채 무덤 속에 있었다고 한다. 합은 이미 훼손되었으나 겸백은 보존상태가 양호하다. 이제 원본은 이미 흐려져서 거의 읽을 수가 없으므로 그 내용을 연구하려면 근인近人들이 손으로 베낀 모본摹本이나 자외선으로 촬영한 사진에 의지할 수밖에 없다. 증서繒書가 발견되자, 그 증서는 현존하는 최고의 백서인 까닭에 외국의 학자들이 앞을 다퉈 고증 해석하였으므로 초문화에 대한 연구에 적지않은 새 견해가 제시되었다.[24]

이 증서의 본문은 2단락으로 나뉘어져 있는데 하나는 세워서 쓰고, 하나는 뉘어서 썼으며 각기 8행과 13행으로 나누어 모두 약 750자이다. 글자는 대부분 희미해졌고 그 문자의 사방에는 채색으로 그린 그림과 각각의 표제 및 간단한 설명이 약 254자 있다. 백서 전체를 계산하면 1천여 자가 되는데 읽을 수 있는 문자 가운데는 제명帝名·신명神名·사계四季·사방

四方·오목五木 등의 명사名詞가 있으며 이는 고적에서 기록하고 있는 동시대同時代의 명문銘文의 기록과 일치하여 전국시기 초의 유물임이 확실하다.

이 증서는 많은 인명人名을 언급하고 있으므로 중국 고대사의 연구에 대단히 중요하다. 그 가운데는 염제炎帝·축융祝融·제준帝俊 등과 같이 모두 고대 역사와 전설 속의 중요 인물이거나 황제黃帝의 친족과 그 후예들을 말하고 있다. 문장의 주위에 있는 신비한 그림에는 수목樹木·조수鳥獸와 생김이 기괴한 인물들이 있다. 네 귀퉁이에는 네 그루의 나무를 청靑·주朱·흑黑·백白의 4가지 색으로 그려 사계四季를 표시했다. 사방에는 12개의 신상神像으로 열두 달을 대표하였으며 각 신상 밑에 신의 이름과 관장하는 일을 적고 아울러 그 달에 꺼리는 바와 적합한 바를 함께 적었다. 그 달의 명칭은 《이아爾雅》의 기록과 대체로 같다. 일반적으로 말해서 이 증서의 문자와 그림은 고적의 기록, 특히 《산해경山海經》 속에 나오는 신화와 부합되며 도처에 고대 초문화의 신비한 색채를 드러내고 있다.

1973년 호남성박물관湖南省博物館은 그 고분을 다시 발굴하고 정리하면서 용을 몰고 가는 인물이 그려진 백화帛畫를 한 점 다시 발견하였다. 올이 고운 비단 바탕에 금백분金白粉으로 그렸는데 길이가 37.5cm에 넓이는 28cm였다. 그림은 한 남자가 손에 고삐를 쥐고 커다란 용을 몰고 가는 것이었다. 용의 꼬리에는 한 마리의 학이 하늘을 향해 머리를 들고 서있고, 아래 구석에는 잉어가 한 마리 있다. 이는 대개 전국시대에 성행했던 신선사상神仙思想이었다. 이 그림은 이제까지 발견된 그림 가운데 소묘채화법을 쓴 가장 오래된 작품이다.[25]

1949년 장사의 또 다른 고분에서 고백古帛이 발견되었다. 길이가 28cm에 넓이는 20cm이며 가장자리는 닳아서 이지러졌다. 원래는 칠관漆棺 속에 다른 도기인형과 함께 담겨져 있었다. 비록 이 묘를 과학적인 방법으로 발굴하지는 않았으나 전국시기의 묘임은 의심할 나위가 없다. 앞서 말했던 증서繒書와 마찬가지로 이 백帛 역시 흑갈색이다. 백에는 벌처럼 날씬한 허리를 가진 여인의 그림이 그려져 있다. 왼쪽을 향하여 서있는데 긴 옷이 땅에 끌리고 머리 뒤에 쪽을 지었으며 관을 썼다. 《묵자》〈겸애

편兼愛篇〉에『예전에 초영왕은 선비들의 가는 허리를 좋아하였다. 그리하여 영왕의 신하들은 모두 한 끼의 밥으로 절제하였다. 숨을 들이쉰 뒤에야 띠를 매었고 벽을 짚고서야 일어섰다 昔者, 楚靈王好士細要, 故靈王之臣, 皆以一飯爲節. 脇息然後帶, 扶墻然後起』고 하였다. 이 기록은 그림이 보여주는 바와 꼭맞게 부합되며, 그 당시 초나라 부녀자들이 치장하던 풍속을 설명해준다. 그림 속의 부인은 손을 모아 기원하는 형상인데 머리맡에 한 마리의 새와 이수異獸가 있다. 전하는 말에 의하면 새는 봉鳳이고, 짐승은 기虁라고 한다. 봉은 생명·혼인·행복의 상징이고 기는 죽음·기근·사악邪惡의 상징으로 생명과 죽음의 투쟁을 상징하고 있다.[26]

1972년 장사 마왕퇴의 한묘에서 각양각색의 견직물이 출토되었다. 그 속에는 견絹·사紗·금錦·수繡·기綺 등의 물품이 있었는데, 가장 진귀한 것은 관을 덮고 있던 채색그림의 백화帛畫였다. 화폭은 전체의 길이가 20.5cm이고 위쪽의 넓이가 9.2cm에 아래쪽의 넓이는 4.8cm로 T형이며 주사朱砂·석청石靑·석록石綠 등의 광물염료로 채색하였는데 색채가 화려하다. 화면은 대략 상중하 3부분으로 나누어 천상天上·인간·지하의 경물景物과 혹은 전설이나 실제적인 생활·상상 등을 표현하였다. 그 내용과 기술은 앞서 말한 전국시기의 백화와 비교해보면 훨씬 복잡하고 다채로우나 문자가 없다. 1973년말, 같은 지역의 또 다른 묘에서 채색으로 그려진 백화 4점을 발견하였는데 문양과 색채가 더욱 정교했다. 1976년 산동 임기臨沂 금작산金雀山에 있는 서한 초기의 묘 속에서 200×42cm의 길이와 넓이를 가진 백화 한 폭이 재차 발견되었다. 전체의 내용을 보면 하늘·일월日月의 배경 아래에 장막帳幕이 있고 장막 주인과 그의 친구·노복 등이 가무歌舞·생산·유희 등을 즐기는 생활정경이다. 앞서 말한 장사의 백화와 비슷하나 그림 속의 부녀자는 옷깃을 왼쪽으로 여미고 짧은 옷을 입고 있어 초나라의 유풍을 반영하고 있다. 이는 전국 말기에서 서한 초기까지 산동의 남부가 초나라 문화의 영향을 받았음을 설명해준다.[27]

5 백권帛卷의 재료와 형식

서사재료로서 겸백의 쓰임은 대나무보다 훨씬 우수하다. 질이 부드럽고 가벼워 휴대와 보관이 편리할 뿐만 아니라 먹물을 흡수하는 면에서도 죽간보다 더욱 뛰어나다. 표면이 흰빛이라 글씨를 쓰면 또렷하고, 섬유의 신장력伸張力이 철사와 같아 쉽게 좀먹지 않으며 물 속에서는 팽창성膨脹性이 극히 적으므로 대나무보다 보존이 쉽다. 최근들어 발견된 초楚의 백서帛書는 지하 속에서도 겸백이 장기간 보존될 수 있음을 증명하고 있다. 상술한 것처럼 여러 가지 우수성으로 인해 겸백은 종이가 발명되기 이전 가장 바람직한 서사재료였다.

겸백은 종류가 다양하며 명칭도 각기 다르다. 《속한지續漢志》에 견絹·금錦·기綺·라羅·곡穀·증繒 등의 6가지 명칭이 기록되어 있다. 청淸 왕사택汪士擇의 〈석백釋帛〉에는 겸백이 본래 60여 종이 있는데 이번에 13개의 명칭을 든다고 하였다. 『사絲를 백帛이라 하고 백을 달리 소素·문文·채采·증繒·금錦·수繡라 하였다. 옛날에는 소素를 중히 여겼으나 후에는 문文을 숭상하였다 凡以絲曰帛, 帛之別曰素, 曰文·曰采·曰繒·曰錦·曰繡. 古重素, 後乃尙文』[28] 그러나 그 가운데 몇 종만이 서사에 쓸 수 있었다. 고대 전적은 겸백의 정의를 각기 다르게 내리면서도 대부분 그 다른 점을 확실히 밝히지 않았다. 대개가 표면의 정교함·거칠음·가볍고 얇음·세밀함·흰 정도 등의 구분으로 종류를 구별했다. 칼그렌 Bernhard Karlgren은 《설문》 등의 고적에 근거하여 각종 견직의 명칭은 모두 15종이라고 논술하였으나 가장 중요한 서사재료가 「백帛」·「견絹」·「증繒」 등이란 언급은 없었다.[29]

갑골문에서 보이는 「백」은 일반 겸백의 통칭이다. 수수하게 무늬가 없는 흰 백帛을 「소素」라 하며 서사용 겸백의 총칭이다. 「소」는 생사生絲로 짜며 물감을 들이지 않은 것이다. 생사로 짠 「견」은 가볍고 얇아 사紗와 같으며 보통 서사에 쓰는데 특히 회화繪畫에 쓴다. 「환紈」 역시 생사로 만들며 새하얗고 가볍고 얇아서 「견」과 아주 비슷하다. 질이 조금 떨어지는 실을 가공하여 짠 「증繒」은 아마도 야잠사野蠶絲로 만든 듯한데 두껍고 깨끗하지 않으나 다른 흰 견직보다 내구성이 강하다. 「증」과 유사한 「겸」은 두 가닥으로 짜며 황색이다. 〈석명釋名〉에 의하면 겸은 표면이 견보다 정교하고 촘촘하여 물도 새지 않는다고 한다. 그리고 그 값은 보통

의 소素보다 훨씬 비싸다. 스테인이 돈황에서 발견한 명주조각에는 글자가
있었는데 「겸」이라 주석을 달고 있다. 조선 낙랑樂浪의 한묘漢墓에서 발견
된 목독에도 「三匹縑」 등의 글자가 있었다.[30] 오늘날에는 「겸백」이 견직물
로써 서사에 쓰인 것의 통칭이다.

　「권卷」자가 고대 문적 속에 흔히 보이는 것으로 볼 때, 백서는 권축卷
軸의 형식이었던 것으로 여겨진다. 《한서》〈예문지〉에 기재된 책 가운데
「권」으로 일컬어지는 것은 원본이 권축형태인 백서로 생각된다. 일설에
의하면 장사의 고분 속에서 발견된 붉은 칠기 권축의 백권帛卷은 연대가
너무 오래되어 출토 후 손에 닿자 그 자리에서 부스러져 펼칠 수가 없었
다고 한다. 그러므로 거기에 문자가 있었는지의 여부도 알 수 없었다.
백의 부드러운 특질로 인해 백서는 마는 형식 외에 접을 수도 있다. 장사
초묘 속에서 발견된 「증서」는 8절로 접힌 채 칠기합 속에 담겨있었다.
마왕퇴 한묘 속의 백서는 출토되던 당시 2종의 형태로 발견되었다. 폭
전체에다 다 쓴 것은 방형으로 접었고, 반 폭만 쓴 것은 대나무에 말려있
었는데 같은 칠기합 안에 함께 들어있었다.[31]

　겸백은 필요에 따라 자를 수가 있으므로 백권帛卷의 길이는 문장의
길이에 따라 결정된다. 소백素帛의 표준길이는 40척이다. 그러므로 백서의
길이가 40척 이내일 경우에는 이어서 꿰맬 필요가 없다. 당唐 서견徐堅의
《초학기初學記》 권21에『옛날에 겸백은 글의 길고 짧음에 따르며 사정에
따라 이를 잘랐다 古者以縑帛. 依書長短, 隨事載之』고 하였고, 《후한서》
권60 하〈양해전襄楷傳〉에『안양천에서 얻은 신서神書 170권은 모두 옥색
빛 비단 바탕에 붉은색 테, 푸른색 수首, 붉은색 제목으로 되어 있다 安陽
泉上所得神書百七十卷, 皆縹白素, 朱介·青首·朱目』고 하였는데 이것이
한대漢代 백서의 권축형제卷軸形制로 여겨진다.

　백서는 겉에 외피를 씌워 보호하기도 하였다. 1931년 조선 낙랑의 한묘
漢墓에서 서기 2,3세기의 칠투漆套가 2점 발견되었다. 이 검은색의 칠투는
반원통형으로 오색의 무늬가 있으며 양옆 끝에 각기 작은 구멍이 하나씩
있고 권축을 넣어두는 상자로 만들어졌다. 백권의 기타 형제形制에 대해서
는 다음 장章에서 지권紙卷을 얘기할 때 미루어 판단키로 한다. 지권은
본래 백권에서 연원하였으므로 지권과 백권의 형제도 대동소이하다.

6 백서의 특수용도

겸백이 서사재료로 쓰인 것은 기원전 약 6세기에 시작되었다. 고대문헌 속의 수많은 자료들은 겸백이 서사에 쓰였음을 증명할 뿐만 아니라 또한 특수한 용도에 대해 서술하고 있다. 전국시대 이래로 「죽백竹帛」이란 단어는 흔히 문자기록을 대표해왔다. 겸백은 면이 비교적 넓고 가격 역시 비쌌기 때문에 죽목竹木으로는 감당할 수 없는 특수용도에만 사용되었다.

죽간은 보통 초고草稿에 쓰였고, 겸백은 최후의 정본定本에 사용되었다. 죽간 역시 간혹 정본에 쓰이긴 하였으나 글자를 고치기가 쉽고 또 가격도 저렴하여 초고용으로 더욱 적합하였다. 응소는『유향이 효성황제를 위하여 서적을 맡아 20여 년간 교정하였다. 먼저 죽간에다 써서 쓸데없는 문자는 삭제하고 잘못된 것은 바로잡았으며 부족한 곳은 보충하여 흰 비단에 정서하였다 劉向爲孝成皇帝典校書籍二十餘年, 皆先書竹, 改易刊定, 可繕寫者以上素也』고 하였다.[32] 그러나 이런 용도는 대개 아주 중요하여 영구히 보존할 가치가 있는 서적에 국한되었다.

고대 목록상의 기록이 이 설을 증명한다. 《한서》〈예문지〉에 기록되어 있는 서적의 ¼이 「권卷」으로 일컬어지는데 일부의 유가경전 및 천문·역법曆法·의약·점복 등에 관한 모든 저작이 포함된다. 그밖에는 대부분이 〈편篇〉으로 지칭되는 죽서竹書이다. 선진先秦의 유가경전은 백권으로 정본을 삼았을 뿐만 아니라 점복占卜·성상星相에 관한 책들도 보통 겸백에 썼다. 《주례周禮》권24에『무릇 점을 치고 나면 그 점사를 백서에 기록하여 거북껍질에 묶어놓는다. 한 해가 저물면 점이 맞는지 여부를 헤아린다 凡卜筮旣事則繫幣, 以比其命, 歲終則計其占之中否』하였고 두자춘杜子春은 『계폐繫幣란 그 점사를 백서에 써서 이를 거북껍질에 엮어놓은 것이다 繫幣者, 以帛書其占, 繫之於龜也』고 주를 달았다. 한대의 참위서적讖緯書籍은 대부분이 백서이다.[33] 장사에서 출토된 백화帛畫 역시 복서卜筮의 종류에 속한다.

죽서에 첨부되는 그림도 겸백의 특수 용도 가운데 하나이다. 《한서》

〈예문지〉가 기록하고 있는 병서兵書 790편은 모두 죽서이나 첨부된 그림
43권은 모두 백서이다.《오손자병법吳孫子兵法》83편에는 그림이 9권이고,
《제손자齊孫子》89편에는 4권의 그림이 있다. 이는 간독의 면적이 유한
하여 그림을 그리기에 적합치 않은 반면 겸백은 면적이 충분히 넓으므로
사용하기에 적당하기 때문이다. 일설에 의하면 《산해경》의 앞 5장에는
원래 괴이한 인물과 야수野獸의 그림이 있었는데 이미 없어지고 현재의
삽화는 후인이 보충하여 넣은 것이라 한다.[34]

고대의 지도는 본래 목판木板에 그렸다. 그러므로 《예기禮記》〈곡례曲
禮〉에『나라의 판로를 짊어진 백성들 式負板者』이라는 말이 나온다. 그러
나 나중에는 겸백의 면적이 비교적 넓은 까닭에 목판을 대신하게 되었다.
《사기》는 형가荊軻가 진왕秦王을 찌르는 대목에서『진왕이 지도를 펴는
데 지도가 끝나자 비수가 나타났다 秦王發圖, 圖窮而匕首見』했는데, 지도
가 끝났다는 말로 볼 때 백권이 아니었나 여겨진다. 또 《후한서》〈등우전
鄧禹傳〉에 광무제光武帝가 광아성루廣阿城樓에서『지도를 폈다 披輿地圖』
는 기록이 있는데 지도를 펴보았다면 그 역시 겸백으로 만들었을 것이다.
당唐 장언원張彦遠의 《역대명화기歷代名畫記》권3 〈술고지비화진도述古
之秘畫珍圖〉의 기록에 의하면 11권짜리의 《하도괄지상도河圖括地象圖》가
있는데 고대의 백권지도라고 한다. 최근 장사에서 출토된 백서 가운데
상강湘江·이강漓江의 상류지도와 군사주둔도 등이 있는데 이는 현존하는
최고의 실물지도이다.

겸백의 또 다른 특수 용도는 조상 및 신령에 대한 제사에 쓰이는 것이
다. 《묵자》〈명귀편〉에『그러므로 선왕의 서와 성왕의 말을 1척의 백과
1편의 서에 적어 누차 귀신이 있다는 것을 말하고 있다 故先王之書, 聖人
之言, 一尺之帛, 一篇之書, 語數鬼神之有也』하였다. 또 책 가운데 옛 성왕
聖王과 귀신에 대한 신앙을 수차례 언급하여『이를 죽백에 적어 후세
자손에게 남겨주었다 書之竹帛, 傳遺後世』하였다. 《회남자淮南子》권13
〈범론氾論〉에도 귀신을 언급하여『무릇 이것에 속하는 것으로 서책과
죽백에 기록한 것은 헤아릴 수 없으며 이를 관부에 간직해두었다 凡此之
屬, 皆不可勝著於書策竹帛, 而藏於官府也』고 하였다.

옛날에는 겸백이 황실귀족의 언행을 기록하여 후세에 전하는 데도 사용

되었다. 선진先秦의 제자諸子가 언급하고 있는 성현선왕聖賢先王은 죽백에 영원한 기록으로 남는다. 묵자는 『죽백에 기록하였다 書之竹帛』는 말을 『금석에 아로새겼다 鏤於金石』는 말의 대비로써 재삼 언급한 바 있다. 《오월춘추吳越春秋》 권10에 구천勾踐이 오吳를 멸한 뒤에 악사가 이를 『공은 그림으로 그려 형상화할 수 있고, 덕은 금석에 새길 수 있어라. 명성은 관현에 기탁할 수 있으며, 이름은 죽백에 남길 수 있다네 功可象於 圖畵, 德可刻於金石, 聲可托於弦管, 名可留於竹帛』라고 노래했다고 하였 다. 《월절서越絕書》에 구천과 범려가 정사를 토론하는 기록이 있다. 범려 가 구천에게 흉년이 들어도 백성이 추위와 굶주림에 이르지 않도록 멀리 앞을 내다보는 선왕의 안목을 본받도록 건의하자, 구천은 『훌륭하도다. 붉은 글씨로 비단에 (써서) 베개 속에 두고 국보로 여기겠다 善哉！以丹 書？帛, 置之枕中, 以爲國寶』하였다.

겸백은 간혹 공신이나 장군 등의 훌륭한 공적을 기록하는 데도 쓰였 다. 《주례》 권30에 『무릇 공이 있는 사람은 왕의 태상에 이름을 새겼 다 凡有功者, 銘書於王之太常』하였다. 《한서》에는 소무蘇武가 한으로 돌아왔을 때 이릉李陵이 그에게 한 축하의 말이 있다.『이제 그대가 다시 돌아오니 흉노에게 이름을 드날리고 한나라 왕실에 공이 혁혁하여 비록 옛 죽백에 기록하고 단청에 그린다 하여도 어찌 자경(蘇武의 字)을 지나치 다 하리오！ 今足下還歸, 揚名於匈奴, 功顯於漢室, 雖古竹帛所載, 丹青所 畵, 何以過子卿！』《후한서》에도 등우鄧禹가 광무제光武帝를 도와 한을 부흥시킨 뒤 광무제에게 한 말이 있다.『명공께서 권위와 덕망을 사해에 떨치시니 우禹는 촌척이라도 본받아 이름을 죽백에 드리우고자 하나이 다. 但願明公, 威德加於四海, 禹得效尺寸, 垂名於竹帛耳』이같이 공적을 노래하고 덕을 찬양하는 글은 보통 「금석에 새기는 것」이 일반적이지만 「죽백에 쓰는 것」도 그 수가 적지않았다.

---

1) 주광명周匡明 〈媒祖發明養蠶說考異〉《과학사집간》 제8기(1965) pp.55-64

2) 이제李濟 《서음촌西陰村의 선사유적》 p.20. 일부 학자들은 이 발견은 믿을 수 없으며 아마 후세에 혼합된 것일 거라고 주장한다.

3) 《갑골문편》 증정본(1965) pp.269, 336, 505-507. 또한 문일다聞一多 〈석상釋桑〉 《문일다전집》 제2책 pp.565-572에도 보인다.

4) Vivi Sylwan 〈Silk from the Yin Dynasty〉《Bulletin of the Museum of Far Eastern Antiquities》Ⅸ(1937) pp.119-126

5) 마득지馬得志 등 〈1953년 안양 대사공촌大司空村 발굴보고〉《고고학보》 제9기 (1955) p.65. 곽보균郭寶鈞 〈浚縣章村古殘墓之清理〉《전야고고학보》제1기(1936) p.200

6) 하내 〈우리나라 고대 잠蠶·상桑·비단의 역사〉《고고》 1972년 제2기 주注 6·23에 자세히 보인다. 호후선胡厚宣 〈은대殷代의 잠상蠶桑과 견직〉《문물》 1972년 제11기 pp.2-7, 36. 서주의 견직과 자수에 관한 중요한 발견은 《문물》 1976년 제4기 pp.60-63에 보인다.

7) 상승조商承祚《장사고물견문기》 p.46.《장사 마왕퇴 1호 한묘》 pp.46-65. 호북湖 北 강릉江陵 마전암馬磚庵 1호묘에서 출토된 견직물은 《문물》 1982년 제10기 p.9-11에 보인다.

8) Vivi Sylwan 《Investigation of silk form Edsen-gol and Lop-nor》(Stockholm, 1949) p.92. Plate 4

9) F. Hirth 《China and the Roman Orient》(Shanghai, 1885) p.225 notes

10) 요보유姚寶猷《중국사견서전사中國絲絹西傳史》 p.1

11) 장해章楷〈우리나라 잠업발전 개설〉《농사연구집간》 제2책(1960) pp.109- 124

12) 축가정竺可楨〈중국 근 5000년 이래 기후변천의 초보 연구〉《고고학보》, 1972 년 제1기 pp.15-18.

13) E. Chavannes 〈Les livres chinois avant l'invention du papier〉 Journal Asiatique, Series 10. Ⅴ(1905) p.8

14) 《안자춘추晏子春秋》 권8

15) 《전한문全漢文》 권52

16) 소역간蘇易簡《문방사보文房四譜》 권5

17) 《수서隋書》〈경적지經籍志〉

18) A. Stein 《Serindia》Ⅱ pp.726-763. E. Chavannes 《Les documents Chinois decouverts par Aurel Stein dans les sables du Turkestan Oriental》 nos. 398, 398A, 503

19) 나진옥羅振玉《流沙墜簡》 권2 p.43. Stein op. cit. Ⅱ pp.700-701; Chavannes op. cit. no. 539

20) 《의례주소儀禮注疏》 권13. 정현鄭玄 주注 :『今官布, 幅廣二尺二寸』《설문》: 『匹, 四十尺』

21) 《후한서》 권72 『東平憲王蒼傳』

22) Stein op. cit. Ⅱ pp.701-704. Stein Konow 〈Note on the Inscription on the Silk-strip no. 34 ∶ 65 〉 in Folke Bergman 〈Archeological Researches in

Sinkiang, Appendix Ⅰ〉 pp.231-234

23) 마왕퇴 백서에 관한 발굴간보 · 개술 · 좌담 · 지도의 정리 등은 《문물》 1974년
    제7기 pp.39-48, 제9기 pp.40-45, 1975년 제2기 pp.35-49에 나뉘어 보이며, 또
    《마왕퇴 한묘백서 고지도》 (문물출판사, 1977)에도 보인다.

24) 1944년 채계양蔡季襄이 쓴 《만주증서고증晩周繒書考證》에 채색의 모사본이
    첨부되었는데(대북 예문인서관, 1972년 영인), 이것이 증서연구의 시작이다.
    1950년 장현이蔣玄怡의 《장사長沙》 제2책에 각가의 고증 및 해석을 받아들였는
    데 진반陳槃의 〈長沙古墓絹質彩繪照片小記〉 《사어소집간》 제24본(1953), 요종
    이饒宗頤 《長沙出土戰國繪書新釋》(1959), 동작빈 〈論長沙出土之絹書〉 《대륙잡
    지》 제10권 제6기(1955), Noel Barnard 〈A Preliminary Study of the Ch'u
    Silk Manuscript, A New Reconsturction of the Text〉 《Monumenta Serica》
    XVII(1958), 안지민安志敏 · 진공유陳公柔 〈長沙戰國繪書及其有關問題〉 《문물》
    1963년 제9기, 상승조 〈戰國楚帛書述略〉 《문물》 1964년 제9기 등이 보인다.
    각가의 모본摹本 고증이 모두 같지는 않다. 1967년 8월 콜롬비아대학 고고미술
    사학과에서 고대중국미술토론회를 갖고 아울러 대형의 증서繪書를 찍었는데
    정면은 초증서楚繪書를 원래 크기의 채색화로 하였고 뒷면은 자외선으로 촬영
    한 사진으로 했는데, Barnard가 이에 의거하여 새로운 모본을 만들었다. 초증서
    의 연구는 이로 인해 새로운 단계로 접어들었다. 일본의 林巳奈夫가 이같은
    신재료에 근거하여 〈長沙出土戰國帛書考補正〉 《동방학보》 제37기(1966)을 썼는
    데 1964년(제36기)의 것에 2백여 곳을 보충하고 바로잡았다. 요종이 〈楚繪書
    之摹本及圖像〉 《고궁계간》 제3권 제2기(1968). 〈楚繪書疏證〉 《史語所集刊》 제
    40본(1968). 엄일평嚴一萍도 〈楚繪書新考〉를 《中國文學》 제26－28기(1967－
    1968)에 썼다. 최근 Barnard 씨는 과학적인 방법으로 증서의 섬유와 색채를
    분석 · 연구하고 색채사진을 확대하여 전문全文과 도안을 다시 모사하고 글자도
    모사하여 상세히 설명하였으며 이를 영역英譯하고, 그 서법書法 · 자체字體 및
    음운音韻을 고증하여 《楚繪書譯釋》이란 책을 최근에 출판하였다. 《The Chu
    Silk Manuscript－Translation and Commentary》(Canberra : Australian
    National University, 1973). 《江漢考古》 1983년 제1기에 이 증서의 명칭이
    〈월령月令〉이며 《예기》 〈월령〉의 남상濫觴이라는 고증이 실렸다. Barnard 씨의
    새 모본은 사진을 확대한 것이라 관찰하기에 또렷하고 믿을 만하므로 작자의
    동의를 얻어 본서本書 그림 20에 첨부하였다. 토론회를 주편한 논문집 《Early
    Chinese Art and Its Possible Infeuence in the Pacific Basin》(N.Y. 1972)은
    모두 3책인데 제1책이 초증서와 관계된 논문이다.

25) 〈새로 발견된 장사 전국초묘 백화〉 《문물》 1973년 제7기 pp.3-4에 자세히
    보인다. 영인본인 《장사초묘백화》에 보인다.

26) 곽말약 〈만주晩周 백화에 관한 고찰〉 《인민문학》 1953년 제11기 p.113. 백화

의 영인본은 정진탁鄭振鐸이 편집한 《위대한 예술전통도록》 제1집 그림 12에
보인다. 《초문물전람도록》 p.9
27) 《장사 마왕퇴 1호 한묘》 상집 pp.39-45, 하집 그림 71~77. 안지민 〈장사에서
새로 발견된 서한 백화 시탐〉 《고고》 1973년 제1기 pp.43-53. 산동 임기 금작
산 서한 백화는 《문물》 1977년 제11기 pp.28-32에 보인다.
28) 왕사탁汪士鐸 〈석백釋帛〉 《왕매촌선생집》 권1
29) B. Karlgren 〈Ancient Chinese Terms for Textiles〉 in V. Sylwan 《Inves-
tigation of Silk from Elsen-gol and Lop-nor》 pp.170-174
30) 小泉顯夫 · 濱田耕作 《낙랑채협총》 p.12 그림 39
31) 상승조 《장사고물견문기》 p.46. 마왕퇴 백서의 접는 형식에 관해서는 《고고》
1975년 제1기 pp.47-61에 보인다.
32) 《태평어람》 권606 《풍속통》을 인용
33) 진반 〈선진양한백서고〉 《史語所集刊》 제24본 pp.1921－1993
34) 학의행 《산해경전증》 발跋

第七章 —— 지권紙卷

1 종이의 정의와 성질

종이가 발명되기 전의 중국의 서적은 주로 죽목과 겸백으로 만들어졌음은 앞에서 이미 자세히 밝힌 바 있다. 《후한서》〈채륜전蔡倫傳〉의 말대로 「겸은 귀하고 간簡은 무거워」 둘 다 이상적인 서사재료가 아니었다. 비싸고 귀한 겸백과 둔중한 죽목을 대신하기 위해 가볍고 간편하면서 값싼 종이가 쓰이게 되었다. 동한 원흥元興원년(서기 105년), 채륜이 제지법制紙法을 화제和帝에게 아뢰던 해를 일반적으로 종이가 발명된 해로 간주한다. 그러나 채륜 이전에도 중국인들은 각종 섬유를 이용하여 종이 만드는 법을 시험했던 듯하다. 비록 최초의 제지원료와 공구들은 아주 간단하였으나, 만들어진 종이는 죽목보다 간편하고 겸백보다 가격이 저렴하여 사용에 적당하였다. 만약 종이의 정의를 어떤 섬유에서 수분을 제거하고 점성粘性을 이용하여 만든 얇은 면[1]이라고 한다면 종이는 서한시대에 이미 존재하고 있었다.

고대문헌 속에는 「지紙」자가 채륜 이전에도 여러 차례 나타나 있다. 《삼보고사三輔故事》 속에 태시太始 4년(기원전 93년)의 일을 언급하고 있다. 『위의 태자는 코가 컸다. 무제가 병이 나서 태자가 성에 들어오니 강충이 말하길 「상께서는 큰 코를 싫어하시니 종이로 그 코를 가리고 들어가시오」라고 하였다 衛太子大鼻, 武帝病, 太子入省, 江充曰 ; 上惡大鼻, 當持紙蔽其鼻而入』이 얘기는 문헌 속에 「종이」가 언급된 최초의 기록이다. 또 《한서》〈외척효성황후전外戚孝成皇后傳〉에 원연元延원년(기원전 12년) 조비연趙飛燕이 작은 녹색 상자를 옥獄 중의 부인에게 주었다는 말이 있다. 『속에는 약 2매가 쌓여있었는데 혁제서이다 中有裹藥二枚, 赫蹄書』 응소(서기 2세기말 사람)는 『혁제란 얇고 작은 종이 赫蹄, 薄小紙也』라고 주석했다. 또 맹강孟康(서기 3세기 사람)은 『종이를 물들여 흰색을 붉게 만들어 쓴 것 染紙素今赤而書之』이라고 주를 달았다. 이 두 사람의 조기早期의 주석에 의하면 「혁제서」는 마땅히 붉게 물들인 얇고 작은 종이로 해석해야 할 것이다.[2] 또 《후한서》 권36 〈백관지百官志〉에 광무제(서기 25~57 재위) 때에 소부少府에 좌우승左右丞 각 1인을 두었는데『우승이 인수와 지필묵 등 여러 재물에 거짓 서명하여 곳간에 감추어 두었다 右丞假署印綬及紙筆墨諸財用庫藏』고 하였다. 같은 책 권66 〈가규전賈逵傳〉에 건초建初원년(서기 76년) 규에게 입궁하여 《좌씨전》을 강강講하게 하였는데『규에게 공양公羊·엄嚴·안顔 등 여러 생生 가운데 재질이 뛰어난 자 20인을 스스로 고르게 하여 《좌씨》로 가르치니 간지簡紙의 경전에 각기 하나씩 통하였다 今逵自選公羊·嚴·顔諸生高材者二十人, 教以左氏, 與簡紙經傳各一通』고 하였다. 같은 책 권10 상 〈화희등황후전和熹鄧皇后傳〉에 등귀인鄧貴人의 뜻이 경전에 있어 영원永元14년(서기 102년) 황후로 세워지자『이때 만국이 다투어 귀하고 좋은 물건을 헌상하였는데 황후에 즉위한 뒤에 모두 금하도록 영을 내렸다. 철이 되면 다만 종이와 먹을 바칠 따름이었다. 是時, 萬國貢獻, 競求珍麗之物. 自后即位, 悉今禁絶. 歲時但供紙墨而已』고 하였다. 이상에서 기록하고 있는 「종이」는 모두 채륜이 종이를 만들기 이전의 것이다. 그러나 이러한 문헌과 주석 자체가 모두 서기 3세기에서 5세기까지 종이가 이미 보편화된 뒤에 쓰여진 것이므로 후대의 작자가 일컫는 조기의 종이가 어떤 종류의 재료로 만들어진 것인지에 대해서는 실제적인 증거가 나온 뒤에라야 설명이 가능하다.

채륜 이후의 고지古紙 발견에 대해서는 다음 절에서 상세히 다루고자 한다. 다만 몇 차례에 걸친 최초의 고지古紙 잔편의 출토는 중국 제지술의 원시적인 면모를 탐구하는 데 있어 중대한 관계가 있으므로 이곳에서 먼저 설명하겠다. 1차는 1934년 중국서북과학고찰단이 라포뇨이의 한 폐허에서 발견한 마지麻紙조각이다. 길이가 10㎝에 넓이는 4㎝로 흰색인데 재질이 거칠고 지면에 마의 줄기가 있다. 기원전 1세기의 유물이라고 한다. 또 한 차례는 1957년 섬서 패교의 한 서한 고분 속에서 적지않은 고지의 잔편이 발견되었다. 그 가운데 하나는 약 10㎝의 정방형이다.(圖 21) 처음에는 견직섬유로 만들어진 것으로 보도되었으나 나중에 화학분석의 실험을 통해 견 종류가 아니라 마麻 종류의 식물섬유소로 만들어졌음이 증명되었다. 이 잔편은 엷은 황색에 재질이 거칠고 염문帘紋이 뚜렷치 않다. 표면에는 채 풀어지지 않은 마의 줄기와 마승두麻繩頭가 붙어있는 것으로 보아 묵은 마로 만든 것 같다. 보고에 의하면 패교의 종이 이후 1973,4년은 감숙 거연 금관金關지역에서, 1978년은 섬서 부풍扶風 중안촌 中顔村 등지에서 모두 서한의 종이가 발견되었고, 1979년은 감숙 돈황 마권만馬圈湾의 한대 봉수대 유적지에서 마질麻質의 섬유지 5점(8편)을 발견했다. 그 가운데 1점은 길이가 32cm에 넓이가 20cm로 지금까지 출토된 마지麻紙 가운데 가장 크다. 같이 출토된 연대가 기록된 간簡은 한 선제宣帝 원강元康에서 감로甘露 연간까지이다.(약 기원전 65년에서 기원후 24년까지)[3] 만약 이 보고와 분석이 정확하다면, 채륜 이전에 이미 식물섬유 종이가 존재했었고 실물의 증거를 통하여 증명된 셈이다.[4]

앞서 말한 문헌과 실제적인 증거에 근거하여 우리는 제지制紙의 진화순서가 바랜 솜(漂絮) 같은 것에서 시작되었다고 가정해볼 수 있다. 최초의 섬유체는 흩은 솜 같은 것과 묵은 마麻였다. 그러다 나중에 비로소 새로운 마나 나무껍질 등을 제지의 원료로 쓰게 되었다. 채륜 이전에는 묵은 섬유를 썼고, 채륜 이후에는 새로 만든 섬유를 썼다. 주요한 것으로는 폐기된 마두麻頭·인공재배한 곡물껍질 및 나중에 계속해서 사용되어진 등藤·대竹·볏짚 등 비주요 경제식물 등이었다. 이런 것들로 제지의 원료는 비로소 지속적인 공급이 가능하게 되었다.

혹자는 종이가 겸백이 서사에 쓰일 때의 별칭이었다고 한다. 왕은王隱의 《진서晉書》에『옛날에는 소백은 글의 장단이나 일에 따라 견을 잘라 여러 매를 겹쳤는데 이를 번지라 이름했다 古之素帛, 依書長短, 隨事裁絹, 枚數重沓, 即名幡紙』하였다. 《후한서》에도『옛부터 서계는 대부분 죽간으로 엮었으며 겸백에 쓴 것은 지紙라 한다 自古書契, 多編以竹簡, 其用縑帛者, 謂之爲紙』라 하였다. 〈紙〉자 왼쪽에 糸가 있는 것으로 봐서 그 성질이 겸백에 가깝다는 표시라고 볼 수는 있으나 그것이 반드시 겸백을 지칭하는 것은 아니다. 고대의 서사에 쓰인 견직은 보통 겸·백 혹은 소라 일컬어졌으며 지紙는 그밖의 재료를 지칭한 것으로 여겨진다. 응소의 《풍속통의風俗通義》에 한 건무建武 원년(서기 25년)『광무제가 수레를 몰아 도읍을 낙양으로 옮길 때 소·간·지경을 실은 수레가 무려 2천 량이었다 光武車駕徙都洛陽, 載素·簡·紙經凡二千兩(輛)』고 하였다. 여기서는 지紙와 소素를 함께 언급하고 있으니 지紙와 겸백이 확실히 별개의 것임을 알 수 있다.

　최초의 종이가 겸백이 아니었다면 겸백과 서로 비슷하기는 해도 방직이 아닌 방법으로 만들어진 얇은 면으로 여겨진다. 허신許愼의 《설문해자說文解字》의 정의에 의하면 『지는 솜을 얇게 풀어헤쳐 대자리 위에 놓은 것이다 紙, 絮一苫也』고 한다. 이로써 제지의 주요 요소는 2가지임을 알 수 있다. 즉 솜과 점苫(눈이 가는 자리)이다. 솜은 원료이고 점苫은 도구가 된다. 이는 현대 종이의 정의와 아주 부합된다. 현대의 제지과정이 비록 날로 복잡해지기는 하나 이 두 가지 요소인 섬유체와 점 같은 도구만은 오늘에 이르기까지도 가장 기본원칙이 되고 있다.

　서絮에 관해서 《설문》은 『서는 해진 솜이다 絮, 敝綿也』고 했고, 단옥재는 『무릇 서絮는 반드시 명주실로 만드는데 옛날에는 지금의 목면이 없었다 凡絮必絲爲之, 古無今之木綿也』고 주를 달았다. 그러나 현대의 제지전문가들은 순수한 잠사섬유蠶絲纖維에는 점착성이 없어 종이를 만드는 것이 기술상 불가능하다고 한다.[5] 종래에 제지와 잠사가 유관하다고 하는 데에는 대개 두 가지 추측에 근거한다. 하나는 지紙자에 사糸가 있으므로 반드시 잠사와 관계가 있으리라는 것이고, 다른 하나는 단옥재가 말한 『최초에는 명주솜으로 이것을 만들었다 最初必絲絮爲之』는 말 때문에 후인들이 모두 이 설을 따르게 되었다.[6] 《설문》을 살펴보면 사絲에서 온 글자 가운데 잠사와 무관한 것도 상당히 많다. 대개 방직이 방사紡絲에서 연원하므로 그후로는 다른 섬유를 쓰게 되어도 여전히 사絲의 편방을 붙여 새로운 글자를 만들었다. 그러므로 지紙자가 비록 겸백에서 연원한다고 해도 꼭 잠사로 만든 것은 아니다. 누에고치에는 교질膠質 성분이 있어 점착할 수 있으므로 이와는 별개의 문제이다. 대체로 고대의 제지원료는 못 쓰는 누에고치를 포함하여 사재絲縡 혹은 묵은 명주솜 등이지 순수한 견사는 아니다. 혹은 명주솜을 다른 종류의 식물섬유와 섞어 종이를 만들기도 했으나 주요 원료는 아니었다. 진진晉의 우화虞和(서기 6세기 사람)가 말하기를 진진晉의 서예가 왕희지王羲之는 견지繭紙를 썼다고 한다. 송대宋代에 불경을 베끼는 금률전金栗牋 역시 견지였다고 한다. 이로써 견지라고 불리우는 종이가 후대까지 계속 사용되었음을 알 수 있다.[7]

　점苫에 관해 북송본北宋本 《설문》은 艸에서 왔다고 되어 있으나 후인이

<笘>이라 고쳐 竹에서 온 것으로 했다. 《설문》에서 『점은 대를 쪼갠 채찍이다 笘, 折竹箠也』라고 하였는데 해석하기가 어려웠으므로 단옥재는 이를 다시 <점簟>으로 고쳐 수水 편방을 덧붙이고 『솜을 헤쳐놓은 자리이다 以澈絮簟』 하여 제지설에 적합하도록 풀이하였다. 오늘날 「지紙」를 풀이함에 단옥재씨의 설을 따르는 사람이 많으나 사실은 근거가 잘못된 것이다. 이제 마땅히 구본에 의거하여 艸에서 온 「점苫」으로 해야 한다. 《설문》에 『점은 자리이다 苫, 蓋也』라고 하였으며 《이아爾雅》<석기釋器>에는 『흰 자리를 점이라고 한다 白蓋謂之苫』고 했고 서계徐鍇는 『띠를 엮은 것 編茅也』이라 하였다.[8] 이는 대개 풀로 엮어 만든 일종의 자리로서 덮어 가리는 데 쓰는 것이다. 물이 새기 때문에 아마도 최초의 종이를 만들 때 물 속에 풀어진 솜을 이것으로 떠내어 물 속의 섬유체가 자리에 붙게 한 뒤 물이 빠져나가면 1장의 얇은 면만 붙어있어서 이를 말리면 종이가 된다. 이같은 우연한 발견이 제지에 대한 관념을 만들었는데 이는 극히 자연스럽고 순리적인 일이다. 다만 고대의 염모帘模는 대개가 풀로 엮은 것이며 대를 엮어 만든 염簾은 후에 발전한 것이다. 들리는 말에 의하면 금세기의 30년대에도 광동廣東 남부 불산佛山 일대에는 아직도 저마苧麻로 만든 염이 있어서 종이펄프를 염 위에 부은 뒤에 그 위에서 말렸다가 벗겨서 종이를 만든다고 한다.[9] 이 방법은 염모로 종이펄프를 건져올린 뒤에 벽에 붙이고 불을 때서 말리는 것과는 다르다. 그러나 이와 같이 마麻나 혹은 다른 종류의 풀로 엮어 만든 염은 고대 제지법의 유풍을 아직도 간직하고 있다.

2 종이의 발명

각종 섬유로 만든 종이가 비록 채륜 이전에도 이미 존재했었다고는 하나 정사正史가 기록하고 있는 제지에 대한 채륜의 공헌에는 전혀 거리낄 바가 없다. 새로운 발명이 하나 있기 위해서는 항상 수많은 이들의 각종 방법이 실험된 후에 개선되어지기 때문이다. 채륜은 그의 직책과 관련하여 각종 제지법의 경험을 총괄한 뒤에 가장 성공적인 방법을 조정에 아뢰었다. 어쩌면 채륜이 상방령尙方令이었던 기간에 궁정의 수요에 부응하기 위해, 새로운 재료와 특수한 방법으로 서사재료를 만들려는 「착상」으로 원료를 완벽하고 값싸게 만들어 응용함으로써 더욱더 보편화된 것인지도 모른다. 이는 비록 옛 경험에서 얻은 새로운 성공이지만 원료생산과 기술방법상으로 얘기할 때 역시 대단히 중요한 공헌이다.

　수없이 많은 중국의 중요한 발명 가운데서 종이는 고적상의 기록이 가장 명확하다. 인물의 생애와 상주한 시기는 물론 심지어 사용한 재료와 제조동기까지 상세하게 기록되어 있다. 그 중에 《후한서》의 〈채륜전蔡倫傳〉이 가장 상세한데 거의 3백 자에 달하는 전문은 대략 다음과 같다.

　채륜은 자가 경중으로 계양 사람이다. 영평말에 처음으로 급사관이 되었다. 건안초에 소황문小黃門이 되었다. 화제가 즉위하자(서기 89년) 중상시로 옮겨 군정에 참여하였다. 채륜은 재주와 학식이 있는데다 마음이 돈독하고 근신하여 수차 엄안을 범하였으나 잘못을 고치고 미치지 못하는 곳을 고쳐 나갔다. 매번 휴가 때가 되어 집에 돌아가면 문을 걸어닫고 손님을 맞지 않았으며 들로 바람을 쏘이러 나갔다. 뒤에 상방령이 더해졌다. 영원9년(서기 97년) 비검과 여러 기계 만드는 것을 감독하였는데 공정이 견고하고 세밀하지 않은 것이 없어 후세의 전범이 되었다. 고서적은 죽간을 편한 것이 많았으며 겸백을 사용한 것은 이를 종이라 하였다. 비단은 귀하고 간은 무거워서 모두 사람들이 쓰기에 불편하였다. 이에 채륜이 나무껍질·삼 및 해진 피륙·어망 등을 사용하여 종이를 만들고자 하였다. 원흥원년(서기 105년) 이를 황제께 올리자 황제가 그 뛰어남을 칭찬하시었다. 이로부터 이 종이가 쓰이지 않는 곳이 없게 되었으므로 천하에서 모두 이를 「채후지」라 하였다.

蔡倫, 字敬仲, 桂陽人也. 以永平末始給事官掖. 建初中爲小黃門, 及和帝卽位, 轉中常侍, 豫參帷幄. 倫有才學, 盡心敦愼, 數犯嚴顔, 匡弼得失. 每至休沐, 輒閉門絶賓, 暴體田野. 後加位尙方令. 永元九年監作秘劍及諸器械, 莫不精工堅密, 爲後世法. 自古書籍多編以竹簡, 其用縑帛者謂之紙, 縑貴而簡重, 并不便于人, 倫乃造意用樹膚, 麻頭及敝布, 魚網以爲紙. 元興元年奏上之, 帝善其能, 自是莫不從用焉, 故天下咸稱蔡侯紙.

범엽范曄의 이 글은 채륜의 평생사적에 대해 그 묘사가 비록 상세하기는 하나, 채륜 뒤로 3백여 년이나 지나 쓴 것이므로 틀림없이 보다 빠른 사료史料에 근거하였을 것이다. 서기 1세기에서 2세기까지의 관수官修인 《동관한기東觀漢記》 권 20에는 다음과 같은 기록이 있다.

채륜은 자가 경중으로 계양 사람이다. 중상시가 되었으며 재주와 학문이 있고 충성을 다하며 성품이 신중하였다. 매번 휴가로 집에 돌아오면 번번이 문을 걸어잠그고 손님을 맞지 않았으며 들에 바람을 쏘이러 나갔다. 상방尙方이 되자 나무껍질과 해진 피륙·어망을 가지고 종이를 만들려 하였다. 원흥 원년 이를 상주하자 황제께서 그 능함을 칭찬하시니 이로부터 이를 사용하게 되었으며 천하에서 모두 채륜의 종이라 불렀다.

蔡倫, 字敬仲, 桂陽人. 爲中常侍, 有才學, 盡忠重愼. 每至休沐, 輒閉門絶賓客, 曝體田野. 典作尙方, 造意用樹皮及敝布魚網作紙. 元興元年奏上之, 帝善其能, 自是莫不用, 天下咸稱蔡倫紙.

이보다 빠르고 비교적 짧은 기록은 연대와 제지의 재료에 있어서 마두麻頭를 언급하지 않은 것만 제외하면 《후한서》의 기록과 대동소이하다. 다만 《동관한기》는 일찍이 산일되었으며 지금 전하는 판본은 후인이 다시 모은 것이라 원문에도 빠진 부분이 있을 것이다. 비교적 빠른 또 다른 기록은 동파董巴(서기 3세기 사람)의 《여복지輿服志》에 보인다.

동경에 채후지가 있는데 즉 륜이다. 묵은 마를 쓴 것은 마지라 이름하고, 나무껍질을 쓴 것은 곡지라 이름하며, 낡은 어망으로 만든 종이는 망지라 이름한다.

東京有蔡侯紙, 即倫也. 用故麻, 名麻紙 ; 木皮, 名穀紙 ; 用故魚網作紙, 名網紙也.[10]

이같은 조기의 기록에 근거하여 새로이 발견된 종이의 분석보고를 참조해보면 제지에 대한 채륜의 공헌은 최소한 두 가지로 추측된다. 즉 신재료의 채용과 제조방법의 개선이다. 문헌에서 언급하고 있는 재료는 두 종류로 구분된다. 하나는 나무껍질과 마두麻頭로서 살아있는 식물섬유이고 하나는 해진 피륙과 어망魚網으로 낡은 재료를 사용한 폐물 이용이다. 원래의 구재료는 해진 솜과 묵은 마였으나 공급이 제한되어 종이를 만드는 데 대량으로 공급할 수 없었다. 그러나 새로 채용한 나무껍질, 즉 곡식이나 나무의 껍질은 인공재배를 통해 대량공급이 가능하다. 마두는 생마生麻의 폐기 부분으로 여겨진다. 두 가지 모두 방직상의 수요에 방해가 되지 않으며 경제원칙에도 부합된다. 현재 발견되고 있는 초기의 종이들은 모두 마류麻類의 섬유로 만들어졌다. 나무껍질을 원료로 쓴 것이 채륜의 시대까지밖에 소급되지 못하는 것은 곡피포穀皮布의 사용에 영향을 받았기 때문인 듯하다.[11] 문헌 속에는 제조방법에 대해 비록 설명이 없지만 나무껍질로 종이를 만들려면 반드시 껍질을 벗기고, 물에 오래 담가 썩였다가 이를 삶고, 찧고, 표백하고 다시 약제를 섞는 등등의 절차를 거쳐야 하는데, 이는 원시적인 방법으로 물 속에 풀어진 솜이나 해진 피륙 등을 이용하는 간단한 방법과는 비교할 바가 아니다. 그러므로 이같은 새 원료와 새로운 방법은 채륜시대의 개량과 공헌으로 여겨진다.

3 종이의 유전流傳과 확산

채륜 이후의 몇 세기 동안 제지기술은 날로 개선되었을 뿐만 아니라 전국은 물론 해외로까지 보급되었다. 한말漢末의 동해인東海人 좌백左伯은 자字가 자읍子邑이었는데 제지에 뛰어났다고 일컬어졌다. 유명한 묵墨 제조자인 위탄韋誕이란 유명한 서법가는 반드시 『장지의 붓과 좌백의 종이와 나의 먹 張芝筆, 左伯紙, 及臣墨』을 썼다고 했다. 소자량蕭子良도 『자읍의 종이는 아름답고 묘한 빛이 반짝인다 子邑之紙, 姸妙輝光』고 하였다.[12] 확실히 2세기 후반 무렵에 이르러서는 종이의 품질이 더욱 개선되어 예술가들의 각기 다른 요구에 대응할 수 있었다. 아울러 제지의 원가도 크게 낮아졌으므로 종이는 곧 가장 보편적인 서사재료가 되었다. 최원崔瑗이 갈원보葛元甫에게 답한 편지에 『이제 《허자許子》 10권을 보내오. 가난하여 소에는 이르지 못하고 그저 종이에 썼을 뿐이오 **今遣送許子十卷.
貧不及素, 但以紙耳**』하였다.[13] 이것으로 당시의 겸백과 종이의 귀천이
달랐음을 알 수 있다.

서기 3,4세기가 되자 종이는 점차 죽간과 일부 겸백의 용도를 대신하게
되어 서적 역시 대량으로 복사되어 전파되었다. 서기 3세기에 좌사左思가
쓴《삼도부三都賦》는 10년 만에 완성되었는데 세인들에게 크게 추앙받았
다. 그래서 호족·명문의 집안에서는 다투어 이를 베껴적었으므로 낙양의
종이값이 비싸졌다.[14] 서기 4세기에 환현桓玄은 영을 내려『옛날에는 종
이가 없었으므로 간을 쓴 것이지 공경함에 뜻을 둔 것이 아니었다. 이제
간을 쓰는 모든 이들은 모두 노란 종이로 이를 대신하라 古無紙, 故用簡,
非主於敬也. 今諸用簡者, 皆以黃紙代之』[15]고 하였다.

종이는 문자전파의 도구일 뿐만 아니라 그 용도와 우수한 품질은 시인·
명사 들의 칭송의 대상이 되었다. 처음으로 종이를 찬미한 사람은 진대晉
代의 부함傳咸(234~294년)이었다. 그는《지부紙賦》에서 다음과 같이 썼다

……종이란 물건은 그 아름다움이 보배롭다. 모나고 반듯하여 법칙이
있고 몸도 순결하며 성정은 올곧도다. 아름답고 훌륭한 문장을 속에 품고
있으니 진실로 문장을 좋아하노라. 남의 못 쓰는 것을 취하였으면서도 그는
새롭다 여긴다. 이를 잡아당기면 펴지고 놓으면 감긴다. 굽힐 수도 있고
펼 수도 있으며 숨을 수도 있고 나타낼 수도 있다. 만일 육친과 헤어져 쓸쓸
히 홀로 지내게 된다면 붓을 잡고 글을 써서 편지를 부친다. 멀리 만리에서
정을 쓰니 한 조각 정미한 생각이어라.
……夫其爲物, 厥美可珍. 廉方有則, 體結性貞. 含章蘊藻, 實好斯文. 取彼之
弊, 以爲此新. 鑑之則舒, 舍之則卷. 可屈可伸, 能幽能顯. 若乃六親乖方, 離群索
居, 鱗鴻附便, 援筆飛書. 寫情于萬里, 精思于一隅.[16]

종이는 문방文房의 필수품이었기 때문에 역대로 종이는 항상 문인과
예술가들의 품평 대상이 되었다.

이로부터 종이의 사용은 날로 더욱 보급되었다.《후한서》에서『이로부터
종이를 쓰지 않는 사람이 없었다 自是莫不從用焉』는 말과 같다. 종이는

중국 본토에서만 성행한 것이 아니라 전세계로 확산되어 퍼져나갔다. 동방에서는 4세기 이전에 조선에 전해졌고, 5세기 초에 일본에 전파되었다. 남방으로는 약 3세기 전에 월남에 전해졌고 7세기 전에 인도에 이르렀다. 서방으로는 3세기에 중앙아시아에, 8세기에 서아시아에 이르렀으며 10세기에 아프리카에 전해졌고 12세기에 유럽에 전해졌으며 16세기에는 아메리카에, 그리고 19세기에 호주까지 전파되었다. 기원전 중국에서 종이가 발명된 이후 2천 년이라는 장구한 시간을 걸쳐 제지술은 마침내 전세계로 확산되었다.[17]

중국문화가 동점東漸을 개시하자 한국은 처음으로 4세기에 종이에 베껴 쓴 중국서적을 받아들이고 아울러 한자로 문자를 기록하였다. 서기 405년 백제의 학자 왕인王仁은 일본 태자의 스승으로 초빙되어 《논어》 등의 책을 가지고 일본으로 갔다. 그때는 이미 중국에 종이가 성행하였으므로 그 서적은 당연히 모두 지권紙卷이었다.[18] 그러나 제지기술은 서기 610년 고구려의 승려 담징曇徵이 중국에서 지묵紙墨제조법을 배워서 일본으로 간 뒤에야 비로소 일본 황실에 헌상되었다.[19]

종이가 인도에 전파된 것은 대략 서기 7세기 전이다. 신강에서 발견된 범문梵文이 실린 종이는 대부분 서기 7,8세기의 것이다. 이로써 그당시 중국과 인도 사이에는 종이가 문자전파의 도구로 쓰였음이 증명된다. 서기 671년에서 694년에 이르는 사이에 중국의 승려 의정義净은 인도를 행각하였는데 그가 쓴 《범어천자문梵語千字文》 가운데 범어 Kákali는 즉 종이이다. 장기간 동안 인도의 경전은 모두 구전口傳으로 전달되어 암송하는 데 의존하였다. 종이가 보편적으로 응용된 것은 대략 서기 12세기 회교回教가 성행한 이후의 일이다.[20]

종이의 월남 전파는 당연히 인도보다 빠르다. 혜함稽含의 《남방초목상南方草木狀》은 일찍이 「밀향지蜜香紙」 3만 폭이 서기 284년에 중국에 수입되었다고 한다. 허드 Friedrich Hirth는 이 종이가 월남에서 왔다고 간주한다.[21] 서기 4세기의 왕가王嘉의 《습유기拾遺記》 역시 월남은 일찍이 「측리지側理紙」를 공물로 했다고 한다. 비록 이러한 자료들의 신빙성에 대해서는 문제가 있으나 이밖에는 달리 더 많은 증명이 없다. 다만 중국과 월남은 두 나라가 서로 인접하여 있고 관계도 밀접하므로 종이가 월남에 전파된 시기는 당연히 무척 빠를 것이다. 오늘날에 이르러서도 월남의 제지기술은 다른 나라와 비교하여 중국의 제지기술과 가장 가깝다고 한다.

4 종이의 서역기원설西域起源說

종이의 서양 전파는 서역에서부터 시작되었다. 서기 751년 탈라스Talas 전투에서 고선지高仙芝가 이끄는 당唐의 군사가 아라비아군에게 패하고 중국의 제지공制紙工이 몇 명 포로가 되자 제지술은 사마르칸드 Samarkand에 비로소 전파되었다. 그리고 이어서 다마스커스 Damascus·트리폴리 Tripoli·예멘·이집트와 모로코 등에 전파되었다. 아라비아인은 서방에서 종이의 생산을 거의 5백여 년이나 독점하였다. 12세기에 제지술이 유럽에 전파된 뒤에야 비로소 유럽인들은 제지공장을 세웠다. 혹자는 중국인이 제지술을 비밀로 하여 알리지 않았다고도 하나 8세기에 제지술은 이미 외국인들에게도 알려졌다. 따라서 이 주장은 정확한 것이 아니다. 제지술이 뒤늦게 유럽에 전파된 주된 이유는 지리상과 문화상의 장벽 때문이지 인위적으로 비밀을 지키고자 한 것은 아니다. 시험삼아 중국과 인접한 국가들을 보면 그들이 중국문화와 접촉하는 초기에 제지술도 따라서 전파되었다. 이로써 비밀유지설은 제지술이 유럽에 전파된 후 서방에서 독점한 경험에 근거하여 만들어낸 추측임을 알 수 있다.

20세기 이전에 서양의 학자들은 모두 종이가 중국에서 전해졌다는 것을 믿지 않았다. 마르코폴로 이래로 유럽인들은 줄곧 낡은 천으로 종이를 만들며 이는 독일인이나 이탈리아인이 13세기에 발명한 것으로 간주하였다.[22] 채륜이 낡은 천으로 종이를 만들었다는 얘기가 기독교 전도사를 통해 17,8세기에 유럽으로 전달되었으나 줄곧 공인받지 못했다. 서기 1960년경에 중국에 전도하러 온 콩트 Louis le Comte는, 프랑스인은 중국의 종이가 견과 면으로 만들어졌다고 하였으나 종이의 기원에 대해서는 언급이 없었다.[23] 서기 1740년을 전후하여 하드 Jean Du Halde는 《중국통사》를 썼는데 저서에서 『한 위대한 중국 관원이…… 각종의 다른 나무껍질·낡은 천·폐마 등을 함께 삶아, 끓여서 액체로 만들고 정련하여 묽은 풀과 같이하여 갖가지 다른 종이를 만들었다』[24]고 하였다. 그는 채륜의 이름을 언급하기는 하였으나 시기는 서기 95년으로 잘못 썼다.

그후 1세기가 지나, 유명한 전도사 에드킨스 Joseph Edkins는 19세기 중엽 중국에서 상당히 긴 기간을 머물렀는데도 『어째서 우리는 종이와 먹이 서방에서 중국으로 전해졌다는 말을 하지 않는가? 이 두 가지 문명의 공헌이 유럽에서 수백 년이나 사용된 후에야 비로소 중국인이 알게 되었다. 다만 중국인은 그 기술과 지식을 즉시 모방하여 다시는 외국으로부터 수입할 필요가 없게 된 것뿐이다』라고 하였다. 그는 아울러 혜함의 《남방초목상》을 들어 자신의 견해를 증명하였는데 『종이는 대개 비단무역의 교환품으로 해로를 통해 광주를 거쳐 중국에 전파되었다』[25]고 하였다. 《남방초목상》의 일부분을 들어보면 다음과 같다.

밀향지는 밀향수의 껍질로 만든다. 약간 갈색이며 물고기알 같은 무늬가 있는데 대단히 향기롭고 질겨서 물에 담가도 찢어지지 않는다. 태강5년에 대진이 3만 폭을 바쳤다. 일찍이 만 폭을 진남대장군인 당양후 두예에게 내리고 《춘추석례》 및 《경전집해》를 찬하여 들이도록 령을 내렸는데 마치지 못하고 예가 죽으니 그 집에 조서를 내려 이를 간직하도록 령을 내렸다.

密香紙, 以蜜香樹皮作之. 微褐色, 有紋如魚子, 極香而堅靭, 水清之而不潰爛. 泰康五年, 大秦獻三萬幅. 嘗以萬幅賜鎭南大將軍當陽侯杜預, 今寫所撰《春秋釋例》及《經傳集解》以進; 末至而預卒, 詔賜其家, 令藏之.[26]

위의 문장에 근거해도 우리는 종이가 서방에서 전파되었다는 흔적을 찾을 수 없다. 이른바 밀향지란 일종의 향목(Garco Wood)으로 만든 것으로 믿어지는데 이같은 향목은 월남에서 생산된다고 하며 이집트와 시리아의 파피루스가 결코 아니다. 허드는 이 예물이 대개 알렉산드리아의 상인이 중국으로 올 때, 실론과 월남을 거치면서 그곳의 토산품을 사서 그것을 자기 나라 산품으로 삼아 평소와 같이 공품을 삼은 것이라 여겼다.[27] 가령 이 종이가 확실히 서방에서 온 것이고 또 서기 3세기의 물품이라고 하자. 그러나 중국의 종이는 수세기 전에 이미 발명되어 보편적으로 응용되었는데 그때도 아직 밀향지가 어떤 것인지도 모르고 있었겠는가!

고지古紙의 끊임없는 출토와 과학적인 분석을 통해 종이의 서역기원설
은 이미 학자들에 의해 부정되었다. 1877년에서 1878년 사이에 이집트에
서 발견된 대량의 종이질의 문서는 모두 서기 800년에서 1388년에 이르는
물건들이다. 같은 곳에서 또한 파피루스와 양피의 문서도 발견되었다.
현미경 분석을 통해보니 이 종이들은 모두 낡은 천으로 만든 것이었다. 이
로 인해 사마르칸드Samarkand의 아라비아인들이 낡은 천으로 종이를 만든
발명자로 여겨지게 되었다. 1904년 스테인이 신강에서 발견한 종이를 재분
석하니 대부분이 닥나무 껍질로 만들어졌음이 발견되었다. 그러나 낡은
천이 대체품으로 쓰인 것도 있었다. 그후 그는 2차 탐험에서 서기 4세기
초엽의 종이를 또 발견하였는데 다시 이를 분석하여 전부 낡은 천으로
만들어졌음을 알아냈다. 이 분석은 아라비아인들이 최초로 낡은 천을 써서
종이를 만든 것이 아님을 증명해준다.[28] 그후 수년 동안 중국 변경의 각
성省에서는 더욱 많은 고대의 종이질의 문물이 출토되었는데 그 가운데는
기간이 더 빠른 것도 있다. 이로써 중국이 기원을 전후하여 종이를 발명했
다는 기록은 마침내 증명되었다.

종이의 서역기원설은 이미 지나간 얘기지만 중국 학자를 포함한 일부
현대 학자들이 아직도 종이와 파피루스를 혼동하여 헷갈리고 있다.[29] 그들
은 서양어의 「종이」(영어 Paper, 독어 · 불어 papier, 스페인어 Papel)가 비록
Papyrus에서 비롯된 것이지만, 그들 사이에는 전혀 관계가 없다는 사실을
잘 이해하지 못하는 듯싶다. 중국의 종이는 방직품의 섬유로부터 개량되어
만들어진 염가대체품이기 때문이다. 파피루스가 비록 섬유종이보다 먼저
응용되었다고는 하지만 그것은 자연산물로써 파피루스의 줄기를 베어
점성粘性을 취해 눌러서 만든 반면, 중국의 종이는 섬유체가 화학과정을
거쳐 만들어진다. 만약 이 사실을 이해한다면 종이와 파피루스 사이의
혼동이 명확해질 것이고 종이의 서역기원설 역시 저절로 무너지게 된다.

5 고지古紙의 발견

20세기초 이래, 수만 건의 고지古紙와 종이질의 문서가 중국의 서북부·중앙아시아 및 아프리카에서 계속 출토되었다. 이러한 지방은 모두 기후가 대단히 건조하였으므로 이같이 약한 재료를 보존하기에 적합하였다. 이같은 옛 유물의 시대는 종이가 발명된 초부터 종이를 인쇄에 사용했던 시기까지 걸쳐진다. 그런 유물들은 종이가 중국에서 세계 각지로 퍼져나간 과정과 시기를 확정지어줄 뿐만 아니라 제지기술과 권축형식에 관계된 귀중한 자료를 제공해준다. 앞서 말한 바와 같이 제지기술이 세계 각지로 전파되기 이전, 중국은 본래 제지업의 중심이었다. 고대 유물이 이런 견해를 여실히 증명하는 바, 즉 종이가 발견된 지방이 중국에 가까울수록 발견된 종이의 연대는 빠르다는 것이다.

현존하는 고지古紙 가운데 가장 빠른 것은 1957년 섬서 패교에서 발견된 것과 이를 전후하여 각지에서 발견된 서한의 종이이다. 이에 대해서는 앞에서 이미 상세히 밝힌 바 있다. 시기가 조금 뒤인 것으로는 1959년 신강의 민풍民豊과 1974년 감숙 한탄파旱灘坡에서 발견된 것으로 예서로 쓰여진 동한의 고지 잔편殘片이다. 가장 중요한 것은 1942년 거연의 한 고대 봉화대의 유적지에서 발견된 비교적 조기의 문자가 가장 많이 실린 잔지殘紙이다. 이 종이는 발견될 당시 둥글게 말려있었는데 똑똑하게 알아볼 수 있는 글자가 20여 자로 모두 「예초隷草」였다.(圖22) 중국의 식물학자의 감정을 통해 이 종이는 식물섬유로 만들어진 것이라고 간주되는데 두껍고 거칠며 염문이 없고[30] 연대年代 역시 없다. 이 종이를 발견한 노간勞幹은 이 종이가 매장된 연대를 대략 서기 109년이나 110년으로 여기고 있다. 그때는 서강西羌이 변방을 어지럽혀 이 봉화대가 잠시 함락된 적이 있었다.[31] 그러므로 이 종이의 연대는 대략 채륜과 같은 시기가 된다.

스테인은 1907년 제2차 고찰중에 돈황 부근에서 비교적 시기가 늦은 고지를 발견했다. 그 가운데 3장은 얇고 부드러우며 황색이었는데 글자가 실려있었다.[32] 돈황 부근에서는 옛 소고드Sogd 글이 실린 문서가 또 발견되었다. 그 가운데는 편지가 7통 있었는데 소고드 상인이 사마르칸드와 보카라Bokhara에 있는 친족에게 보내는 사적인 편지였다. 편지에는 통신의 어려움과 상품의 가격·은銀의 태환율 및 집안의 자질구레한 말 등이 적혀 있었다. 편지는 모두 가지런하게 접혀 있었고 그 중에는 원래 편지를

묶는 끈으로 묶여있는 것도 있었는데 모두 서기 312년과 313년 사이의 유물이다.[33]

1900년 스번 헤딘은 루란에서 종이질의 문서를 발견했다. 그 중에는 암회색暗灰色의 거친 것도 있고 정교하고 아름다운 황색의 종이·공문·개인편지와 경전 등이 있었다.

대부분이 날짜를 표시하지 않았으나 날짜를 표기한 소수의 것은 서기 252년, 265년과 310년이었다.[34] 비교적 중요한 것으로는 《전국책》의 잔권으로 예서로 썼으며 대략 서기 3세기의 유물이다. 이같은 종이들은 낡은 천으로 만들어졌는데 대부분이 마에 소량의 다른 식물섬유를 혼합하여 만들어졌다. 같은 지역에서 스테인은 1914년 제3차 고찰중에 7백여 점의 종이질 문서를 발견하였는데 모두 서기 263년에서 280년 사이의 유물들이었다. 이 종이들의 시기는 헤딘이 발견한 것과 비슷하며 빠진 시기 역시 대체로 비슷하다.[35]

1902년에서 1914년 사이에 프루스 고찰단의 Albert Grunwede와 Von Le Coq 두 사람은 토로번吐魯蕃에서 고지古紙 문서를 발견했는데 그 가운데는 서기 299년의 유물이 있었다.[36] 1909년에서 1910년 사이에는 일본 西本願寺의 大谷考察團이 桔瑞超와 野村榮三郞에게 인솔되어 같은 지역에서 고지를 발견하였는데[37] 그 가운데는 서기 3,4세기의 물건도 일부 있었다.(圖23) 중국서북과학고찰단은 1928년에서 1930년 사이에 그 구역내에서 고지와 사본寫本 경전을 발견하였는데 대부분이 진晋·당唐의 유물이었다. 그 가운데 하나는 뒷면에 표기된 날짜가 서기 436년이었다.[38] 1960년대에 또 지본紙本 26점이 신강에서 계속 발견되었다. 그 가운데는 진사본晋寫本 《삼국지三國志》, 수사본隋寫本 《전언典言》, 당唐 복천수卜天壽의 초본抄本인 《논어정주論語鄭注, 710년》 등이 있었고, 또 4세기에서 7,8세기에 이르는 잔문서殘文書·계약·장부·약방문·불경과 화조화花鳥畵 등이 있었다. 이러한 종이들은 대부분이 마질섬유麻質纖維이며 닥나무와 그밖의 나무껍질로 만든 것도 소수 있다. 어떤 것은 재료를 섞고 가공처리를 거쳐 표면에 분칠을 하거나 광을 낸 것도 있다.[39] 이것으로 이 시기의 제지술은 이미 더욱 진보했음을 알 수 있다.

화기에서 스테인은 티벳어·범문·옛 화기문의 종이질 문서를 발견하였는데 모두 서기 8세기의 유물이었다. 같은 지역에서 발견된 중문中文의 종이질 문서는 모두 서기781년에서 790년 사이의 얇은 종이이다. 현미경으로 분석하여 보니 티벳어가 실린 종이는 그 지역의 다른 종이와는 달리 교질膠質을 쓰지 않고 전분을 섞어 사용하였다. 종이 역시 신강의 토산재료로 만든 것이 아니었는데 아마도 티벳으로부터 수입한 것인 듯하다. 스테인은 화기하 근처의 마자르타 Mazar-tagh의 한 사원 안에서 장부를 한 권 발견했는데 그 속에는 종이의 가격이 적혀 있었다.『역서지 1도는 가격이 60이다 曆書紙一刀, 値錢六十』[40] 대개 당대唐代 초년에는 이미 종이가 대량으로 염가에 변방의 먼곳까지 공급되었다.

6 돈황지권敦煌紙卷

스테인은 1907년 제2차 고찰시에 벽을 봉한 돈황의 석굴 속에서 대량의 고대 종이질 문건을 발견했다. 이 고지권古紙卷은 지금까지 최대의 발견이었다. 돈황은 하서河西을 잇는 최서단最西端에 있는데 한무제漢武帝 때에 군郡을 설치하여 하서 4군의 하나가 되었다. 그곳은 지리적으로 군사요충지였기 때문에 봉수대를 쌓고 서북 변경을 보호하였다. 그러다 나중에는 점차 중국과 중앙아시아 교통의 중심으로 변하였다. 동진東晋과 북위北魏 때에는 불교가 성행하여 서기 366년부터 돈황 부근의 석동石洞 속에 불상을 만들고 채색벽화를 그리기 시작하였다. 이러한 작업은 수백년간 계속되었는데 오늘날 유명한 「천불동千佛洞」이 그것이다. 종이질의 권축卷軸은 그 가운데 한 석동의 좁은 벽 안에서 발견되었는데 모두 서기1056년 이전의 물건들이다. 이로써 지권들은 그해보다 뒤에 보관되어 봉해진 것으로 추측된다.[41] 대개 서하西夏의 침입으로 인해 이 서적들은 많은 사원으로부터 이곳으로 이장되어 봉해진 듯하다.

소수의 인쇄물을 제외하면 지권은 대부분 사본寫本이다. 내용이 상당히 광범위하나 대다수가 불경이다. 그러나 그외에 유가와 도가의 경전 · 선진제자先秦諸子 · 사적史籍 · 운서韻書 · 시부詩賦 · 소설 · 변문變文 · 계약 · 역서와 그밖의 각종 공 · 사문건 등도 있다.[42] 대부분이 사본寫本이며 중문

외에 범어·소고드어·파사이Pasai어·위구르어 및 티벳어 등이 있었는데
그 중에 티벳어가 비교적 많았다. 또한 히브리어의 《구약성경》도 몇 장章
있었다.

종이질 문적의 총수는 약 3만여 권에 달하며 상당수가 보존상태가 썩
좋다. 스테인이 가져간 7천여 권은 지금 런던 영국도서관에 있다. 그 가운
데 380권에 날짜가 표기되어 있는데 대략 서기 406년에서 995년 사이의
물건이다.[43] 그후 프랑스의 한학자漢學者 Paul Pelliot가 돈황에 와서 또
3천여 권을 가져가 지금 파리 국립도서관에 있다. 그 가운데 날짜가 표기
된 것은 가장 늦은 것이 서기 995년에서 996년까지이다. 그리고 일본인이
40여 권을 가져갔다. 그밖에 2천여 권이 각지에 흩어져 공·사적으로
소장되어 있다. 일설에 의하면 약 1만 권이 현재 소련 레닌그라드 아시아
민족연구소에 있다고 한다.[44] 그 나머지 9,871권은 1910년 중국 정부가
거두어 북경도서관에 보관하고 있다. 그 가운데 43권에 날짜가 표기되어
있는데 서기 458년에서 977년 사이의 물건들이다.[45] 현재 각지에 있는
지권은 북경과 소련이 소장량으로는 가장 많고, 파리의 것은 내용 선택이
가장 정밀하고 런던의 것은 권축지질의 보존이 가장 뛰어나다. 이러한
종이질 문건은 다른 곳에서 발견된 잔권고지殘卷古紙와 비교할 때 비록
시기적으로는 비교적 늦지만 그 가운데는 드물게 보이는 자료가 있어
오늘날 희귀본이 되고 있다. 그 가운데 보존이 완전한 지권(圖24)은 중국
의 고서古書 권축제도를 연구하는 데 없어서는 안 될 귀중한 실증을 제공
해주고 있다.

7 고대의 제지방법制紙方法

고대 사람들의 종이를 만드는 상세한 과정은 알 수 없지만 고지古紙의
재료분석 후에 얻은 자료와 비교적 후기의 문헌기록을 통하여 대체적인
상황을 추측해볼 수는 있다. 스테인은 신강에서 발견한 서기 3,4세기 동진
시대의 고지를 분석 연구하여, 원료가 생섬유와 낡은 천의 혼합물임을
증명하였다. 이 생섬유는 닥나무 껍질·월계月桂·저마苧麻(혹은 〈중국초

中國草〉라고도 한다)이고, 낡은 천은 아마·대마 혹은 저마의 방직품이다. 이들 종이의 주요성분은 생섬유이고 낡은 천은 대부분 대체품이다.[46] 이로써 고대 기록의 제지원료는 증명되었다. 《후한서》는 채륜이 제지의 원료로 나무껍질·마두麻頭·낡은 천과 어망을 썼다고 기록하고 있다. 그 중에 나무껍질과 마두는 생섬유이고 낡은 천과 어망은 인공방조를 거친 섬유이다.

고지의 원료는 나무껍질·마·낡은 천이 혼합되어 만들어졌는데 이는 기록 속의 설법과는 다른 듯하다. 동파董芭는『낡은 마를 쓰면 마지麻紙라 이름하고, 나무껍질을 쓰면 곡지穀紙라 이름하며, 낡은 어망으로 종이를 만들면 망지網紙라 이름한다』고 하였다. 사실상 기록과 실제 물건은 서로 모순되지 않는다. 왜냐하면 중국 문헌상의 기록은 비교적 오래된 제조법이고, 연구 분석한 종이는 비교적 늦은 시기의 것이기 때문이다. 각각의 시대는 환경이 달랐으므로 제지의 방법도 서로 달랐을 것이다. 섬유를 혼합하여 썼건 아니면 모종의 단독 재료로 종이를 만들었건 간에 모두 기술상의 어려움은 없었다. 지역마다 각기 다른 원료로 종이를 만들었을 것이다. 소역간蘇易簡의 《문방사보文房四譜》 권4에『촉은 대부분 마로써 종이를 만들고…… 강소·절강 사이는 대부분 여린 대나무로 종이를 만든다. 북토는 뽕나무 껍질로 종이를 만들고 섬계剡溪는 등나무로 종이를 만들며, 바닷가 사람들은 이끼로 종이를 만든다. 절인은 보리줄기와 벼의 대로 만드는데 몹시 얇으며, 보리짚 기름과 등나무로 만든 것이 특히 우수했다. 蜀中多以麻爲紙…… 江·浙間多以嫩竹爲紙; 北土以桑皮爲紙; 剡溪以藤爲紙; 海人以苔爲紙; 浙人以麥莖稻杆爲之者絶薄焉, 以麥稿油藤爲之者尤佳』고 하였다. 이로써 각지에서 만들어지는 종이는 주로 그 지역에서 나는 원료의 공급에 의해 정해짐을 볼 수 있다.

재료 외에도 종이를 만드는 과정 중에는 또 다른 요소가 하나 있다. 종이를 떠내는 염의 발명이다. 지렴은 가는 실로 엮은 자리이다. 물에 불린 섬유를 위에 붓거나 혹은 물 속에 떠다니는 섬유를 건져올려 수분을 빠져나가게 하고 교질의 섬유만 염에 남겨서 얇은 면을 만든 다음 마르기를 기다려 종이를 만든다. 염모는 수세기 동안 수공업으로 종이를 만드는 주요 도구였으며 근대 기계제지의 근거가 되는 원리이기도 했다. 그러나 고대 문헌 속에는 염의 제작방법 및 용법에 대한 기록이 전혀 없다. 혹자는 원시의 염모는 그저 거친 천을 두른 대나무틀에 불과했을 것으로 여긴다. 그것을 직접 종이물 속에 집어넣어 수면 위에 떠있는 물에 붙은 섬유를 떠내고, 이를 한 장 한 장 나무판에 엎어내려 물기를 짜낸 뒤에 다시 불에 쪼여 말린다.

혹은 염을 똑바로 놓고 종이물을 위에서 붓는다. 그런 뒤에 이를 햇빛에 말리면 종이를 염으로부터 벗겨낼 수 있다.[47]

고대의 제지방법은 아마도 명明 송응성宋應星(약 1600~1660년)의 《천공개물天工開物》의 기록과 비슷할 것이다. 그는 죽지竹紙의 제조법에 대해 말하고 있다. 먼저 대나무를 잘라서 물 속에 담가둔다. 1백 일이 지나면 이를 두드려서 거친 각질과 푸른 껍질을 제거하고 섬유만을 취해서 석회와 혼합하고, 형통楻桶에 담아 8일 동안을 삶는다. 그런 뒤에 대나무풀을 꺼내 물로 헹구고 다시 나무재를 넣어 대나무의 가닥이 완전히 뭉그러질 때까지 삶는다. 그 다음에 이것을 꺼내어 절구에 넣고 찧어 진흙과 같은 상태가 되도록 만든다. 표백을 하고 구유에 담아 맑은 물로 불려내고 대나무 발로 모 안에다 그것을 떠내서 발에 덮인 종이를 나무판에 내린다. 이와같이 얼마간의 종이를 포갠 뒤에 눌러서 수분을 빼고 구리집게로 한 장씩 벗겨내어 벽돌담에다 붙인 뒤에 벽을 사이에 두고 불을 때서 말린다. 닥나무 껍질이나 뽕나무 껍질로 만드는 피지皮紙도 제조법은 대체로 비슷하나 곡지穀紙는 보통 대나무나 혹은 볏짚의 섬유를 더하여 배합한다.[48]

대나무는 중국의 제지에 있어서 가장 보편적인 재료이다. 그러나 옛날에는 주요 원료가 마류麻類와 닥나무 껍질이었다. 서기 9세기 이전에는 대나무로 종이를 만든 것에 관한 믿을 만한 자료가 없다. 이조李肇(서기 806~820년 사이에 생존)의 《당국사보唐國史補》 권3에 『소(지금의 광동)의 죽전韶之竹箋』이 있고, 단공로段公路(약 서기 850년에 생존)의 《북호록北戶錄》 권3에도 역시 「죽막지竹膜紙」를 언급하고 있는데, 당唐 최구도崔龜圖의 주에 의하면 절강浙江 목주睦洲에서 생산된다고 한다. 그러므로 대나무를 제지에 사용한 것은 서기 8세기말보다 더 늦지는 않는다. 12세기 이후부터 죽지竹紙는 비로소 한때 유행되었다.

옛날에 생면生棉을 제지에 이용했다는 설은 믿을 만한 것이 못 된다. 심지어 현대 제지에서도 생면은 쓰지 않는다. 면화는 방직에 주로 쓰이기 때문이다. 비록 목면이 서기 3,4세기의 중국 문헌에 보이고는 있으나 당대唐代 이전에는 중국 남부에 아직 면화를 심지 않았고, 송대 이전에 장강유역에도 면화의 흔적은 더욱 없다.

서기 8세기 이전의 제지재료는 대마·아마·황마·저마와 등나무 같은 인피식물靭皮植物 및 닥나무와 뽕나무 등의 나무껍질에 한했다. 마 종류가 가장 먼저 쓰였고 닥나무 종이는 동한에서 처음 기록이 보이고, 등나무 종이는 서기 3세기부터 성행하기 시작하여 거의 천 년에 달한다. 대나무·갈대·벼·보리의 줄기 같은 화본과식물이 쓰인 것은 서기 8세기 이후이다. 브리티시British박물관은 현존하는 중국의 고지古紙를 60여 점 정도 화학실험하였는데 가장 빠른 것은 대부분이 낡은 천으로 만들어졌다고 한다. 서기 4세기에서 10세기까지 이르는 사이의 종이는 대부분이 닥나무껍질·등나무 혹은 모시풀로 만들어졌는데 품질이 상당히 우수하다. 다만 8세기 중엽 이후에 종이의 품질이 조악하게 변했는데, 이는 안사安史의 난이 불러일으킨 경제침체 때문인 듯하다.[49] 현존하는 대다수의 고지古紙를 통해 중국 고대의 제지술이 이미 대단히 발전했음을 알 수 있다. 그들은 교질膠質을 어떻게 더해야 서사에 운용하기 적당한지를 알았을 뿐만 아니라 어떤 재료를 더해야 품질을 높일 수 있는지도 알고 있었다.

8 염색과 보관

고지古紙는 대부분 여러 가지 다양한 색깔로 염색했으며 특수한 약물로 손질하여 좀이 슬거나 썩는 것을 방지하였다. 색깔이 있는 가장 오래된 종이는 《후한서》가 언급한 「혁제」일 것이다. 맹강孟康의 주에 의하면 그것은 붉은색으로 물들인 얇고 작은 종이라고 한다. 만약 이 말을 믿을 수 있다면 붉은색은 일찍이 기원전 1세기에 종이의 염색에 사용된 것이다. 황색은 서기 3세기에 유행되었다. 순욱荀勖은 《목천자전》서에서 황색으로 처리한 종이에 베껴썼다고 말한 바 있다.

종이의 염색은 「염황染潢」이라 일컫는다. 가사협賈思勰(서기 5세기 사람)의 《제민요술齊民要術》 권3에 자세히 보인다. 방법은 살충성분이 있는 황벽黃蘗을 물 속에 담가 신선한 액즙을 얻는다. 물에 담갔던 황벽을 짓이겨 펄펄 끓인 뒤에 끓인 자루에 부어 액즙을 짜낸다. 3차에 걸쳐 이기고 끓인 뒤에 끓인 액즙과 신선한 액즙을 한데 섞어 황색의 액체를 얻는데, 이것으로 종이를 염색하면 좀이 스는 것을 방지할 수 있다. 종이를 염색할 때 종이의 색을 너무 짙게 해서는 안 된다고 한다. 며칠이 지나면 색이 더욱 짙어지기 때문이다. 종이는 항상 먼저 염색을 하고 그런 뒤에야 비로소 서사에 쓰였다. 만약 먼저 글을 쓰고 나중에 염색을 하면 효과가 더욱 좋다고 한다. 여러 장의 종이를 이어서 붙이는 지권紙卷은 연결하여 잇는 부분에 특별히 만든 접착제를 쓴다. 종이를 이어붙인 곳은 보통 인두로 다려서 염색한 뒤에 떨어지는 것을 방지한다. 비록 이 기록이 서기 5세기의 문헌에 보이고 있으나 이런 방법은 일찍이 종이가 서사에 보편적으로 응용된 후 오래지 않아 쓰이기 시작했을 것이다.

돈황에서 발견된 5세기에서 10세기에 이르는 지권은 이같은 고대 방법의 효능을 증명해준다. 이러한 지권들은 대부분 염황처리를 거쳤으므로 보존상태가 양호하여 좀이 슬지 않았다. 송대宋代 이후로는 이미 인쇄술이 보급되어 서적이 전과 같이 귀중하지 않았고, 종이 역시 이전처럼 세심하게 보호되지 않았다. 서적의 형식이 권축에서 면을 접는 형식으로 변한 뒤에는 염색도 비교적 어려워졌다. 그러나 10세기의 불경은 여전히 권축형식이었기 때문에 역시 같은 방법으로 손질하였다.

가사협은 일찍이 얇은 종이로 해진 책면을 보수하는 데 쓴다고 말한 적이 있었다. 보수를 하고 나면 원래의 완전한 종이와 거의 분별이 안 된다. 만약 불빛에 비춰보지 않으면 보수한 흔적을 쉽게 찾을 수 없다. 옛사람들이 책을 보관하는 방법은 여름에는 5월 15일에서 7월 20일까지 책을 반드시 3차례 광선이 있는 그늘에서 펼쳐 넌다. 책은 뜨거운 햇빛을 직접 받아서도 안 되고 비가 오거나 습한 때에 널어서도 안 된다. 한여름에 책을 널지 않으면 좀이 슬기 쉽다.[50] 이런 방법으로 서적을 보관하면 수백 년이라도 보존할 수 있다고 한다.

9 권축제도卷軸制度

권축형식의 서적은 돈황에서 발견된 지권 가운데서 볼 수 있다. 고대 문헌과 목록 가운데서도 한둘 엿볼 수 있다. 현존하는 사본寫本이나 조기의 서적은 대부분이 종이질이며 겸백은 퍽 드물다. 종이는 본래 겸백의 대체품인 까닭에 지권紙卷의 모양과 구조 역시 백권帛卷과 같다. 「지紙」자는 본래 겸백에서 연원하였는 바 「권卷」역시 겸백의 단위이다. 겸백은 탄력성이 많아 말고 펴기는 쉽지만 꺾거나 접는 데는 불편하다. 종이가 서사에 응용된 후로도 권서卷書의 전통이 계속 유지되다가 9세기 중엽에 이르러서야 비로소 꺾어 접는 책면冊面 형태의 서적이 되었다. 돈황의 문물 가운데 211면을 가진 꺾어 접은 책이 1권 있다.(圖25)[51]

고지의 크기는 모두 일정한 표준이 있다. 서기 4세기에서 7세기에 이르기까지의 고지古紙는 모두 넓이가 약 24㎝로 한제漢制의 1척에 해당한다. 돈황에서 발견된 목독木牘 역시 대부분의 길이가 24㎝거나 24.5㎝이다. 따라서 고지의 넓이와 간독의 표준길이는 서로 비슷하며, 한제漢制 「척독尺牘」의 높이는 후인들이 베껴쓰는 종이의 넓이에 지대한 영향을 미쳤다. 고지의 길이는 41㎝에서 48.5㎝에 이르기까지 일정하지 않으며[52] 고제古制의 약 2척과 같다. 이같은 표준길이는 당년當年 순욱이 베껴쓴 죽서竹書의 「2척의 종이」와 맞아떨어진다. 종이를 한 장 한 장 연결하여 나가면 길이는 무한하다. 보통 지권의 펼친 길이는 9m에서 12m에 이르며 가장 긴 것은 32m에 달하는 것까지 있다.[53]

종이와 종이의 연결 부분에는 보통 압봉押縫(여러 장을 철한 문건의 첫장과 다음 장 사이에 도장을 찍는 것)이나 인장을 찍는다. 1권이 1단위이며 1부의 책은 1권이 될 수도 몇 권이 될 수도 있는데 내용의 길이를 봐서 정한다. 종이는 장마다 모두 흑연으로 좁고 긴 칸을 둘렀는데 칸의 넓이는 간독과 비슷하여 1행을 넣기에 꼭 알맞다.(圖23, 24) 매 면의 행수와 매 행의 자수는 일정치 않다. 정대창程大昌의 《연번로演繁露》 권7에 이상은李商隱의 시집을 말하고 있는데 각 면마다 16행이 있고 한 행에 11자라고 하였다. 이는 그저 한 예일 뿐 그밖의 책이 모두 이와같지는 않다.

권의 끝부분은 보통 축에 붙어있다. 축의 종류는 아주 다양하며 색깔 역시 하나가 아니다. 간혹 꼭대기에 조각을 하거나 상감을 넣은 것도 있다. (圖24) 왕희지王羲之 부자가 쓴 권축은 모두 특수하게 안배하여 만들었다고 한다. 산호로 백권帛卷과 짝을 맞추고 황금·대모玳瑁 혹은 자단紫檀으로 지권紙卷과 짝을 지었다.[54] 《수서》〈경적지〉는 황실도서관의 서적은 권축의 색으로 우열을 나눈다고 기록하고 있다. 가장 좋은 책은 붉은 유리축瑠璃軸으로 짝을 짓고, 그 다음은 자색紫色 유리축으로 하고, 다시 그 다음은 채색한 칠축漆軸으로 짝을 맞춘다. 비교적 중요한 서적은 권수卷首에 라羅·견絹·금錦 혹은 종이로 만든 「표褾」를 덧붙여 보호한다. 권축이 책면冊面 형식으로 변한 뒤에 이 표는 책뚜껑으로 변했다. 표 끝에는 끈이 한 가닥 있어서 동여묶는 데 사용했다. 끈의 색은 때로 서적의 성질과 유별을 대표하기도 한다.

일부 권축은 겉면을 다시 「서의書衣」로 싼다. 서의는 갖가지 색의 명주실로 엮은 대발(竹簾)로 「질帙」이라 부른다. 돈황 권축의 서의는 모두 대단히 정교하고 아름다운 비단수가 놓아진 장식이 되어 있다.[55] 형태와 구조로 말하자면 돈황의 서의는 일본 正倉院이 소장하고 있는 서기 742년의 서질書帙과 아주 비슷하다. 각 질이 싸고 있는 권수는 권축의 크기에 따라 정해진다. 대개 한 질에 10권을 쌀 수 있으나 5권·7권·8권, 혹은 12권짜리도 있다.[56] 요컨대 권축형식의 책은 권수에 관계없이 보통 모두 각기 다른 종류와 색의 포백布帛으로 싸서 보호한다.

만약 권축에 적당한 표기를 가하지 않은 채 서가에 방치해둔다면 대단히 찾기 어려울 것이다. 그러므로 책명과 권수를 대부분 꼬리표에 명시하여 권축의 말단에 꽂아 찾기 쉽게 하였다. 꼬리표는 보통 상아로 만든다. 당대唐代 집현원集賢院의 어서御書는 홍紅·녹綠·남藍·백白의 4가지 색으로 경經·사史·자子·집集의 4부를 대표하였다.[57] 현존하는 고대의 한 상아 꼬리표는 길이가 3cm에 넓이는 2cm인데 양면 모두에 책이름과 권수가 새겨져 있다.(圖28 丙) 그 위에 쓰인 글자체를 근거로 할 때 이 상아 꼬리표는 대략 서기 4세기의 것이다.[58]

지권은 보통 한쪽 면에만 글을 쓰지만 간혹 양면 모두 쓴 것도 있다. 경서의 주소注疏는 정문正文의 뒷면에 쓰고 이를 「배서背書」라 한다. 자구의 주석注釋은 윗부분의 여백에 쓰면 이를 「미비眉批」라 하고, 행간에 쓰면 「협주夾注」라 한다. 권의 끝부분은 보통 몇 행을 비워두었다가 발跋을 쓸 때 이용한다. 돈황에서 발견된 지권 가운데는 끝부분에 베껴쓴 사람·교열자校閱者·심사자·장정한 사람과 감독자의 이름이 첨부된 것도 있다. 베껴쓴 날짜와 사용한 종이의 숫자까지 표시한 것도 있다. 《묘법연화경妙法蓮華經》의 한 초록抄錄에는 마지麻紙 19장을 썼다고 밝히고 있다. 또 다른 한 권의 권말에는 자세한 서사의 내역을 적어 보존하고 있다. 『함향咸享2년 10월 10일 경생經生 곽덕郭德이 쓰다. 종이 21장을 사용했으며 장정수裝訂手 해선집解善集이 장정하였다. 초교初校는 곽덕, 재교再校는 서명사西明寺 승려인 법현法顯, 3교는 서명사 승려 보정普定, 상열詳閱은 태원사太原寺…….』 때로는 베껴쓴 공임까지 표시한 것도 있는데 《약사경1권 藥師經一卷》 1조, 《법화경7권法華經七卷》 10조, 《대열반경40권大涅槃經四十卷》 30조 같은 것이다. 당대에 이같이 베껴쓰는 비용은 대개 권마다 1조吊였으니 즉 1천 문文이다.[59]

서적의 권축형식은 9세기 당대 말엽까지 계속되다가 비로소 꺾어접는 형식으로 바뀌어졌다.(圖25) 그후로 중국의 서적형식은 점차 변화하였다. 최초의 꺾어접는 형식을 「경절장經折裝」이라 하고, 이어서 변화된 것이 「선풍장旋風裝」 「호접장蝴蝶裝」과 「포배장包背裝」이며, 끝으로 오늘날에 이르기까지도 사용되고 있는 것이 〈선장線裝〉이다.

---

1) 본서의 영문본은 본래 식물섬유로 만든 종이를 「참종이眞紙」라 했고, 동물섬유로 만든 종이를 「가종이假紙」라 불렀는데, 이는 미국지업공회美國紙業公會가 출판한 종이자전 1951년판 종이Paper의 정의에 의거한 것이다. 그러나 최근엔 광물과 화학합성품을 이용하여 만든 얇은 면 역시 종이라고 한다. 따라서 신판新版 종이 자전의 정의는 이제 식물섬유에 국한되지 않고 일반 섬유가 배수排水 작용을 거쳐 점성粘性으로 만들어진 얇은 면을 지칭하게 되었다. American Paper and Pulp Association 《*Dictioary of Paper*》 3rd. ed.(New York, 1965), B.L. Browning 《*The Analysis of Paper*》(New York, 1969) p.1에 보인다. 그러므로 본서는 새로운 정의에 근거하여 토론하였다.

2) 각가의 주석은 소영휘의 〈혁제고〉《대륙잡지》 제34권 제11기(1967) pp.333-336을 참고

3) 황문필黃文弼 《라포뇨이古記》 p.168, 그림 23, 삽화 25에 보인다. 패교의 종이의

발견과 분석에 관해서는 田野의 〈섬서성 패교에서 발견된 서한의 종이〉《문물참고자료》 1957년 제7기 pp.78-79, 81에 보이는데 이 종이에는 명주섬유가 함유되어 있다고 한다. 그러나 潘吉星은 〈세계에서 가장 빠른 식물섬유 종이〉《문물》 1964년 제11기 pp.48-49에서 분석해보니 그 속에는 황마黃麻가 있었다고 한다. 1965년 고도의 현미경 분석과 식물분류학자들의 감정을 통해 황마가 아니라 대마大麻로 밝혀졌는데 〈돈황석실의 경을 쓴 종이의 연구〉《문물》 1969년 제3기 p.47, 부언附言 〈제지술의 기원에 관하여〉《문물》 1973년 제9기 pp.45-51 및 첨부 그림에 보인다. 그밖의 서한의 종이 발견에 관한 보고는 《문물》 1978년 제1기 pp.1-11, 1979년 제9기 pp.17-21, 1981년 제10기 pp.1-7에 보인다.

4) 종이의 기원에 관해 근래에는 각종의 다른 의견들이 나오고 있는데 주요문제는 채륜 이전에 종이가 있었는지와 패교의 종이가 과연 종이인지에 관해서이다. 이는 「종이」의 정의와 근년들어 출토된 고지古紙의 연대 문제이다. 전자는 「종이」의 글자 해석과 관계되고, 후자는 과학적 방법으로 고지와 그것이 출토된 고분의 연대를 측정하여야 한다. 각가의 논술이 《중국제지》〈紙史專欄〉과 중국제지학회가 펴낸 《紙史硏究》 전간專刊 각집에 보인다.

5) 독일인 Armie Renker 《Papiermacher und Drucker》(Mainz, 1934) p.9와 프랑스 지업공회紙業公會 회장 Henri Alibaux 〈Linvention du Papier〉《Gutenberg Jahrbuck》(1939) p.24 모두 잠사섬유가 제지에 쓰였다는 설에 대해 회의를 품고 있다. 순견섬유로 종이를 만들었다는 것은 대부분이 추측의 말일 뿐 문헌이나 실제적인 증거는 없다.

6) 노간勞幹의 〈중국 제지술의 원시에 대해 논함〉《史語所集刊》 제19본(1948) pp.489-498에 보인다. 진반陳槃은 앞 설에 근거하여 다시 이를 인신引申하였는데 〈由古代漂絮因論造紙〉《중앙연구원원간》 제1집(1954) pp.257-265에 보인다. 본서의 영문 원본 속에는 중설衆說에 근거하여 채륜 이전의 종이는 견직섬유로 만들어졌으며 이를 「가종이假紙」라 하였는데, 이제 패교종이가 견성질이 아니며 그밖에 고지도 표서가 아님이 증명되었으므로 구설舊說을 정정한다.

7) 하연지何延之의 《난정기蘭亭記》는 《知不足齋叢書》 10집 권3에 보인다. 그러나 잠견지蠶繭紙가 겸백을 지칭하는 것이란 말도 진유陳槐의 《負暄野錄》 같은 책 26집 권1 p.4 상에 보인다. 또 장연창張燕昌 《金栗牋說》

8) 《설문해자고림說文解字詁林》, pp.5901-2

9) 이같이 마포麻布로 엮은 발은 현재 미국 위스콘신 Appleton의 종이박물관에 진열되어 있고, 설명은 Dard Hunter 《Papermaking》(1947) pp.83-84에 보인다. 또 하북河北 일대 葦莖으로 만든 염모는 반길성의 〈돈황 석실의 경을 쓴 종이의 연구〉《문물》 1966년 제3기 p.45 주5에 보인다.

10) 《태평어람太平御覽》 권606 인용

11) 능순성凌純聲 〈중국고대의 나무껍질천 문화와 제지술의 발명〉《中央研究院民族

學研究所集刊》제11기(대만 1961) pp.1-49

12) 좌백左伯의 종이에 관해서는 장회권張懷權의 〈서단書斷〉《說郛》 권92; 조기趙
岐,《三輔決錄》권2에 보인다.

13)《북당서초北堂書鈔》권104 인용

14)《진서晉書》권92

15)《태평어람》권605

16)《전진문全晉文》권51

17) 종이의 전파에 관해서는 카터의 《중국 인쇄술의 발명과 서역 전파》(胡志偉
역, 台北 商務, 1965년) 제13장, 요사오姚士鰲(從吾)〈中國造紙術輸入歐洲考〉
《輔仁學志》제1기(1928) pp.1-85, 錢存訓《중국문화 속의 종이와 인쇄술》
Tsien Tsuen-Hsuin, 〈Paper and printing〉, in Joseph Needham 《Science and
Civilisation in China》 vol.V, pt.1 (Cambridge university Press, 1985) pp.
293-360을 참고하라.

18) 內藤虎次郎〈紙의話〉《東洋文化史研究》(1933), pp.92-93

19) 長澤規矩也,《書志學序說》pp.92-93

20) 중국의 종이와 제지법이 인도·巴次大陸에 수입된 시간·지점·노선 문제에
관해서는 季羨林·黃盛璋의 글이 《역사연구》1954년 제4기, 1980년 제1기에
보이니 참고하라.

21) Friedrich Hirth 《China and the Roman Orient》pp.274-275

22) A.F.Rudolph Hoernle 〈Who was the Inventor of Rag-paper?〉《Journal
of Royal Asiatic Society》(1903) p.663. Carter op. cit, p.6. 어째서 제지술이
중국에서 먼저 발명되었는지는 전존훈錢存訓 저, 김중화金仲華 역 〈중국이 발명
한 제지와 인쇄술이 유럽보다 빠른 제요소〉를 참고하라《中國科技史探索》(상해
고적출판사, 1986년), 홍콩 《明報月刊》제20권 제6기 pp.69-72에 보인다.

23) Louis Daniel Le Comte 《Memoirs and Observations》(London, 1697) p.191

24) Jean Baptiste Du Halde 《The General History of China》(London, 1736-
41) Ⅱ pp.417-418

25) Joseph Edkins 〈On the Origin of Paper Making in China〉《Notes and
Queries on China and Japan》I, no. 6(1867) p.68

26)《남방초목상》은 진인晉人 혜함의 작품이 아닌 듯하다. 문정식文廷式의 《보진서
예문지補晉書藝文志》권4, 여가석余嘉錫의 《四庫提要辯證》사부史部 4, 王毓瑚
의 《중국농학서록中國農學書錄》pp.23-24를 참고하라.

27) Friedrich Hirth 《China and the Roman Orient》pp. 247-275

28) Hoernle op. cit. pp.663-664, Carter Op. cit. p.7

29) 전백찬翦伯贊 《中國史綱》(1947) 제2책 p.52; 『일찍이 전국시대에 아테네와
알렉산드리아에는 이집트의 파피루스에 쓴 각종 초본抄本 서적을 파는 서점이

있었다. ……이 파피루스의 출현은 중국에서 종이가 출현한 것보다 4백 년이나
이전이다』Jaroslav Cerny는 《고이집트의 종이와 책 *Paper and Books in
Ancient Egypt*》(London, 1952) p.31에서 중국의 제지술 발명이 이집트 파피루스
의 영향을 받았는지와 그 영향의 정도에 대해 아직 알 수 없다고 하였다.

30) 노간 〈중국 제지술의 원시에 대해 논함〉《史語所集刊》제19본(1948) pp.496-
498. 민풍지民豊紙에 관해서는 《문물》 1960년 제6기 pp.9-12에 보이고 한탄
파지旱灘坡紙는 《문물》 1977년 제1기 p.59-61에 보인다.

31) 이서화李書華 〈제지의 발명과 그 전파〉《대륙잡지》제10권 제1기 (1955) pp.
54-55. 또한 본서 노간勞幹의 후서後序

32) Stein 《*Serindia*》 Ⅱ p.674. Chavannes 《*Les documents chinois*》 nos. 706
-708

33) W.B.Henning 〈The Date of the Sogdian Ancient Letters〉《*Bulletin of
School of Oriental and African Studies*》 XII(1948) pp.601-615

34) August Conrady 《*Die Chinesischen Handschriften und sonstigen Kleinfunde
Sven Hedin in Lou−lan*》(Stockholm, 1920) pp.93, 99, 101; Plates 16:1−
2, 20:1, 22:8

35) B. Schindler 〈Preliminary Account of the Work of Henri Maspero conce-
rning the Chinese Documents on Wood and Paper Discovered by Sir Aurel
Stein on His Third Expedition in Central Asia〉《*Asia Major*》 n.s. I(194
9) p.225

36) 요사오 〈中國造紙術輪入歐洲考〉《보인학지輔仁學志》 제1기(1928) pp.27-29

37) 大谷光瑞《西城考古圖譜》序

38) 황문필 《토로번고고기吐魯番考古記》 p.26; 그림 6−7

39) 반길성 〈신강에서 출토된 고지 연구〉《문물》 1973년 제10기 pp.52-60

40) Stein 《*Ancient Khotan*》 I. pp.135, 271, 426, Chavannes 《*Les documents
chinois*》 nos, 969−971

41) 노간 〈돈황 및 돈황의 신사료〉《대륙잡지》 제1권 제3기(1950) p.7−8. 돈황
권자卷子 및 문물에 관한 종합 서술은 소영휘의 《돈황학개요敦煌學槪要》(대북
1964)에 보인다.

42) Lionel Giles 《*Descriptive Catalogue of the Chinese Manuscripts from Tunh-
uang*》 (London, 1957)

43) Giles 〈Dated Chinese Manuscripts in the Stein Collection〉《*BSOAS*》 Ⅶ
(1933−35) pp.809−810

44) 파리에서 소장하고 있는 것은 伯希知, 陸翔의 〈파리도서관돈황사본서목〉《國立
北平圖書館館刊》 제7권(1933) pp.21-71에 보인다. 또 Pelliot 〈Une bibliot-
heque medievale retrouvee au Kan-sou〉《*BEFEO*》Ⅶ pp.501-529. 소련이

가지고 있는 것에 대해서는 지금까지 세계가 알지 못했으나 최근 일본인 藤枝
晃의 조사에 의하면 현재 1만 점이 레닌그라드에 있으며 그 가운데 2천 권이
Nikolaivich Menshikov가 편찬한 목록에 발표되어 1963년 출판했다고 한다.
Fujieda Arira, 〈The Tunhuang Manuscript : A General Description〉《Z
inbun》 9(1966), pp.1-32; 10(1969), pp.17-39에 자세히 보인다. 왕중민王重民
《敦煌遺書論文集》(중화서국, 1984년)

45) 진원陳垣 《敦煌劫餘錄》 錄 8,679권. 胡鳴盛의 補錄 1,192권. 허국림許國霖의
《敦煌石室寫經題記》 序를 참고하라.

46) Hoernle op. cit. pp.665ff

47) Dard Hunter 《Papermaking》 pp.78−79. 중국의 제지술에 관해서는 반길성潘
吉星을 참고하라.

48) 《천공개물天工開物》 권 속에 〈살청殺青〉이 있다. 전존훈錢存訓 저, 마태래馬泰
來 역의 〈중국 고대의 제지원료〉《중국제지기술사고中國造紙技術史稿》(문물출
판사, 1979년)에 자세히 보인다. 《홍콩 중문대학 중국문화연구소 학보》 제7
권 제1기(1974)

49) Giles 〈Dated Chinese Manuscripts〉 op.cit. p.317

50) 석성한石聲漢의 《제민요술금석齊民要術今釋》 pp.213-214를 참고하라. 종이의
염색 · 가공 · 장정에 관해서는 《문물》 1979년 제11기에 실린 허명기許鳴岐의
글을 참고하라. 〈서광사탑 고경古經 종이의 연구〉는 1978년 소주시蘇洲市 서광
사瑞光寺 탑 안에서 발견된 오대五代 · 북송北宋의 고지와 각경刻經을 소개하고
있다. 종이의 염색 · 시교施膠 · 밀랍을 섞어 광을 내는 법과 접착 등 세밀한
분석을 통해 고증하였다. 고대 문헌 속의 기록에 대해서는 검증과 보충을 하고
오늘날의 연구에 대해서는 고대 종이의 가공공예 기술에 대해 인식하여 양쪽
모두 참고가치가 있다. 연단鉛丹으로 종이의 좀을 방지하는 것에 관한 연구는
주보중周寶中 등의 글이 《문물》 1980년 제2기에 보인다.

51) Giles 《Descriptive Catalogue》 No. 5591.

52) Stein 《Serindia》 II, pp.671, 672, note 3a.

53) Giles 〈Descriptive Catalogue〉 No. 5587. 중국이 소장하고 있는 돈황 지권의
측정에 의하면 진晉 · 6조 시기의 종이의 일반적인 높이는 23−24cm 혹은 26
−27cm이고, 수당 시기의 작은 종이는 높이가 25−26cm, 길이가 40−51cm이며,
큰 종이는 높이가 26−27cm에 길이는 40−43cm이다. 《고고학보》 1956년 제1
기 pp.115-126에 보인다.

54) 장언원張彦遠 《법서요록法書要錄》 권2

55) Stein, op. cit. II p.900

56) 島田翰 《고문구서고古文舊書考》 권1

57) 《대당육전大唐六典》 권6

58) 장정랑張政烺〈王逸集牙籤考證〉《史語所集刊》 제9본(1949) p.243
59) Giles〈Dated Chinese Manuscripts〉op.cit. pp.14-15, nos. 671, 672, 권미卷尾
    의 제지題識가《돈황보장敦煌寶藏》 제1책, 사 984호(대북 신문풍출판공사)에
    보인다. 경을 쓰는 공임은 대정농台静農의 〈담사경생識寫經生〉《대륙잡지》 제1
    권 제9기에 보인다.

第八章 ——— 서사 書寫도구

중국의 「문방사보文房四寶」란 즉 종이·먹·붓·벼루로써 사상을 문자로 나타내는 기본도구이다. 각종 서사도구의 응용과 개선은 중국 서법書法이 독특한 예술형식을 이루는 데 중요한 원인이 되었다. 이 네 가지가 언제부터 하나가 되었는지는 알아볼 도리가 없다. 일설에 의하면 동한 때에 정부 관원은 매월 붓과 먹의 배급이 있었다고 하며, 진대晉代 황태자 책봉시에도 문방사보를 하사하는 일이 많았다고 한다[1] 일부 문구는 제작이 정교하고 장식이 화려하여 학자와 예술가들에게 의욕을 북돋워준다.

진대의 서법가 왕희지王羲之(321~379년)는 일찍이 이렇게 말했다.『대저 종이는 진이며 붓은 창칼이고 먹은 병사이다. 벼루는 성과 성호이며 재주는 장군이다 夫紙者, 陣也, 筆者, 刀預也 ; 墨者, 兵甲也, 水碩者, 城池也 ; 本領者, 將軍也』[2] 중국 서적의 전통형식과 문자의 서사방식은 이러한 도구의 특색에 영향받은 바가 많다.

1 붓의 발전

채륜이 종이를 만들고 몽염이 붓을 만들었다는 것은 유서깊은 전설이다. 채륜의 공헌은 사적史籍 속에 상세히 기록되어 있다. 그리고 근대의 발견 중에는 시대가 비슷하여 대조해볼 수 있는 실물도 있다. 그러나 몽염이 붓을 만들었다는 설은 아직 뚜렷한 증거가 없다. 《사기》〈몽염열전〉에는 몽염이 진秦의 군사를 이끌고 제齊를 쳤으며 북으로 융적戎狄을 몰아내고 장성長城을 쌓았다는 기록뿐 붓에 관해서는 전혀 언급이 없다. 그러나 기원전 221년 진이 천하를 통일한 뒤에 몽염은 그 공으로 내사內史에 임명되었는데 그 직책이 아마 서사와 관계있는 듯하다.

송대宋代 소역간蘇易簡은 『진 때에는 여섯 나라를 병탐하고 전대의 아름다움을 없애버렸다 秦之時並呑六國, 滅前代之美』그리고 각종 발명을 자기의 공으로 돌렸다고[3] 하였다. 도대체 왜 진조秦朝가 공을 훔쳤는지의 여부에 대해서는 알 수 없지만, 서기 3세기 이후부터 학자들은 몽염이 붓을 발명했다는 설에 대부분 회의적이다. 수대隋代의 우형牛亨은 일찍이 이렇게 말하였다.『옛날에 서계가 있었던 이래로 당연히 붓이 있었다. 세상에서 몽염이 붓을 만들었다 함은 무슨 말인가? 自古有書契以來, 便應有筆. 世稱蒙恬造筆, 何也?』[4] 근대의 학자들은 대체로 몽염은 붓을 발명한 사람이 아니라 붓을 개량한 사람일 것이라는 데 동의한다. 초고를 써야 하고 책을 쓰고 공문을 베껴써야 하는 것이 사관의 직책이었으므로 아마도 몽염이 서사도구를 개량하지 않았나 생각된다. 몽염이 붓을 만들었다는 설은 장화張華의 《박물지博物志》에 가장 먼저 보이는데『몽염이 붓을 만들었다 蒙恬造筆』하였다.[5] 그러나「만들다」는 의미가 반드시「발명」을 말하는 건 아니며「제작」을 의미하는 것으로 볼 수도 있다. 만약 이를「제작하다」는 뜻으로 풀이한다면 장화는 그저 몽염이 붓을 제작했었다고 말한 것뿐이다. 진대晋代의 최표崔豹는『몽염이 처음으로 만든 것은, 즉 진의 붓일 따름이다. 마른 나무로 관을 만들고 양털을 달았는데 이른바 창호이다. 토끼털에 대나무 관이 아니다 蒙恬始造即秦筆耳. 以枯木爲管, 羊毫爲被, 所謂蒼毫. 非兔毫竹管也』[6] 하였다. 《설문》에 의하면『율, 쓰는 것이다. 초는 이를 율이라 하고, 오는 이를 불률이라 하며, 연은 이를 불이라 하고 진은 이를 필이라 한다 聿, 所以書也. 楚謂之聿, 吳謂之不律, 燕謂之弗, 秦謂之筆』하였다. 각 명칭은 아마 모두「불률不律」이란 음에서 변화되어 나온 듯하다.[7] 또한 각기 다른 형식이나 재료로 만들어진 같은 물건일 가능성도 있다. 최표의 설도 여기에서 연유하는 것인지 모른다.

몽염이 붓을 발명했다는 설은 증거가 충분치 않을 뿐만 아니라 고대의 문헌 및 문물 가운데 몽염 이전에 붓이 사용되었음을 뚜렷하게 표시하고 있다. 《이아爾雅》〈석기釋器〉에『불율을 붓이라 한다 不律謂之筆』《예기禮記》〈곡례曲禮〉에『사관은 붓으로 기록하고 선비는 말로써 일을 처리한다 史載筆, 士載言』하였다. 《전국책戰國策》〈제책齊策〉에 제후齊后가 죽음에 임하여 자신의 아들에게『붓과 독을 가져다 말을 적도록 取筆牘受言』하였다는 기록이 있다. 근년들어 발견된 고대문물은 대나무나 비단 위의 문자가 붓으로 씌어졌음을 증명할 뿐만 아니라 죽관竹管이나 나뭇가지로 만들어진 붓의 실물이 출토된 것 또한 적지않다.

학자들은 붓의 응용이 상주商周시대 이전인 것으로 여기고 있다. 상주

금문의 관지款識는 확실히 붓을 사용한 결과이기 때문이다.[8] 상대의 복사卜辭는 먼저 붓으로 쓰고 나서 갑골에 새겼다는 사실을 봐서도 알 수 있다. 기원전 1400~1200년 사이의 몇 편의 우골牛骨에는 붓과 먹물로 쓴 아직 새기지 않은 글자가 있는 것도 있다.[9] 상대의 갑골문과 금문 가운데 붓을 나타내는 尺、ŋ(聿)자(表1, 5f)는 오른손으로 먹물이 듬뿍 묻은 붓이나 털이 갈라진 붓을 잡고 있음을 뚜렷하게 보여준다.[10]

일부 고고학자들은 붓의 역사를 선사시기까지 소급하기도 한다. 하남河南 앙소仰韶와 서안西安 반파半坡 등지의 신석기시대 유적지에서 발견된 채도彩陶의 무늬와 부호가 모두 붓으로 그려졌기 때문이다.[11] 그 당시의 붓이 그후 사용하게 된 붓처럼 반드시 토끼털과 죽관竹管으로 만들어진 것은 아니지만 동물의 털을 어떤 관에 묶어 먹물이나 기타 색소의 액체로 그리거나 쓴 것은 확실하다. 그러므로 붓으로 쓰는 전통은 현재로서는 확실치 않은 상고시대부터 이미 시작되었음에 틀림없다.

2 붓의 형식

붓은 세 부분으로 구분되는데, 즉 필관筆管·필두筆頭·필투筆套이다. 필관은 보통 죽관竹管으로 만들지만 간혹 나뭇가지를 쓴 것도 있다. 필두는 보통 토끼털·사슴털 혹은 양털을 쓴다. 끝을 명주실이나 삼끈으로 묶어 유지油脂를 발라 단단하게 만든 다음에 필관에 끼워넣는다. 붓의 털을 보호하기 위해 겉에 필투를 다시 씌운다. 붓의 전체 길이는 고제古制인 1척에 대략 부합된다. 채옹의 〈필부筆賦〉는『문죽을 잘라 대롱을 만들고 칠을 먹여 실로 잡아매었네 削文竹以爲管, 加漆絲之纏束』라 하였다. 《논형論衡》〈효력편效力篇〉에는『지혜가 가슴에 가득한 사람은 왕궁에서 세 촌의 혀와 일 척의 붓으로 일을 처리한다 智能滿胸之人, 宜在王闕, 須三寸之舌, 一尺之筆』고 하였다. 한제漢制의 1척은 약 23cm에 해당하는데 고대문헌 속에 기록된 붓의 길이는 근대에 발견된 실물과 거의 부합된다.

1954년 장사長沙 고분에서 발견된 전국시대의 붓이 현존하는 최고의 붓이다. 이 붓은 전체의 길이가 21㎝이며 필투를 끼면 23.5㎝이다. 필관과 필투 모두 대나무로 만들었으며 필두는 토끼털로 전해진다.(圖26 甲) 1975년 호북湖北 운몽雲夢 수호지睡虎地의 진묘秦墓에서 3자루의 붓이 출토되었는데 길이가 21.5㎝에 직경이 0.5㎝로 대막대기는 위쪽이 뾰족하고 아래쪽은 굵다. 필투가 있고 중간과 양옆에 구멍을 새겼는데 붓을 꽂는데 썼다. 같은 해, 호북 강릉江陵 봉황산鳳凰山 서한묘에서 죽관으로 된 붓이 한 자루 발견되었는데 길이가 24.9㎝이며 모양과 구조는 진秦의 붓과 비슷하다.[12]

1932년 거연居延 부근의 홍성자紅城子에서 한漢의 붓이 발견되었는데, 4조각의 나무편을 삼끈으로 두 번 묶어 필관을 만들었다. 그러므로 필두를 필관 안에 집어넣을 수 있고, 필요시에는 바꿀 수도 있어서 마치 현대의 만년필과 펜촉 같았다. 이 붓은 필두 부분까지의 길이가 23.2㎝(圖26 乙) 이다. 1972년 감숙甘肅 무위武威 마저자磨咀子의 동한묘에서 출토된 붓은 길이가 21.9㎝에 직경이 0.6㎝이며 필두의 길이는 1.6㎝인데 겉에는 갈색의 이리털이고 속과 끝은 검은색인데 뿌리 부분에 먹의 흔적이 남아있다. 필간筆杆은 대로 만들었는데 고르고 반듯하며 속이 비었고 갈색이다. 필간의 앞 끝에는 명주실에 붉은 칠을 하여 묶었는데 넓이가 0.8㎝이다. 필간은 끝을 뾰족하게 깎았고 중간에 음각陰刻으로 「백마작白馬作」이라는 3자를 새겨 한대 붓의 종합적인 모양과 구조를 보여주고 있다. 백마란 민간의 붓 제조공의 이름으로 여겨진다.[13]

이같은 초기 붓의 발견은 고대 붓의 크기·형식·재료 등에 관해 상당한 인식을 갖게 해준다. 그것들은 현대의 붓과 그다지 큰 차이는 없다. 필두는 토끼털·사슴털·이리털이나 양털 등을 사용했는데 강유剛柔가 조화되어 서사에 적합하였다. 진晋의 왕은王隱은 〈필명筆銘〉에서 『어찌하여 붓을 만들 때는 반드시 토끼털로 하는가? 부드럽고 날카로우며 잘 빠지지 않는 것 또한 사슴털이 있다네 豈其作筆, 必兔之毫, 調利難禿, 亦有鹿毛』[14] 하였다. 최표는 몽염의 붓이 『사슴의 털을 기둥으로 삼고 양털을 둘렀다 鹿毛爲柱, 羊毫爲被』고 하였다. 일반적으로 몽염은 가장 먼저 나뭇가지로 대를 대신하여 필관을 만들고 사슴털과 양털로 토끼털을 대신하여 붓을 만든 사람으로 간주되고 있다.

붓에서 필두의 크기는 용도에 따라 정해진다. 장사에서 출토된 것은 길이가 2.5㎝였다. 거연에서 출토된 것은 1.4㎝였는데 붓끝이 이미 전부 닳아 있었다. 그외에 거연과 조선에서도 털로 만든 필두가 약간 발견되었다. 조선의 낙랑樂浪 왕광묘王光墓에서 발견된 필두는 길이가 2.9㎝였으며 끝에 끈이 묶여있었다.[15] 붓을 묶는 끈은 붓의 털을 가지런히 하여 쓰기에 좋도록 하는 데 사용하며 보통 검은색의 칠漆을 발라 필관에 붙인다. 부현 傅玄은 〈필부筆賦〉에서 필두는 반드시 『흰 수삼 끈으로 묶고 칠을 들여야 한다』고 했다. 이것이 붓을 만드는 전통적인 방법으로 지금까지도 이어지고 있다.

많은 학자들이 붓은 상당히 진보된 서사도구이며 그 이전에 대나무나 나무꼬챙이와 같이 보다 원시적인 서사도구가 틀림없이 있었을 것으로 여기고 있다.[16] 송인宋人 조희곡趙希鵠은 『상고시대에는 대꼬챙이에 칠을 찍어 썼다 上古以竹梃点漆而』[17]고 하였다. 그러나 이 설에는 확실한 증거가 없다. 오히려 그와는 반대로 현재 발견된 문자들은 간독簡牘 위에 쓴 것이든 혹은 그밖의 다른 기물 위에 쓴 것이든 모두 붓으로 썼거나 아니면 붓으로 먼저 견본을 쓴 뒤에 조각하여 만들었다.

스테인은 1900년에서 1901년 사이에 화기 부근의 니아尼雅 옛 유적지에서 3세기 이후의 것인 듯한 갈대 붓과 나무 붓을 발견하였다. 나무 붓은 가는 나뭇가지로 만들어졌는데 끝을 뾰족하게 깎았고 심지어는 뾰족한 끝부분이 갈라진 것도 일부 있었다.[18] 이 나무 붓의 길이는 15㎝에서 23.5㎝까지 일정치 않았고 어떤 것은 다른 한끝에 소뿔로 만든 자루가 달린 것도 있다. 매끄러운 원추체圓錐體가 붙어있는데 아마 숫돌용으로 쓰인 듯하다. 백거이白居易는 『기에서는…… 나무로 붓을 만들었다 於闐 …… 以木爲筆』[19] 했다. 붓이 중국에서 유행했던 같은 시기에 일부 특수지역에서는 아마 나무꼬챙이로도 글씨를 쓴 듯하다.

3 검은 먹과 붉은 글씨

붓으로 글씨를 쓸 때는 반드시 액체염료를 사용해야 한다. 그러므로 중국의 문헌 속에는 「필묵筆墨」 2자를 연용하여 서사도구로 표시한 것이 흔히 보인다. 중국인이 먹을 만든 시기에 대해서는 자세히 알 수 없다. 다만 전하는 말에 의하면 한대漢代의 대서법가大書法家이자 먹 제조자인 위탄韋誕이 발명했다고 한다. 많은 학자들이 위탄 이전에도 사람들은 대꼬챙이나 나무막대기로 칠漆을 찍어 간독에 썼을 것이라고 여기고 있다.[20] 3세기를 전후하여 먹이 사용되기 시작했다는 이 무단적인 설은 결코 정확하지 않다. 기록과도 부합되지 않고 근대에 발견된 실물과는 더욱더 상반된다. 위탄은 문헌에 기록된 최초의 먹 제조자 가운데 한 사람이다. 글씨를 잘 쓰기 위해 그는 자신이 만든 먹을 쓰고 임금이 하사한 먹의 사용을 거부하였다. 남제南齊의 소자량蕭子良은 위탄의 먹을 칭찬하여 『중장의 먹은 한 점의 칠과 같다 仲將之墨, 一點如漆』[21]고 하였다. 이에 앞서 《후한서》〈등황후전鄧皇后傳〉에는 화제和帝시에 각국이 모두 종이와 먹을 공물로 바쳤다는 기록이 있다. 그리고 나라에 경사스런 의식이 있을 때는 황제가 황태자·대신·학자 들에게 먹을 내려 은총을 베풀었다.[22] 사실상 한대 이전에 먹은 이미 보편적으로 사용되었다. 맹자는 『훌륭한 장인은 보잘것없는 솜씨로 먹줄을 바꾸지 않는다 大匠不爲拙工改繩墨』고 하였다. 그 당시에 먹이 이미 서사에 쓰인 듯하다. 《장자莊子》〈전자방편田子方篇〉에 『송나라의 원군元君이 그림을 그리게 하자 많은 화공들이 모두 모였다. 그들은 명령을 받자 절하고 일어나 곧 붓을 핥고 먹을 갈았다 宋元君將畵圖, 衆史皆至, 受揖而立, 舐筆和墨』하였다. 《한시외전韓詩外傳》 권7에 진국晋國의 주사周舍가 조륜자趙侖子에게 한 말이 있다. 『원하옵건대 직언하는 신하가 되어 필묵과 간독을 잡고 임금의 잘못을 좇아 날로 기록하고자 합니다 願爲諤諤之臣, 墨筆操牘, 從君之過, 而日有記也』 《관자管子》〈패형편霸形篇〉에 제환공齊桓公이 『백관과 유사로 하여금 방方(글을 쓸 수 있는 版牘)을 깎고 먹과 붓을 준비한다. 令百官有司, 削方墨筆』고 하였다.

먹이 서주시대에 존재했었는지의 문제에 대해서는 문헌에 기록이 없다. 그러나 상대의 갑골복사 가운데서 우리는 그때 이미 모종의 붉은색과 검은색의 먹이 쓰였음을 알 수 있다.[23] 상대의 도편陶片 하나에는 검은색의 먹으로 「사祀」자가 쓰여 있었다.[24] 갑골에 씌어진 검은색과 붉은색의 계문契文은 화학분석을 통해 검은색은 검은 먹과 비슷한 탄소화합물이고 붉은색은 단사丹砂임이 판정되었다.[25]

옛날에는 붉은색이 서사에 흔히 사용되었는데 특히 중요한 공문에 쓰였다.《대대례기大戴禮記》〈무왕천작武王踐阼〉에, 무왕이 즉위한 뒤 옛 현왕賢王의 다스림을 묻자 여상呂尙이 『단서에 있다 在丹書』고 답한 기록이 있다.《월절서越絶書》에 월왕 구천勾踐이 「단서丹書」를 치국治國의 도로써 국보國寶로 여겼다는 기록이 있다.《좌전》 양공襄公23년(기원전 550년)에 범선자范宣子에게 비표斐豹라는 이름의 노예가 있었는데 단서로 죄를 계契에 적었다고 하였다. 1965년 산서山西 후마侯馬에서 출토된 옥석간玉石簡은 모두 붉은 글씨인데 전국 초기의 유물이다.

장사에서 출토된 증서繒書를 보면 비록 옛날에는 붉은색과 검은색이 보통으로 쓰였으나 그밖의 색소도 서사나 회화에 사용되었다. 붉은색은 보통 진사辰砂와 은주銀朱로 만들어진다. 진사는 자연산물로 「단사丹砂」 혹은 「주사朱砂」라고 불리운다. 옛날에는 방사方士들이 연단煉丹으로 불로장생을 꾀하였다. 은주는 진사를 부수어 물을 더한 뒤에 제련하여 만든다. 때로는 유화제2수은으로 붉은 먹을 만들기도 한다.

4 연묵煙墨

그을음으로 검은 먹을 만든 기원은 퍽 이르다. 그을음은 불을 피울 때의 부산물이기 때문이다. 기름의 그을음은 보다 우수하여 오동나무기름·석유 혹은 옻나무 등의 나무나 기름류를 태워서 얻는다. 그 중에 오동기름으로 먹을 만드는 방법은 상당히 후기의 일이다. 당대唐代의 이정규李廷珪는 오동기름만을 사용하여 먹을 만들었다.[26] 그보다 이전에는 이 방법으로 먹을 만든 사람이 거의 없는 듯하다. 송宋나라 사람 심괄沈括은 천연석유를 써서 먹을 만들었다고 하는데 이 먹은 청솔(靑松) 그을음으로 만든 것보다 더 새카맣다고 한다.[27]

청송목靑松木은 연묵을 만드는 가장 일반적인 재료이며 소나무의 그을음은 오늘날에 이르기까지 검은 먹을 만드는 가장 우수한 재료이다. 우리는 서기 2세기 이전에 청송목이 이미 먹을 만드는 재료로 사용된 것을 인정할 수 있다. 조식曹植의 〈장가행長歌行〉에 『먹은 청송의 그을음이다 墨爲靑松之煙』하였으니 청송을 태운 그을음으로 먹을 만든 것이라 여겨진다. 고대에 소나무로 먹을 만드는 방법에 대해 청나라 사람 강소서姜紹書의 설에 의하면 송진이나 솔가지를 태워서 얻는다고 한다.[28] 가사협의 《제민요술齊民要術》 권9에 합묵법合墨法이 있으나 그 원료에 대해서는 확실하게 밝히지 않았다. 그 방법은 아래와 같다.

　　좋은 그을음을 빻아서 가는 비단으로 친다. 옹기 안에서 거친 것을 버리면 가는 먼지나 티끌과 같다. 이것은 지극히 경미하여 밖에서 치면 쉽게 날아가 버리니 신중하게 하지 않을 수 없다. 묵국 한 근에 좋은 아교 5냥을 물푸레나무 껍질의 즙 속에 담근다. 물푸레나무는 강남 반계나무의 껍질이다. 그 껍질이 물에 들어가면 녹색이 되나 아교가 풀어지면 다시 검은색이 더해진다. 계란의 노른자를 뺀 흰자를 다섯 알 넣는다. 또 주사 한 냥, 사향 한 냥을 따로 잘게 부수어 함께 합친다. 반죽은 차라리 빡빡할지라도 질게는 하지 말고, 쇠절구 속에 넣어 3만 번을 찧는데 많이 찧을수록 좋다. 먹을 합하는 것은 2월과 9월을 넘겨서는 안 된다. 따뜻하면 부패되어 냄새가 나고 차가우면 건조하기 어렵다. 뜯을 때 바람을 쏘이면 저절로 풀어져 가루가 된다. 무게는 두세 냥을 넘지 않게 한다. 먹의 요결은 여기에 있으니 차라리 작게 할지언정 크게는 하지 마라.[29]

　　일반적으로 위탄을 이 방법의 창시자로 간주한다. 여기에 비록 그의 이름을 언급하지는 않았으나 같은 책의 앞절에 있는 붓을 만드는 방법 속에는 위탄의 「필법筆法」을 언급하고 있다. 《태평어람》 속에도 같은 방법의 먹 제조법을 인용하고 있는데 위탄이 만든 것이라고 하였다. 이로써 서기 2세기 무렵에 이 방법이 수년간의 시험을 거친 것을 알 수 있다. 그러다 서기 5세기말에 이르러 이 방법이 채용되었다. 후세의 먹 제조방법은 이 방법을 그대로 답습했거나 아니면 그 방법을 조금 개량했을 따름이다.

　　교질膠質 역시 먹을 만드는 데 중요한 성분이다. 그것은 탄소분자와 결합하여 먹이 오래도록 종이에 붙어있게 해준다. 교질은 보통 녹각鹿角·소가죽·물고기 껍질 혹은 못 쓰게 된 피혁으로 만든다. 그 방법은 우선 원료를 물에 담가 부드럽게 만든 후에 다시 물에 넣고 푹 삶은 다음 얇은 비단으로 거른다. 먹을 만드는 데 쓰이는 교질과 기름 그을음의 분량에 대하여 먹 제조자들의 대부분이 비밀로 하였다. 비교적 후기의 문헌에는 그을음과 교질의 분량이 같다고 하나 사실상 각자가 쓰는 분량은 결코 일치하지 않았다.[30] 먹의 농도를 높이기 위해 진사辰砂 같은 것을 따로 더 넣어야 한다. 부패를 방지하고 광택과 지구성을 높이기 위해 또 물푸레 나무 껍질·석류 껍질·담반 등을 넣어야 하며, 때로는 사향麝香·장뇌樟 腦 혹은 박하薄荷 등의 향료를 넣어 동물 교질의 악취를 제거하기도 한 다.

한대 이전의 먹의 형태에 대해서 우리는 확실히 알 수 없다. 다만《장 자》에『붓을 핥고 먹을 간다』는 말이 있는 것으로 아주 일찍부터 고체형 태일 것으로 생각한다. 그리고 최근의 실물발견이 이를 증명하고 있다. 1975년 호북湖北 운몽雲夢 수호지睡虎地의 전국시대 진묘秦墓에서 발견된 먹은 원주형으로 먹의 색깔은 순수한 검은색이었는데 원의 직경이 2.1㎝에 남아있는 높이가 1.2㎝였다. 1965년 하남 섬현陝縣 유가거劉家渠의 동한묘 에서 먹 3매가 발견되었는데 역시 원주형이고 손으로 빚어서 만들었다. 1958년 남경南京 노호산老虎山에서 진쯤의 먹이 1매 발견되었는데 6× 2.5㎝이었으며 화학실험에 의하면 그 성분이 현대의 먹과 비슷하다고 한 다. 이러한 실물의 발견은 고대 먹의 형태와 원료를 이해하는 데 도움을 준다.[31]

한진漢쯤시대에는 「환丸」과 「매枚」로 먹의 단위를 삼았다. 한대 문헌에 는 대신에게『매월 유미 큰 먹 1매와 작은 먹 1매를 하사했다 月賜渝糜大 墨一枚, 小墨一枚』는 기록이 있다. 진대쯤代의 장창張敞은『황태자를 처음 배수받을 때 향먹 4환을 주었다 皇太子初拜, 給香墨四丸』[32]고 하였다. 오늘 날에는 「매」와 「환」이 도대체 어떤 모양인지 아무도 아는 사람이 없다. 「환」은 아마도 원주형의 먹을 가리키는 단위인 듯하다. 1953년 하북 망도 望都의 한묘漢墓에서 벽화가 한 폭 발견되었다. 그림에는 한 주기사主記史 가 두 손을 맞잡아 가슴까지 올리고는 단정히 앉아있는데 앞쪽에 둥근

벼루가 하나 있고 그 위에 원주형의 물체가 하나 있으며 오른쪽에는 연적
이 하나 있다.(圖27) 이 원주형이 아마도 먹의 「환」의 형태인 듯하다.
1973년 산서 혼원渾源 필촌畢村의 서한묘에서 벼루와 먹환이 동시에 출토
되었다. 먹은 반원주체半圓柱體로 벼루와 같이 나무상자 안에 들어있었는
데 이로써 망도望都 벽화 속의 원주형 물체는 실물로 증거가 제공되었
다.[33]

스테인은 제1차 탐사중에 화기의 Endere 폐허에서 원주형의 중국 먹을
하나 발견했는데 끝에 구멍이 있어 끈으로 묶을 수 있다. 이 먹은 길이가
2.3cm에 직경은 약 1cm이다. 또 다른 탐사에서 그는 각기둥형의 먹을 하나
발견했는데 대략 당대唐代의 유물이다.[34] 한대에서 당에 이르기까지 먹은
대부분 원형이거나 납작한 형태였던 듯하다. 그후 먹의 형태는 다양해져서
서화書畫로 장식을 하기도 하고, 금은으로 무늬를 넣거나 색채를 넣어
미관을 꾀하기도 하였다.

5 칠서漆書와 석묵石墨

많은 해외 학자들이 모두 중국 먹의 역사를 칠漆·석묵石墨·연묵烟墨
의 순서대로 변천했다고 여기고 있다. 그들은 이같이 자연을 먼저하고
후에 인공적으로 발전해나가는 것이 당연한 이치라고 생각한다. 셔번은
중국문자의 서사는 칠이 먼저이고 먹으로 쓴 것은 보다 후기라고 간주한
다. 로퍼는 그 설을 확대하여 한대의 먹은 광물로 만들었고 서기 3세기
이후에야 비로소 식물로써 먹을 만들었다고 한다. 카터 역시 상고에는
칠로 글씨를 썼고 진짜 먹은 위탄이 발명한 것으로 여긴다.[35]

이들 저명한 한학자들의 견해는 의심할 여지없이 모두 중국 문헌의
기록에 영향을 받은 것이다. 송인宋人 조희곡趙希鵠은 『상고에는 대꼬챙이
에 칠을 찍어서 썼다. 중고에는 묵석이 있어 숫돌로 갈아서 썼다. 위진
사이에 이르러 비로소 묵환이 있었는데 칠의 그을음과 솔의 그을음으로
이를 만들었다 上古以竹梃點漆而書. 中古有墨石, 可磨石以書. 至魏晋間始有
墨丸, 以漆煙和松煤爲之』[36]고 하였다. 이 이론의 기초가 어디에 있는지는

알 수 없다. 그러나 후대의 많은 학자들은 모두 「칠을 찍어서 썼다」는 설을 계승하였다. 원인元人 오구연吾丘衍은《학고편學古編》에서『상고에는 붓과 먹이 없었으므로 대꼬챙이에 칠을 찍어 대나무에다 썼다 上古無筆墨, 以竹梃點漆書竹上』고 하였다. 원인元人 도종의陶宗儀와 청인清人 강소서姜紹書도 중국 먹의 발전과정은 칠·석묵·연묵의 순서로 변화했다고 한다.[37]

칠이 서사에 쓰였는지의 여부에 관해서 우리는 확정할 수 없다. 고고학상으로도 칠서漆書의 뚜렷한 증거를 찾을 수 없다. 도리어 이와는 반대로 역대로 발견된 각종의 고문자는 갑골문이나 간독, 혹은 백서帛書를 불문하고 모두 묵서墨書이거나 단서丹書이다. 고대문헌 가운데 비록 칠서漆書의 기록이 있기는 하나 모두 서기 5세기 이후의 작품이다. 범엽范曄의《후한서》〈두림전杜林傳〉에 두림이 서주西州에서 「칠서」인《고문상서古文尙書》1권을 얻었다는 기록이 있다. 같은 책 〈유림열전儒林列傳〉에도『사사로이 금화를 써서 난대의 칠서로 된 경전의 글자를 정하여 그의 사문과 합하게 하였다 有私行金貨, 定蘭台漆書經字, 以合其私文』는 기록이 보인다.《진서晋書》〈속석전束晳傳〉에 서기 280년 불준不準이 위양왕魏襄王의 무덤을 도굴할 때 발견한 간의 묶음은『칠서이며 모두 과두문자』라고 하였다 그러나 순욱은 그 간의 묶음이『묵서로 되어 있다 以墨書』고 하였다.[38] 순욱은 그같은 물건을 직접 보았으며 또 황실도서관의 목록편찬인이니 진서보다 믿을 만하다. 그밖에《설문》에『먹은 글씨를 쓰는 것이다 墨, 以書寫也』하였다. 그러나 「칠漆」자에는 서사의 일에 대한 언급이 없다.

칠서에 관한 모든 설과 증거는 믿을 게 못 되며 많은 근대학자들이 칠이 근본적으로 서사에 쓰이지 않았다고 여기고 있다. 왕국유王國維는 「칠서」는 단지 그 색이 까맣기 때문에 칠과 같을 뿐이라고 간주한다. 마형馬衡은 동한 때에는 이미 인공으로 만든 먹이 충분히 보급되었으므로 자연생산되는 칠이 여전히 서사에 쓰이는 건 불가능하다고 여긴다.[39] 그밖의 일부 학자들도 먹이 칠보다 서사에 편리했을 것으로 생각한다. 칠을 배합하면 껄끄럽고 뻑뻑하여 글씨를 쓰기가 힘들고 죽목竹木 위에 쓰고 나서도 빨리 말리기가 어렵다. 겸백과 종이의 발명 뒤로는 붓이 가장 적합한 서사도구가 되었다. 그런데 붓에 칠을 묻혀 쓴다는 것은 사실상 불가능한 일이다.

칠을 서사에 썼다면 두 가지의 가능성이 있다.

① 칠은 자연산물로 옻나무의 즙액으로부터 쉽게 얻을 수 있다. 만약 기타 액체의 먹과 같았다면 아마도 이따금 서사에 쓰였을 것이다. 그러나 결코 연묵과 비교할 정도는 아니며 또한 중국 먹의 원시형태도 아니다.

② 「칠서」의 의미는 아마도 옻나무 즙액을 태워서 얻은 그을음을 가리키는 것으로 13세기 이후의 많은 학자들이 말한 바와 같다. 조희곡과 도종의는 『위진 사이에 비로소 묵환이 있었는데 칠의 그을음과 솔의 그을음으로 만들었다』고 말한 바 있다. 어떤 옛날 기록은 말린 칠이 먹을 만드는 데 쓰이는 한 원료이며 광택을 높인다고 한다.[40] 요컨대 칠이 만약 서사에 쓰였다면 그는 부차적인 용품이었을 것이다. 그리고 아울러 칠서가 연묵보다 먼저 쓰였다는 그 어떤 실물의 증명도 없다.

먹은 광물로도 만들 수 있다. 많은 기록이, 특히 진대晋代의 저작들이 「석묵」의 사용에 대해 언급하고 있다. 일반적으로 석묵石墨은 현재의 광동·호북·하남·강서 등지의 산에서 발견되는 검은색의 광물과 관계가 있다. 진인晋人 고미顧微의 《광주기廣州記》에 『회북군에서 땅을 파다 석묵을 무척 많이 얻었는데 아주 훌륭하여 글씨를 쓸 만하다 懷北郡掘塹, 得石墨甚多, 精好可寫書』고 하였다. 성홍지盛弘之의 《형주기荊州記》에 『축양현에 묵산이 있는데 산의 돌이 모두 먹이다 築陽縣有墨山, 山石悉爲墨』[41]고 하였다. 역도원酈道元도 신안新安과 鄴(지금의 하남성) 모두 석묵이 나는데 서사에 쓸 수 있다고 하였다.[42] 그밖에 《격치경원格致鏡原》 역시 강서江西 여산廬山에 석묵광石墨礦이 있다고 기록되어 있다. 근대의 학자들은 이른바 「석묵」을 석탄이나 흑연 혹은 석유라고 생각한다[43] 석탄은 벼루에서 갈아 먹으로 쓸 수 없다. 앞에서 언급하고 있는 석묵이란 대저 오늘날 연필을 만드는 데 쓰는 흑연을 가리키는 듯하다. 오늘날 중국의 흑연산지는 고적의 기록과 모두 극히 부합된다.

6 벼루의 재료와 형식

중국의 먹은 아주 옛날부터 고체였으므로 벼루에다 물을 넣고 갈아야만
서사에 쓰는 먹물을 얻을 수 있었다. 벼루가 도대체 언제부터 쓰이기 시작
했는지는 알 수 없으나 은대殷代에 먹과 붉은 색소를 사용한 것으로 보아
그때 먹물을 섞어쓰는 기구가 이미 있었던 것 같다. 현재 벼루에 관한
문헌 기록은 서기 1세기보다 빠른 것이 없다.[44] 한대 이전의 벼루로 지금
까지 전해지는 것은 없다. 일부 학자들은 상고에도 벼루는 있었으나 증거
가 불충분할 뿐이라는 억측을 하기도 한다. 최초의 문헌자료는 서기 100
년을 전후하여 편찬된 《설문》인데 허신許愼은 『벼루는 돌의 매끄러운
것이다 硯, 石滑也』고 하였다. 서기 200년을 전후한 유희劉熙의 《석명釋
名》은 『벼루는 가는 것이다. 먹을 갈아 섞여 배어들게 한다. 硯, 研也,
研墨使和濡也』고 하였다. 이것으로 보아 한대에는 이미 돌로 만든 벼루로
먹을 갈아 썼음을 알 수 있다. 1980년 섬서 부풍현扶風縣의 서한무제시대
의 무덤에서 사석砂石으로 만들어진 원형圓形의 돌벼루가 발견되었는데
두께가 4.7cm에 직경이 23cm이다. 벼루의 면이 거울같이 매끄러웠으며
먹의 흔적이 있었다. 동시에 출토된 연석研石은 둥근 빵 모양이며 두록석
豆綠石이 원료인데 벼루 위에 놓여있었다. 이들은 아마 무덤 주인이 생전
에 쓰던 문방구인 듯하다. 또 호북 강릉 장가산張家山의 한묘에서도 벼루
두 점이 출토되었는데 연묵석研墨石이 끼어있었으며 모두 천연의 아란석
鵝卵石을 가공하여 만들었다. 강소 동산현銅山縣의 서한묘 속에서 장방형
의 청석질靑石質의 검푸른색 벼루가 발견되었는데 길이가 10cm, 넓이가
4.5cm, 두께가 0.4cm이며 벼루에는 먹의 기름기가 아직 남아있었다. 그밖에
1978년 산동 임기臨沂 금작산金雀山의 한묘 속의 칠기상자 안에 든 벼루
한 점은 그 모양과 구조가 유난히 정교하고 아름답다.[45]

　벼루의 선택은 특별한 예술이다. 벼루를 만드는 사람이나 사용하는 사람
모두가 벼루의 재질·색과 광택·소리·결 등에 무척 신경을 쓴다. 좋은
벼루는 먹이 쉽게 갈리고, 거친 것은 먹을 쉽게 흡수한다. 벼루의 형태는
장방형이거나 원형이며 끝에 물의 홈이 있고 가운데는 먹을 가는 타원형
의 못(池)이 있다. 그리고 목제나 칠로 장식한 벼루갑이 따로 있으며 조각
장식과 설계가 때로는 극히 정교하다.

돌 외에 벽돌·기와 등도 흔히 벼루를 만드는 데 쓰였다. 조조曹操가 만든 동작대銅雀台 폐허의 벽돌은 먹을 흡수하지 않기 때문에 특별히 진귀하다. 고궁박물원故宮博物院에는 그런 벽돌로 만든 장방형의 검은 벼루가 한 점 소장되어 있다.[46] 전에 하북제1박물관河北第一博物舘도 역시 한궁와漢宮瓦로 만든 둥근 벼루를 소장하고 있었는데 벼루에 명문銘文이 있다.[47] 그러나 이 둘 모두 한대에 쓰였던 벼루는 아니다. 한대의 벼루가 근년들어 광동·안휘安徽·하남·섬서·강소·호북·산동·산서 등지에서 간간이 출토되고 있는데 대부분 짐승이나 꽃무늬, 그리고 이따금 산수山水 등으로 장식하고 있으며 특히 뱀·개구리·거북이 등 수중동물로 제재를 삼은 것이 많다.[48]

1934년 조선에서 발견된 한묘 속에서 완전한 벼루 한 점을 얻었는데 벼루갑도 있으며 대략 서기 2,3세기의 물건이다. 벼루는 장방형의 석판石板이며 아울러 반원주형으로 된 추 모양의 목질연구木質研具도 있다. 이 두 물건은 검은색의 옻나무판 위에 놓여있었다. 벼루갑에는 서랍이 하나 있었는데 6개의 칸으로 나누어져 있으며 큰 것도 있고 작은 것도 있는데 먹물을 담아두는 데 썼다. 벼루갑의 면에는 두 쌍의 구리관管이 있어서 붓을 놓는 데 쓰였다. 이 벼루와 벼루갑 외에도 조선의 낙랑과 중국 동북의 일부 고분 가운데서도 벼루와 자질구레한 연구研具들이 발견된 바 있다.[49]

일부 벼루는 옥玉·돌·수정水晶·도자陶瓷·은·철·동·조개껍질 등과 같은 특수한 물질로 만들기도 했고 심지어는 대·나무 등으로 만들기도 했다. 《서경잡기西京雜記》 권1에 황실에서는 『옥으로 벼루를 만들어 그 얼지 않음을 취하였다 以玉爲硯, 亦取其不氷』고 하였다. 수정벼루는 먹을 가는 데 쓰이지 않고 먹물을 담는 데만 사용되었다. 기록에 의하면 화기에서 진대晋代의 철벼루가 발견된 바 있다고 한다.[50]

1955년 광주廣州에서 한대 도기벼루가 출토되었는데 원형에 다리가 셋 있고 높은 뚜껑이 있다.[51] 이같은 세 발의 벼루는 한대에 가장 유행했던 양식인 듯한데 망도望都 벽화로부터 그 증거를 찾을 수 있다. 번흠繁欽의 〈연송硯頌〉에 『하나라 정의 세 발을 취하고 신수가 서로 도움을 본떴네 鈞三趾於夏鼎, 象辰宿之相扶』하였다. 송宋의 소역간蘇易簡은 옛날의

벼루는 나무로 만든 것도 있다고 여겼으며, 부현傅玄은 〈연부硯賦〉에서
『나무는 그 부드러움이 귀하고, 돌은 윤택과 견고함이 아름답다 木貴其能
軟, 石美其潤堅』[52]고 하였다. 그러나 여기서 가리키는 나무는 벼루갑이나
배경장식의 재료로 쓰인 것인 듯하다. 나무는 먹을 쉽게 흡수하므로 벼루
를 만드는 데는 좋은 재료가 못 된다. 자기벼루·은벼루·동벼루·조개벼
루 등에 관해서도 기록이 아주 많다.[53] 그러나 이런 벼루의 사용시기는
모두 당대唐代 이후가 된다.

7 서도書刀의 형태와 용도

　서도書刀는 죽목竹木을 손질하여 서사에 쓸 수 있도록 준비하고 또
간독의 문자를 고치는 데 중요한 도구이다. 붓으로 쓰기 전에 죽목을 먼저
일정한 길이와 넓이의 간독으로 쪼개야 하고 글씨를 쓸 때면 역시 먼저
평평하게 깎아야만 한다. 만약 잘못 썼을 경우에는 깎아내고 다시 쓴다.
전에 썼던 간을 다시 쓸 때도 표면에 원래 있던 문자를 먼저 깎아내야
한다. 이러한 일에는 모두 예리한 도구가 필요하다. 어떤 때에는 보통의
도刀나 삭削을 쓸 수도 있으나 간혹 특별히 설계한 「서도書刀」를 써야
하는 경우도 있다.[54]
　많은 문헌들이 흔히 도·삭·기궐剞劂 등과 서도를 한데 섞어 얘기하고
있다. 《선화박고록宣和博古錄》 권27에 〈한도필漢刀筆〉에 대해 『모양은
전부 도刀와 비수처럼 만들고 자루 사이에 수술을 다니 바로 몸에 지니고
다니는 것이다 形制全若刀匕, 而柄間可以置纓結, 正携佩之器也』 하였다.
사실 이것은 보통의 소도小刀이지 서도書刀가 아니다. 완원阮元은 『기궐의
굽은 칼은 깎아내는 것이다. 剞劂曲刀者, 即削也』고 여겼다.[55] 기궐은 본래
금석金石을 새기는 데 쓰는 굽은 칼로서 그 모양과 구조 및 용도가 도·
삭과는 다르다. 혹자는 또 기궐과 「화도貨刀」를 혼동하여 하나로 얘기하는
데 이는 더욱 거리가 멀다.[56] 사실상 이런 칼의 도구들은 각 명칭이 다를
뿐만 아니라 형태와 용도 역시 각기 다르다.
　「도필刀筆」이란 보통 「이吏」자와 연용하여 쓴다. 《사기》〈소상국세가簫

相國世家〉에『재상 소하는 진나라 때 도필리였다 簫相國何, 於秦時爲刀筆吏』고 하였다.《한서》〈가의전賈誼傳〉에『속리의 임무는 도필상자에 있다 俗吏之所務, 在於刀筆筐篋』고 하였다. 당 이래로 많은 학자들이 도필을 간독에 글자를 새기는 물건으로 잘못 알고 있다. 가공언賈公彦은『옛날에는 종이와 붓이 없었으므로 칼로 글자를 새겼다. 한대에 이르러 비록 종이와 붓이 있었으나 여전히 서도가 있었으니 이는 옛날의 유법이다 古者, 末有紙筆, 則以削刻字. 至漢雖有紙筆, 仍有書刀, 是古之遺法也』 하였다.[57] 심지어는 현대의 사원辭源 역시『옛날의 간독은 죽목을 썼으며 칼로 붓을 대신하였으므로 도필이라 한다 古簡牘用竹木, 以刀代筆, 故曰刀筆』고 한다.[58] 그러나 현대 학자들은 도刀는 고치는 데 쓰는 것이며 필筆은 서사에 쓰는 것임을 이미 고증하였다.[59] 글씨를 쓰고 난 뒤에 고치는 건 피할 수 없는 일이다. 그러므로 도刀와 필筆은 별개의 것이면서 동시에 서사에 있어 빼놓을 수 없는 도구이다.

삭削 역시 간독의 손질에 쓰였다.《사기》〈공자세가孔子世家〉에『《춘추》에 이르러 필은 필이고 삭은 삭이 되었다 至於春秋, 筆則筆, 削則削』고 하였다.《좌전》양공襄公27년『송나라의 좌사가 왕에게 상을 내려달라고 하였다…… 송공宋公이 그에게 성읍城邑 60을 주었다…… 낙희樂喜가 이 죽간을 땅에다 내팽개쳐 버렸다 宋左師請賞…… 公與之邑六十,…… 削而投之』고 하였다. 삭은 또한 도라지를 깎거나 참외를 깎고 나무를 깎아 종을 매다는 기둥을 만드는 데도 쓰였다. 이로써 도와 삭은 보통의 예리한 칼이며 간독에 사용할 뿐만 아니라 그밖의 용도로도 쓰였음을 알 수 있다.

문헌의 기록에 의하면 도刀는 비교적 넓고 길며 날이 똑바르고 자루가 환형環形이다. 삭削은 비교적 짧고 좁으며 칼날이 구부러졌으며 실병實柄이다.[60]《고공기考工記》에『축씨가 삭을 만드는 데 길이가 1척에 넓이가 1촌이며 6에 합치하도록 하여 규격을 삼았다. 다섯 등분하여 쇠를 넣으며 주석이 둘에 해당하는데 이를 일러 삭이라 한다 築氏爲削, 長尺博寸, 合六而成規. 五分其金, 而錫居二, 謂之削』고 하였다. 이로써 삭은 길이가 1척, 넓이가 1촌이며 날의 굽은 각이 60도이며 다른 것보다 예리함을 알 수 있다.

가장 먼저 「서도」와 「삭」을 혼동하여 하나로 말한 사람은 정현鄭玄이다. 그는 「축씨가 삭을 만드는데」 밑에 「오늘날의 서도」라고 주를 달았는데 서도의 용도에 대해서는 밝히지 않았다. 정현과 같은 시기의 유희는 《석명》〈석병釋兵〉에서 『서도는 간찰에 쓸 때 깎아 없애는 칼이다 書刀, 給書簡札, 有所刊削之刀也』고 하였다. 《동관한기東觀漢記》에 『마엄이 진류태수가 되었다…… 건초 중에…… 상께서 황금 10근・패도・서도・혁대…… 엄에게 내리셨다. 馬嚴爲陳留太守…… 建初中…… 上以黃金十斤. 佩刀・書刀・革帶…… 賜嚴』[61]고 하였다. 삼국시기에 여순如淳은 『금마서도는 지금 계리計吏에게 하사하는 것이다. 도의 고리 안에 말 모양을 만들고 이를 금으로 아로새겼다 金馬書刀, 今賜計吏是也. 作馬形, 於刀環內, 以金鏤之』[62]고 말한 바 있다. 동한의 이우李尤 역시 〈금마서도金馬書刀〉의 모양과 구조에 대해 기술한 바 있다. 『교묘하게 단련하여 강하게 하였고 금마金馬의 모양을 붙였으며 황문黃文을 갈마들어 새기고 아울러 공명을 새겨놓았다 巧冶煉剛, 金馬托形, 黃文錯鏤, 兼勒功名』[63]

근년들어 발견된 서도와 일부 소장된 기록은 모두 여기서 말하는 형태 및 구조와 부합된다. 이런 유물은 모두 쇠로 만들었는데 칼 몸의 한면에는 명문銘文이 있고 한면에는 도안이 있으며 칼날과 환병環柄은 모두 금으로 새겼다. 도안은 대부분 날아가는 새와 달리는 짐승인데, 1957년 사천四川 성도成都 천회산天回山의 애묘崖墓에서 출토된 서도에도 한면에 날으는 봉황의 도안이 있다.(圖28 乙) 그밖에 현존하는 서도에도 날으는 말의 도안이 있다.

도의 명문은 제조연대・지점・물건의 명칭 및 제조자의 이름 등을 설명하고 있다. 나진옥羅振玉은 서도를 하나 소장하고 있는데 1행에 종서縱書로 28자가 실렸다. 『永元十六年廣漢郡工宮卅湅○○○○○○○○史成長荊守丞熹主』(圖28 甲) 빠진 8자는 그밖의 두 점을 참조하면 『書刀工○造護工卒』이라고 읽을 수 있다.[64] 성도에서 출토된 서도에도 『光和七年廣漢工宮○○○服者尊長保子孫宜侯王○宜○』등의 문자가 실려있어[65] 동한 동경 명문의 길상어와 극히 비슷하다. 명문에 광한이라는 명칭이 많이 나오는데 《한서》〈순리전循吏傳〉에 안사고顏師古가 주를 달은 바 촉蜀 땅은 서도가 많이 생산된다고 한 것과 서로 부합된다.[66] 동한시에 사천은 여전히 서도 제조의 중심지였고 특히 광한군廣漢郡은 가장 유명하였다.

1) 《태평어람》 권605

2) 왕희지王羲之의 〈필세론筆勢論〉은 《고금도서집성古今圖書集成》 理學進編, 字學典, 권83

3) 소역간 《문방사보》 권1

4) 최표 《고금주古今注》 권3

5) 《박물지博物志》의 이 문구는 전본傳本에는 보이지 않으나 《예문유취藝文類聚》 권58, 《백공육첩白孔六帖》권14, 《태평어람》 권605 등에 모두 인용되고 있다.

6) 최표 《고금주》 권3. 이는 《사부총간四部叢刊》본, 《태평어람》 권605 인용에 「枯木」을 「枊木」으로 한 것 등에 근거함

7) Paul Pelliot 〈Les bronzes de la collection Eumorfopoulos publies par M. W.P.Yetts, I et Ⅱ〉《Toung Pao》 XXVⅡ(1930) pp.375-378

8) W. Perceval Yetts 《The George Eumorfopoulos Collection Catalogue of the Chinese and Corean Bronzes, Sculpture, Jades, Jewellery, and Miscellaneous Objects》(London : Ernest Benn,1929) I pp.15-17

9) 동작빈董作賓 〈갑골문 단대연구예〉《경축채원배선생65세논문집》上册 pp.417-418

10) 나진옥羅振玉 《은허서계후편》 권하 p.38

11) 양사영梁思永 〈소둔용산과 앙소〉《경축채원배선생65세논문집》 下册 pp.555-568

12) 장사에서 출토된 전국시대의 붓은 《문물참고자료》 1954년 제12기에 보이고, 운몽의 진 붓은 《운몽수호지진묘雲夢睡虎地秦墓》 p.26, 그림 19에 보이며, 강릉 봉황산 한의 붓은 《문물》 1976년 제10기 pp.31-35에 보이고, 금작산 한의 붓은 《문물》 1984년 제11기 pp.41-58에 보이고, 한 붓의 실물척도에 관해서는 《문물》 1972년 제12기에 보인다.

13) 마형 〈한漢 거연의 붓에 대한 기술〉《국학계간》 제3권 제1기(1932) pp.67-72. 마저자磨咀子의 한漢 붓은 《문물》 1972년 제12기 pp.9-21에 보인다.

14) 《초학기初學記》 권21 인용

15) 小場恒吉·榧本龜次郎 《낙랑왕광묘樂浪王光墓》 p.49

16) Chavannes 〈Les livers chinois avant linvention du papier〉《Journal Asiatique》 X(1905) p.70

17) 《격치경원格致鏡原》 권37에 조희곡趙希鵠의 《동천청록洞天清錄》을 인용

18) Stein 《Ancient Khotan》 I pp.398; 403; Plate CV

19) 《백공육첩》 권14

20) Chavannes, op. cit. P. 66; Berthold Laufer 《Paper and Printing in Ancient

China》(Chicago : Caxton Club, 1931) p.11

21) 육우陸友 《墨史》 권1; 《격치경원》 권37

22) 《태평어람》 권605

23) 동작빈 〈갑골문 단대연구예〉 《경축채원배선생65세논문집》 상책 pp.417-418

24) 이제李濟 《안양발굴보고》 p.724

25) Roswell S. Britton 〈Oracle-bone Color Pigments〉 《*Harvard Journal of Asiatic Studies*》 Ⅱ(1937) pp.1−3

26) Wang Chi-chen 〈Notes on Chinese Ink〉 《*Metropolitan Museum Studies*》 Ⅲ(1930−31) p.115

27) 심괄沈括 《몽계필담夢溪筆談》 권24

28) 강소서姜紹書 《운고재필담韻古齋筆談》 권2

29) 석성한石聲漢 《제민요술금석齊民要術今釋》 p.722

30) 《격치경원》 권37

31) 호북 운몽의 먹은 《문물》 1976년 제9기 pp.51-61, 그림 7 : 5에 보이고, 하남 섬현 동한의 먹은 《고고학보》 1965년 제1기 p. 160, 그림 26, 12, 13에 보이며, 남경 노호산 진쯤의 먹은 《고고》 1959년 제6기 p.295에 보인다.

32) 《태평어람》 권605

33) 망도 한묘벽화, pp.13-14; 그림 15,16. 산서 혼원 필촌의 먹환과 벼루는 《문물》 1980년 제6기 pp.42-46, 그림 7에 보인다.

34) Stein 《*Ancient Khotan*》 I pp.438, 442; Plate CV. Stein 《*Serindia*》 I. p.316

35) Chavannes, op. cit. p.66. Laufer, op. cit. pp.11, 13. Carter, op. cit.(1925) p.24; rev. ed(1955) pp.32, 35. note 1

36) 《격치경원》 권37 인용

37) 도종의陶宗儀 《철경록輟耕錄》 권19; 강소서 《운고재필담》 권2

38) 순욱荀勗 〈목천자전서穆天子傳序〉

39) 왕국유 〈간독검서고簡牘檢署考〉 《해녕왕정안선생유서海寧王靜安先生遺書》 권26; 마형 〈중국 서적제도 변천사 연구〉 《도서관학계간》 제1권 제2기(1926) pp.205-206; Wang Chi-chen, op, cit. p.119

40) 《격치경원》 권37

41) 《태평어람》 권605 인용

42) 《수경주水經注》 권10 〈탁장수濁漳水〉 권15 〈낙수洛水〉

43) Laufer, op, cit., p.13. Wang Chi-chen, op, cit, p.124

44) 《태평어람》 권605에 각가의 설을 인용한 것과 《격치경원》 권38을 참고하라.

45) 섬서 부풍 서한의 벼루는 《중원문물中原文物》 1985년 제1기 pp.10-13에 보이고, 호북 강릉 장가산 돌벼루는 《문물》 1985년 제1기 pp.1-8에 보이며, 강소 동산현의 검푸른빛 벼루는 《문물자료총간》 1977년 제1기에 보이고, 산동 임기

금작산 돌벼루는 《문물》 1984년 제11기 pp.59-61에 보인다.

46) 《고궁주간故宮周刊》 제339기(1934) p.4

47) 《하북제일박물관반월간》 제35기(1933) p.1

48) 복개삼福開森 《歷代著錄吉金目》 p.1111 모두 7점의 한의 벼루가 보인다. 근년
    에 출토된 한 벼루의 그림은 《문물》 1964년 제1기에 보인다. 섬서·호북·강소
    등지에서 출토된 벼루는 앞의 주45를 보라.

49) 小泉顯夫·濱田耕作의 《낙랑채협총》 pp.45-46

50) 《태평어람》 권605

51) 왕야추王冶秋 〈간등연사자료설명刊登硯史資料說明〉《문물》 1964년 제1기 p.50

52) 소역간 《문방사보》 권3

53) 《격치경원》 권38. Van Gulik, op. cit. p.54

54) 전존훈錢存訓 〈한대서도고漢代書刀考〉《중앙연구원역사언어연구소집간외편》
    제4종(대북 1961) pp.997-1008에 상세하다.

55) 완원阮元 《積古齋鍾鼎彝器款識》 권8

56) 마앙馬昂 《화포문자고貨布文字考》 권4

57) 《주례주소周禮注疏》 권40

58) 《사원辭源》 p.188

59) 셔번·왕국유·마형·왕중민·이서화 같은 이들의 〈한대서도고〉 p.1004에 자세
    하다.

60) 손이량 《주례정의周禮正義》 권78

61) 《태평어람》 권345 인용

62) 《한서》 권89 안사고顏師古 주 인용

63) 《태평어람》 권103 인용. 원문原文은 이원李元이라 했다. 《후한서》 권110 상에
    의거하면 이우는 광한廣漢 사람이고 광한은 유명한 서도의 출산지라고 한다.

64) 나진옥 《정송당집고유문貞松堂集古遺文》 권15, 황준黃浚 《형재길금지소록衡齋吉
    金識小錄》 제2책 pp.6-7

65) 《고고학보》 1958년 제1기 p.101 그림 12 : 4

66) 《한서》 권89 〈문옹전文翁傳〉

第九章 ── 결론

1 서사재료의 유별類別

중국 고대에 서사와 기록에 쓰였던 재료는 광물을 포함하여 광물·식물 등 종류가 아주 다양하다. 어떤 것은 자연산물이기도 하고 또 어떤 것은 인공적으로 만들기도 하였다. 단단하고 영구적인 것도 있고, 부드러우며 쉽게 파손되는 것도 있다. 갑골·금속·옥석 등 견고하고 단단한 물질 위에 새긴 문자를 보통 명문銘文이라고 일컫는다. 그리고 대·나무·비단·종이 등 쉽게 파손되는 재료 위에 문자를 썼을 경우에는 보통 서적이라 부른다. 대와 나무는 비록 재질이 단단하기는 하나 결코 영구적이진 못하다.

옛날에 사상을 소통하는 데 사용했던 재료는 크게 두 부류로 구분된다. 파손되기 쉬운 재료는 비교적 값이 싸서 공문·사책史冊·문장·서신 및 그밖의 각종 일상적인 용도에 대량으로 사용되었다. 견고하고 단단하여 영구적인 재료는 기념적이거나 후세에 남길 만한 명문에 사용되었다. 전자를 공간상 횡적인 소통, 즉 사람과 사람 사이의 문자유통도구라고 한다면 후자는 시간상의 종적인 소통, 즉 사람과 귀신 혹은 후대 자손간의 소통수단이라고 하겠다. 선인들은 견고하고 영구적인 재료를 퍽 선호한 듯하다. 신이나 조상에게 제사를 지내는 것뿐만 아니라 사실을 후세에 전하는 데에도 이를 사용하였다.

그러나 재질의 견고함이나 부드러움, 혹은 영구적이냐 쉽게 파손되느냐를 가지고 함부로 서적과 명문을 구분할 수는 없다. 간혹 기념성을 띤 문자도 부드럽고 쉽게 파손되는 재료에 기록하였으며 이따금 문장과 서적을 견고하고 영구적인 재료 위에 새기기도 했기 때문이다.

2 고대문헌의 전승

현존하는 고대문자의 기록은 두 종류가 있다. 즉 이른바 지하의 자료와 서면상의 자료이다. 고고학적 자료는 보통 지하의 옛 유적지에서 발굴되거나 혹은 비밀히 감춰진 지점에서 우연히 발견된다. 그러한 장소들은 유물들이 원래 제작되었거나 보존되던 장소일 가능성이 크다. 기후가 건조하거나 혹은 지하의 상태가 보존에 적합했던 까닭에 국내외의 많은 곳에서 견고한 재질의 실물뿐만 아니라 파손되기 쉬운 고대의 문적까지도 많이 발견되고 있다.

서면상의 자료는 적지않은 고대문자의 기록을 보존하고 있다. 이러한 자료들은 보통 베껴쓰거나 기계복제 등에 의하여 전해진다. 어떤 것은 원본이 이미 훼멸되어 후인의 기억에 의지하여 다시 쓴 것도 있다. 전하는 방법은 새기는 것을 포함하여 베껴쓰거나 탁본, 혹은 각종 인쇄방법을 통한 복제 등이다. 일부 낱장章과 글귀는 조기자료의 인증 속에 보존되기도 한다. 현존하는 선진先秦 및 한대漢代의 작품은 약 150종으로 《한서》〈예문지〉가 수록하고 있는 총수의 대략 ¼인데 모두 앞서 말한 각종 방법에 의해 지금까지 전해진다. 일부 원문은 이미 산일되었으나 역대의 기록 가운데서 여전히 그 내용의 대략을 찾아낼 수 있다.

오늘날 세상에 전하는 고대문자는 수없는 훼멸·복원·수정과 복제의 과정을 거친 것이다. 이같은 오랜 과정 중간에는 고의적인 수정도 있었고 무의식적인 오류도 있었다. 그런 까닭에 일부 현존하는 문적들은 원본과 상당한 차이가 있어서 증가되고 고쳐진 부분이 많다. 그러나 지하에서 발굴된 자료, 즉 고고학 자료는 보통 최초의 원문을 그대로 보존하고 있다. 따라서 문적의 자료가 비록 일반적으로 비교적 길고 완전한 기술을 하고는 있으나 그 사료적 가치로 볼 때 때로는 고고학적 자료의 신빙성에는 미치지 못한다.

3 각종 명문銘文의 연대

중국의 현존하는 최초 문자는 기원전 14세기 은대殷代에 갑골에 새긴 복사卜辭이다. 이 시기에는 청동기·옥·돌 및 도기와 진흙 등에도 명문을 새겼으나 보통 편폭이 짧고 어휘도 유한하였다. 갑골문자는 약 2세기 반

동안 유행하여 기원전 12세기초까지 이르다 은대가 망하고 나서야 비로소
사용이 중지되었다.

그후로는 금문이 정치·사회·예의상에 쓰여 영원한 기록으로 남았다.
양주兩周와 진한을 거쳐 서기 3세기를 전후하기까지 줄곧하여 금문은
약 1천 년간이나 통행되었다. 그후 석각이 대신하여 일어났는데 그 용도가
더욱 광범위하여 기념적인 명문을 새기는 데 쓰였을 뿐만 아니라 유·
불·도교의 경전을 기록하는 데도 이용되었다. 옛날부터 지금에 이르기까
지 돌은 계속해서 명문에 사용되는 유일한 재료이다. 도기·벽돌이나 기와
및 봉니封泥 등 점토상의 문자는 인명人名을 포함하여 지명地名·관명官
名 및 길어吉語 등이며 기원전 4,5세기에서 서기 4세기 초엽, 즉 전국시대
부터 진晋초까지 성행하였다.

4 중국서적의 기원과 발전

새겨서 주조했든 아니면 눌러 찍어냈든 견고한 재료상의 문자기록은
모두 「서적」이라 칭할 수 없다. 중국의 서적은 죽간의 응용에서 시작되어
백서와 목독으로 이어졌다. 간책簡策의 길이는 내용에 따라 정해진다.
폭은 보통 아주 좁아서 1행을 겨우 쓸 수 있다. 책끈으로 이어 엮었는데
말 수도 있다. 오늘날 책 페이지 같이 접을 수도 있다. 전국 이전의 그런
서적이 지금은 이미 존재하지 않는다. 그러나 기록에 의하면 간책이 유행
된 시기가 갑골문과 금문에 비해 결코 후기가 아니다.

겸백은 일찍이 신석기시대에 이미 발명되었다. 그러나 현재 겸백이 기원
전 6,7세기 이전에 서사재료로 쓰였다는 것을 증명할 만한 아무런 자료가
없다. 사람 사이를 소통케 하는 도구를 보급함에 있어 죽목은 너무 무거웠
고 겸백은 너무 비싸고 귀했다. 그러므로 기원을 전후하여서는 부드럽고
값도 싼 종이가 대신하여 일어나게 되었다. 그 이후 지금까지 종이는 줄곧
가장 편리하고 가장 유행하는 서사재료이다. 중국에서만 통행된 것이 아니
라 세계로 확산되었으며 종이 서사는 권축의 형식이었다가 나중에는 접는
형식으로 변했고, 결국 오늘날까지 여전히 통용되는 껍질을 입히고 선장하

는 형식으로 변화 발전되었다.

옛날의 서사재료는 새로운 재료가 나왔다고 해서 즉시 도태되는 것이 아니라 점차 대신하게 된다. 종이가 발명된 후에도 죽목은 3세기 동안이나 계속해서 사용되었고 겸백은 5백여 년이나 계속해서 사용되었다. 인류의 보수성은 항상 전통적인 습관을 고집하기 마련이다. 그들은 이같은 전통적인 방법에 익숙할 뿐만 아니라 또한 이런 방법들은 종종 새로운 발명보다 많은 장점을 갖기 때문이다.

5 서사와 복제기술

중국 고대의 문자기록은 여러 종류의 각기 다른 방법과 도구에 의해 만들어졌다. 갑골·옥석 등과 같이 견고하여 영구적인 재료는 금속의 뾰족한 필이나 예리한 칼로 새겼고 대·나무·비단·종이 등과 같이 부드러워 쉽게 파손되는 재료는 붓과 먹물로 썼다. 간혹 견고한 재료상에도 붓으로 쓴 것이 있으나 아주 이따금일 뿐이다. 서도는 죽목을 깎아 간독을 만들거나 간독상의 문자를 고치는 데 쓰는 칼이며 글자를 새기는 데는 사용하지 않았다.

인쇄술 발명 이전에 붓이 사상을 문자화하는 유일한 방법은 결코 아니었다. 간혹 기계적인 도구가 쓰는 것이나 찍는 것을 대신하였다. 금문은 보통 모형으로 주조한다. 도문陶文은 틀로 빚어내거나 혹은 인장으로 찍거나 뾰족한 막대기로 새긴다. 새인璽印은 금속으로 주조하거나 옥석에 새긴다. 조기의 인장은 부드러운 점토 위에다 찍었으며 나중에야 비로소 겸백이나 종이에 찍어 복문復文을 얻었다.

조판인쇄의 발명 이전에 가장 주의할 가치가 있는 문자복제기술은 종이와 먹을 써서 각종 석각石刻과 명문을 떠내는 탁본이다. 비록 탁본의 결과가 인쇄와는 다르지만 이 둘의 효용은 거의 비슷하다. 이같은 탁본기술과 부조한 인장의 사용은 고대에 있어 문자의 대량복제의 선구가 되었으며 조판인쇄술의 발명에 있어 기술상 기초를 이루었다.

6 중국문자의 변천

현존하는 고대의 각종 문자기록은 중국문자의 진화과정을 설명해준다.
비록 몇천 년이 되었으나 중국문자의 구조적 원칙에는 결코 변화가 없
다. 다만 필획의 번간繁簡·구조의 형태 및 부위의 변동으로 인해 자체는
때로 변화하고 있다.

중국의 자체는 때로 사용한 재료에 의해 이름을 얻는데 갑골문·금문
등이 그러하다. 때로는 형태로 인해 이름을 얻기도 하는데 조서鳥書가
그것이다. 그리고 어떤 것은 효용에 의해 이름을 얻기도 하니 전서篆書·
예서隷書·행서行書·해서楷書와 초서草書가 그러하다. 대개 서기 4세기
이전에 갖가지 자체는 점차 고정되었고 이때에 해서가 쓰이기 시작하여
가장 일상적인 자체로서 오늘날까지 이르고 있다.

일반적으로 자체의 변화는 구조상으로는 복잡한 것에서 간단하게 변하
고, 형식상으로는 마음대로 쓰던 것이 고정되었고 서사상으로는 완만함에
서 빠른 쪽으로 변화되었다. 이러한 변화 발전은 사람들 사이의 소통이
날로 빈번해짐에 따라 사상을 표현하는 문자와 도구도 간단하고 편리하게
변화되는 추세에 기인한다.

7 자휘字彙의 증가

자휘의 증가와 조자방법造字方法은 중국문자의 변화 발전을 통해 알
수 있다. 갑골문은 약 4천6백여 자가 있고 금문은 약 3천5백여 자이다.
그러나 이러한 숫자가 상주商周시대의 모든 자휘를 대표하는 것은 결코
아니다. 이 숫자들은 우리가 이미 발견한 자료들에 기초한 것이며, 그
자료들은 그 당시 문자기록의 일부분에 불과할 뿐이다.

우리가 비교적 확정할 수 있는 것은 서기 1백년을 전후한 중국의 첫번
째 어원자전語源字典인 《설문해자》 편찬시의 중국문자는 약 9천여 자라는
것이다. 이 숫자는 서기 5세기말에 이르러 2배로 증가하였고, 서기 1천년

을 전후하여서는 3배에 달했으며 현재는 5배가 넘는다. 물론 상용자수는 이 수보다 훨씬 적다.

문자의 수량증가는 대부분 형성形聲과 가차假借의 원칙에 기초한다. 그러나 갑골문 속에는 대부분이 상형자象形字와 회의자會意字이며 형성자는 극소수이다. 하지만 후대의 자휘에서는 형성자가 차지하는 비율이 가장 높다.

8 중국문자 서사의 원칙

중국문자는 어떠한 재료에 기록했거나 어떤 형식으로 기록했건간에 항상 위에서 아래로 썼거나 오른쪽에서 왼쪽으로 썼다. 종縱으로 배열하고 읽는 법은 예나 지금이나 같은데 최근에 들어서야 비로소 바뀌기 시작했다. 비록 일부 옛 명문銘文은 그렇지 않으나 그것은 극소수의 예외로 여겨진다.

이같은 종서縱書의 원인을 확실하게 밝힐 수는 없으나 붓으로 쓴 필력은 대부분이 위에서 아래로이다. 죽목 재료의 나뭇결과 1행밖에 쓸 수 없는 좁은 간독 등이 이같은 서사순서를 만든 주된 원인이다. 오른쪽에서 왼쪽으로 쓰는 배열은 세계 각국에서 통행되는 문자와 다르다. 이는 대개 왼손으로 간을 잡고 오른손으로 쓰는 습관 때문이며 다 쓴 간책의 순서대로 오른쪽의 먼 곳에서부터 가까이로 놓아둔다. 이로 인해 오른쪽에서 왼쪽으로 쓰는 습관이 형성되었다.

문자의 수직배열이 낙후되었다거나 혹은 독서의 효능이 감소된다고 하는 데는 근거가 없다. 그와는 반대로 현대의 많은 전문가들의 연구에 의하면 『종으로 읽는 것이 실은 횡으로 읽는 것보다 빠르다』[1]고 한다. 심리학자들도 중국문자의 특수배열은 눈꺼풀이 상하로 움직이는 상황과 관계가 있는 듯하며, 이것이 중국인들이 종서로 쓰는 것과 읽는 것을 좋아하는 원인일 거라고 한다. 물론 배열순서와 독서의 효력은 일부 습관에 기초한다. 그러나 서사재료와 도구 역시 이런 전통을 형성한 원인 가운데 하나이다.

9 중국문자기록의 발전요소

사회·정치·경제·문화 등 갖가지 서로 다른 요소들이 중국 초기의 문자기록의 발전에 대해 모두 상당한 영향을 미쳤다. 선인들의 종교신앙은 문자로써 귀신과의 교통을 촉진시켰다. 점복占卜·기도·제사 등을 모두 문자로 기록하였다. 이같은 기록은 당시의 대부분의 일상생활을 반영한다. 봉건제후와 정부 각 기구 사이의 빈번한 왕래는 공사·외교 등의 문건과 당안의 생산량을 증가시켰다. 고대의 지식계급은 대부분이 귀족들로 그들은 재물과 시간이 얼마든지 있었으므로 독서와 저작에 종사할 기회가 충분하였다.

전국 이래로 사회와 문화의 변천 및 교육의 보급으로 말미암아 개인의 저술과 서적의 소장이 급속히 발전하였다. 기원전 2세기에는 유가사상이 크게 성행하였으므로 몇 차례에 걸친 천재天災와 인화人禍 뒤의 고적古籍들이 부흥되기에 이르렀다. 서적의 보존을 위하여 중앙에서 관리하는 황실 도서관이 건립되었다. 도서관학 역시 보관하는 서적 수량의 급증으로 인하여 싹트게 되었다. 이로부터 재난끝에 남은 고적들은 역대 학자들의 수집과 교정을 거쳐 계속해서 유행하였다.

서기 3,4세기 사이에는 불교가 유행하여 종교문학이 외부로부터 대량으로 수입되었다. 역사상 외국서적의 대대적인 번역은 여기에서 시작되었다. 그후로 수백년간 이러한 외래사상은 중국의 학술사상에 영향을 미쳤을 뿐만 아니라 더욱이 중국인의 일상생활 가운데 깊숙이 뿌리를 내리게 되었다. 불교작품이 격증하던 같은 시기에 도교작품도 대단히 유행하였다. 비록 수량면에 있어서는 유가나 불가의 경전에 대항할 수 없었으나 도교의 저작은 초기 과학사상의 계몽을 담고 있다.

종교문학에 대한 대량의 수요는 인쇄술의 발전을 자극하였다. 그러나 인쇄술은 손으로 쓰는 서적을 소멸하지도 않았고 서적의 형식·내용·재료 및 창작의 수량을 변화시키지도 않았다. 인쇄술은 서적 복제의 생산량을 증가시켰으므로 서적은 사람과 사람 사이의 교통수단으로 더욱 광범하고 편리해졌다. 그러나 인성人性은 다시 한번 보수성을 발휘하였다. 비록 인쇄술은 7,8세기 초에 발명되었으나 3백 년이나 지난 뒤에야 조판이 비로소 보편적으로 응용되었다. 심지어는 지금에 이르기까지도 사람들은 기념적인 문자는 내구성이 강한 재료에 새기며, 손으로 베껴쓴 책의 가치 역시 인쇄한 판본보다 훨씬 진귀하다.

---

1) 시카고대학 교육학과 교수가 연합국 교과문 조직을 만들었는데 거기서 만든 비교연구보고에 보인다. William S. Gray 《*The Teaching of Reading and Writing : An International Survey*》(Paris : UNESCO, 1956) p.50

後序

《중국고대서사中國古代書史》는 전존훈錢存訓 선생의 영문명저 《죽백에
쓰다》의 중문 증정본이다. 이 책은 서사·명각銘刻·종이·도구 및 중국서
적과 관계된 일체의 문제들을 다루어 세계 학자들에게 중국의 독특한
문화와 공헌에 대해 보다 깊은 이해를 할 수 있게 했으며 식견이 좁은
서방의 서적 발전과 하늘 밖에 다시 하늘이 있음을 알지 못하는 사람들의
견문을 넓혀주었다. 이 책의 출판 이후 수많은 대학의 중문과와 역사과에
서 이 책을 참고서로 지정하였고, 동시에 중요 간행물들도 서평書評을
써서 추천·소개하였다. 중국문화가 세계에서 마땅히 누려야 할 지위를
촉진시키는 데는 대단히 절실한 의의가 있다. 다만 원본이 영어로 쓰였기
때문에 국내의 학자들은 중문을 읽는 것만큼 수월하지 않았다. 그러므로
이번의 중문본 간행은 사실 대단한 경사가 아닐 수 없다.

중국 고대의 서사방법과 서사도구는 그 기록이 자세하지 않기 때문에
줄곧 많은 오해가 있었다. 이 책은 전존훈 선생의 광범위한 자료수집으로
많은 문제를 밝혀냈다. 먼저 갑골 가운데의 많은 요소를 제시하고 그런
뒤에 다시 명각銘刻의 중요성을 서술하여 독자들에게 신선한 견해를 제시
하고 있다. 예를들어 이 책은 갑골문의 자휘가 4천5백여 자라고 지적했는
데 그 가운데 태반이 판독할 수 있어서 금문에 사용된 자휘와 비교할
때 빠짐이 결코 그리 큰 것은 아니다. 주대는 금문을 제작한 시기로 장편
의 작품을 쓸 수 있었다. 그렇다면 상대 당시의 상황으로 볼 때, 그때도
당연히 장편의 작품을 생산할 수 있었을 것이라는 의견은 아주 정확하
다. 갑골문은 용도가 특수하여 어휘가 비교적 적다. 그런데 현재 발견된
갑골문을 볼 때 발전의 정도가 이미 상당히 능숙하다. 가령 현재 판독할
수 있는 글자에 형성과 가차를 더해 모아 《상서》 중의 〈반경盤庚〉 중편을
갑골문으로 쓰는 것은 그리 큰 문제가 되지 않는다.(〈반경〉 3편 가운데
상하 양편의 작자 성격은 비교적 온후하고 중편 작자의 성격은 비교적 난폭하
여 한 사람의 입에서 나온 것 같지 않다. 중편이 원래의 기록이며 상하 양편은

주대의 사관이 보충하여 쓴 것일 가능성이 아주 많다.) 가령 〈반경〉 중편은 갑골문자체로 씌어졌다고 했는데 이것은 갑골문 중의 「책册」자로 다시 증명되었다. 이는 고대의 서사가 여러 개의 죽간에다 쓴 뒤에 끈으로 이를 엮어 이었음을 증명한다. 또한 현존하는 갑골 및 수골獸骨은 본래 점복에 사용되었으며 기사記事에 쓰인 것은 일반적인 성질의 것으로써 단지 점복의 부수적인 용도인 것으로 생각된다. 따라서 정식의 기사는 당연히 죽간을 사용하였다.

「간簡」자는 대나무에서 온 것으로 금석문자 중에서는 석고문까지밖에 소급되지 않으나 문헌 속에서는 《시경》에 이미 「간」자가 있다. 전존훈선생이 대를 깎는 편리함으로 간의 제작을 추정한 것은 새로운 성과이다. 간의 재료는 대를 쓸 수도 있고 나무를 쓸 수도 있다. 다만 대로 만든 것은 간이 될 뿐 독牘은 될 수 없다. 나무로 독을 만드는 것은 간을 만드는 것보다 다소 편하다. 고대의 책은 간을 썼지 독을 사용하지 않았다. 그러므로 간의 원시제작은 당연히 대로 만들었고 나무로는 만들지 않았다. 본래 《시경詩經》〈위풍衛風〉에서 말하는 기오淇澳의 녹죽綠竹은 옛날은·상의 경내에 있는 것이다. 동한초에 이르러 광무제光武帝가 「기원淇園의 죽」을 찾은 적이 있다. 당唐의 유지기劉知幾는 북방에서 대가 생산되는지에 관해 의심을 품은 바 있으나 지리환경과 특수산물에 관해서 그다지 주의를 기울이지 않은 듯하다. 일반적인 상황으로 볼 때 황하유역에서는 대가 생산되지 않는다. 그러나 몇몇의 특수한 지역은 대의 산지로 일컬어지는데 섬서의 화현華縣·하남의 기현淇縣이 모두 대의 산지이다. 서세창徐世昌은 하남 휘현의 백천白泉에 살았는데 그곳은 대가 많았으므로 그는 자신의 호를 수죽촌인水竹村人이라 하였다. 이같이 특수한 대 산지의 상황은 현재에 이르기까지도 《시경》의 시대와 같다. 그리고 은상시대 대의 내원 역시 먼 남방이 아니라 은상의 기내畿內로 여겨진다.

죽간과 그와 유사한 죽첨竹簽은 그 사용이 중국에서는 대단히 보편적이다. 그것의 사용은 아주 상고시대로 거슬러 올라간다. 기록용으로 사용되는 죽간 외에 밥 먹을 때 쓰는 젓가락, 셈할 때 쓰는 산가지, 점칠 때 사용되는 책策(심지어 말채찍까지 책이라 불리는 것으로 보아 고대에는 말채찍도 대나무로 쓴 듯하다) 등이 있다. 이들은 모두 동일한 죽간이거나 혹은 죽첨이다. 그후 종이가 대단히 보편화되어 쓰였어도 사당의 향안香案 위나 관리의 공안公案 위에는 여전히 첨통簽筒과 간책簡策에서 변화되어 내려온 죽첨이 놓여 있었다. 민국民國 초년에 이르기까지도 관리들은 이런 구제도를 계속 답습하였다. 그러다 신식의 법원이 성립된 후에야 비로소 첨통은 폐기되었다.(그러나 경극京劇의 도구 속에서는 아직도 이를 볼 수 있다.) 사당 안의 첨통은 오늘날에도 대만이나 홍콩 등에서는 아직 보유하고 있다. 그밖에 청대의 추첨하는 방법(이는 《후한서》〈유분자전劉盆子傳〉의 〈탐부探符〉와 같다)은 부원部員을 좌천하는 데 쓰는 제비뽑기, 심지어 달라이라마의 후보자를 결정하는 데도 간혹 금병金瓶의 제비뽑는 방법을 쓴다. 이로써 첨주簽籌의 전통은 중국문화와 관습에 아주 중요하다는 것을 알 수 있다.

중국서법의 행관行款문제에 대해 본서 제9장에서 전존훈 선생은 중국문자의 배열이 위에서 아래로 쓰고 오른쪽에서 왼쪽으로 이르는 원인은 오른손과 관계가 있다고 했는데 이는 아주 정확하다. 그것은 서사와 죽간의 관계를 다시 한번 살펴보면 더욱 명백해진다. 서사를 할 때, 왼손으로는 간을 잡고 오른손으로 쓰는데 일반적으로 죽간 하나에 1행을 쓴다. 그리고 왼손으로 간을 집는 데 편하도록 쓰지 않은 간은 왼편에 둔다. 간을 쓰고 나면 다 쓴 간이 쓰지 않은 간과 섞이지 않도록 왼손은 간을 하나씩 오른쪽으로 넘겨 배열한다. 이런 상황에서 배열한 행관은 결국 첫번째 간이 제일 오른쪽이 되며 순서에 따라 오른쪽에서 왼쪽으로 가게 된다. 그리고 왼손으로 잡은 죽간이 종縱이 되는 까닭은, 일반적으로 사람이 가늘고 긴 물건을 손에 쥐게 되면 손가락과는 수직이 되기 때문이다. 그래서 중국문자의 행관은 위에서 아래로 내려오며 오른쪽에서 왼쪽으로 가는 형태를 이루게 되었다.

중국자체中國字體의 서법을 가로로 쓸 때는 매 글자의 필순筆順이 왼쪽 꼭대기에서 시작하여 오른쪽으로 써나간다. 그러므로 가로쓰기의 글자는 왼쪽에서 오른쪽으로 나가는데 이는 중국문자의 가장 합리적인 배열방법이다.(이는 아라비아문이 오른쪽에서 왼쪽으로 써나가는 필순과는 정반대이다.) 역대의 가로로 쓴 문자배열이 오른쪽에서 왼쪽으로 가는 것은 고대 죽간에서 행을 배열하던 바의 영향을 받았기 때문인데 사실 글자를 쓰는

데 있어 매우 순탄치 못하다. 현재 일본·한국의 현수막은 가로로 쓸 때 왼쪽에서 오른쪽으로 쓰는 것으로 바꿨다. 비록 대만과 홍콩은 현재도 대부분의 현수막을 여전히 오른쪽에서 왼쪽으로 쓰고 있으나 인류사회에서 결국 편리한 길을 따라 걷기 마련이므로 오래지 않아 그들도 왼쪽에서 오른쪽으로 쓰는 방법으로 바뀔 것이 예견된다.

뽕나무는 본래 야생의 교목으로 황하 삼각주에서 자생하였다. 상탕商湯이 뽕나무숲에 비를 빌었다는 것을 〈용풍鄘風〉에 『그녀는 나와 뽕나무밭에서 만나기로 기약했지 期我乎桑中』하였다. 《장자》〈양생주養生主〉에는 『상림의 무악舞樂에 조화된다』했고 갑골문 속에도 상림에서 굿하며 춤춘 기록이 누차 보이는 것으로 미루어 고대에는 상림이 일부 지역에 가득 퍼져 있었음을 보여준다. 잠사의 채취는 당연히 많은 상림의 존재와 관계가 있다. 현재까지도 중국의 북부는 야생의 잠사를 채취하는 외에 양잠도 하는 집이 있다. 민국 초년 산서성에서는 잠상전습소蠶桑傳習所를 운영하고 잠사의 생산품을 산서의 국산품진열소에서 전람하기도 했다. 그러나 객관적인 조건으로 말한다면 화북의 양잠 기후는 사천四川만 못하고(삼국시대 때의 촉한의 비단은 수출에 의지했었다), 그후로 장강하류에는 더욱더 못 미치고 또한 주강珠江하류에도 미치지 못했다. 게다가 송대 이후로 면화가 점차 중원에 이식되었는데 잠사의 대체효용면으로 볼 때 마麻보다 훨씬 뛰어났다.(강남에는 황도파黃道婆의 전설이 있다. 섬서와 감숙에도 면화 생산지역이 있으나 그 전설은 없다. 이는 섬서나 감숙의 면화가 광동의 해도海道로 전해진 것이 아님을 나타낸다. 왜냐하면 신강의 고창高昌에도 일찍이 면화를 심었기 때문이다.) 그러므로 화북에는 양잠하여 잠사를 생산하는 집이 퍽 드물다. 그러나 역사적으로 볼 때 양잠의 사실은 가볍게 넘길 수 없는 일이다.

장사 마왕퇴에서 발견된 채색화로 볼 때 채색화법은 마땅히 춘추나 전국시대로 거슬러 올라간다.《상서》〈고요모皐陶謨〉(고요모는 전국시대의 작품으로 잠정하고 있으나 기록한 일은 당연히 그보다 빠르다)에는 『일·월·성신·산·용·꽃·벌레를 그렸고 종묘의 제기·마름·불·분미(裳服12章의 하나로 치마에 놓은 수로 놓아 꾸민 것)·보·불(임금의 大禮服 치마에 놓은 수로 보는 黑白色으로 도끼의 모양을 불은 검정과 파랑으로 亞形을 수놓은 것이다)을 수놓아 오채로 오색을 밝게 드러내 옷을 지었다.日月星辰山龍華蟲作繪. 宗彝藻火粉米黼黻絺綉. 以五采彰施於五色作服』하였다. 여기서는 해·달·별·산·용·화충 등을 왕의 곤복袞服에 그리고 그밖에 비교적 간단한 도안은 수를 놓았다. 이는 마왕퇴의 채색으로 그려진 선의 禪衣를 참고삼아 증명할 수 있다. 견직물에 채색의 그림을 그릴 수 있다면 당연히 붓으로 글자를 쓸 수도 있을 것이다.(회회繪자를 현행본은 회會로 쓰고 있으나 정현·마융의 진고문眞古文은 회繪로 쓰고 있다.) 다시 《논어》에 나오는 『자하가 묻기를 「빙긋이 웃는 입맵시며 아름다운 눈맵시며 하얗게 희어서 더욱 빛나네」하였으니 무엇을 말하는 겁니까? 공자께서 말씀하시기를 「그림을 그리는 일은 흰 바탕이 된 다음이니라」하였다 子夏問曰 : 巧笑倩兮, 美目盼兮, 素以爲絢兮, 何也? 子曰 : 繪事後素』고 하였으니 이것을 증명할 수 있다. 여기의 〈소素〉자를 일반 주석가는 《고공기考工記》의『그림을 그리는 일은 소공素功을 한 뒤이다 凡畫績之事, 後素功』라는 말을 인용하여 증명하고 있다. 《주례정현周禮鄭玄》 주는 『소素란 희게 채색하는 것이다 素, 白采也』고 했는데 별로 확실치 않다. 《논어》 주희朱熹 주注도『먼저 흰빛으로 바닥을 칠해 바탕을 만들고 나중에 오색을 칠하는 것을 가리킨다 謂先以粉地爲質, 而後施五采』하였는데 소공素功이 흰색을 칠하는 것이란 말은 옛 의미를 잃은 면도 있다. 그러므로 소素란 《설문해자》가 말한『희고 가는 비단이다…… 그 광택을 취한다 白致繪…… 取其澤也』이다. 〈소공素功〉은 증繒의 면을 문질러 광택을 낸 후에야 비로소 그 위에 채색의 그림을 그릴 수 있음을 말한다. 즉 그림을 그릴 때 먼저 증백繒帛의 면을 광이 나도록 만들어야 한다는 말이다. 공자 당시에 증백이 회화에 쓰였다면 자연히 글씨를 쓰는 용도로도 쓰였을 것이다.

　백서帛書의 관념은 종이를 쓰는 제1보가 되었음을 전존훈 선생이 이미 밝힌 바 있다. 이제 다시 제지의 시작에 대해 말해보자. 종이의 발명이 채륜의 공적이라고 공인은 하고 있으나 채륜은 여전히 종이를 개량한 인물이지 창시한 사람이라고는 볼 수 없다. 그 가운데 가장 중요한 증거는 1957년 서안西安 패교의 서한묘 속에서 발견된 많은 고지古紙의 잔편들이다. 이 종이조각들은 화학실험을 통해 식물성섬유와 점성粘性이 있는 마麻의 잔존물임이 증명되었다. 물론 이러한 종이조각이 후대의 종이와 같은 것인지는 별개의 문제로서 다음에 토론하기로 한다. 그러나 패교의 종이는 확실히 종이이며 그것도 기원전의 종이라는 데는 전혀 문제가 없다.

　만약 패교의 종이와 내가 발견한 거연居延의 종이를 비교한다면 재미있는 사실을 발견할 수 있다. 패교의 종이에는 문자가 없으나 거연의 종이에는 문자가 있다. 다만 연대만은 확실치 않다. 내가 《중국제지술의 원시를 논함論中國造紙術的原始》을 썼을 때는 그 시대를 영원永元10년(서기 98년)의 전후로 잠정暫定하였는데 이는 그 종이의 최하한선이다. 그보다 더 늦을 가능성은 거의 없으나 오히려 그보다 빠를 가능성은 있다. 왜냐하면 거연 일대에서 발견된 목간인 영원병물책永元兵物册은 시대가 가장 늦은 편책編册이기 때문이다. 그밖의 간들은 대부분이 서한시대 것이며 특히 소제昭帝와 선제宣帝의 시기이다. 따라서 거연 종이의 시대를 거론한다면 하한선은 영원이고 상한선은 소·선제 때까지 올라갈 수 있다. 단지 원고를 쓸 때 좀더 신중을 기하기 위해 차라리 조금 뒤로 잡는 쪽을 택하고 앞당겨 계산하지 않은 것뿐이다.(내가 《한대의 육운陸運과 수운水運》을 쓸 때, 한대의 상선이 말래카 해협을 지나지 않은 것으로 하였는데 이는 고대 상선에 대한 각종 논단 가운데 가장 보수적인 논단으로 이것 역시 신중을 기하기 위한 이유이다.) 그러므로 하하선만을 말하고 상한선을 말하지 않았다. 그러나 현재 서안 패교에서 이미 유사한 종이가 발견되었으니 그렇다면 거연 종이의 연대에 대해 그토록 극단적으로 엄격하게 규정할 필요가 없다. 비록 절대적인 연대는 확실치 않으나 패교 종이와의 상관성으로 볼 때 패교의 종이도 어떤 상황하에서는 당연히 글씨를 쓸 수도 있을 것이다.

　그 당시 거연 종이의 시대를 내가 늦춘 원인은 채륜의 제지술을 기술적인 문제뿐만 아니라 재료상의 문제까지 더하여 생각했기 때문이다. 채륜 이전에는 모두 해어진 솜으로 종이를 만들었고 채륜에 이르러서야 비로소 《후한서》〈채륜전〉이 말한 바대로 『나무껍질·마 및 해어진 천·어망 등으로 종이를 만들 뜻을 세웠다 造意用樹膚·麻頭及敝布·魚網以爲紙』는 것이다. 이 말은 아주 정확한 것은 아니다. 패교의 종이는 서한시대에 만들어졌으나 이미 마와 같은 류의 식물섬유를 사용하고 있었다. 그러므로 채륜이 만든 종이는 재료측면에 속하는 것이 아니라 기술방면으로만 국한되어야 한다.

채륜의 종이가 기술방면에 속한다면 그가 만든 종이는 틀림없이 패교의 종이보다 좋을 것이며 거연의 종이보다도 좋을 것이다. 그 좋은 정도가 어느 만큼인지 추정해봐도 무방하겠다. 왜냐하면 패교나 거연이나를 막론하고 그 종이들은 모두 민간에서 소유했던 것이다. 이러한 종이들은 그저 종이라고나 할 정도로서 사실 모두 두께가 고르지 못하고 가장자리도 불규칙하였다. 〈채륜전〉에서 말한 『원흥元興원년 이를 아뢰어 올리다 元興 元年, 奏上之』라는 말에 비추어 볼 때, 황제에게 주상한 종이는 당연히 고르고 규칙적이었을 것이다. 이는 최소한의 요구이며 또한 당시로도 가능한 발전이었을 것이다. 만약 정말로 그랬다면 이는 제지의 노정에 있어 중요한 기초를 세운 것이며 또한 종이를 서사라는 중요한 용도로 사용한 시작이 된다.

채륜 이전의 종이가 고르지도 않고 반듯하지도 않았다면 비록 서사에 쓰였다고 해도 그 원래의 용도가 서사만을 위한 것이 아니라 단지 서사는 부차적인 용도일 따름이다. 그 주된 용도가 무엇이었는지는 다시 토론해 볼 필요가 있다. 그러므로 식물성 종이의 전신前身인 동물성 섬유의 종이 와 이른바 「표서漂絮」에 대해 추적해보기로 한다.

「표서」로 종이를 만드는 일에 대해 나는 《설문》과 단옥재 주注에 근거 하여 《중국 제지술의 원시》에서 일찍이 논술한 바 있으며 진반陣槃 선생 이 다시 나의 견해에 근거하여 한 차례 더 논급하였다. 「표서」와 종이와의 관계는 인과성因果性적인 것이다. 다만 근년들어 신재료의 발견은 새로이 토론해야 할 것이다.

우선 표서가 무엇이며 그것이 새 솜인지 오래된 솜인지 묻지 않을 수 없다. 그리고 다음은 표서가 무엇에 쓰였는지 부유한 사람들이 쓴 것인지 아니면 가난한 사람들이 사용했는지에 대해 알아야 할 것이다. 그런 뒤에 야 비로소 한 걸음 더 나아간 토론을 진행할 수 있겠다. 표서란 표백한 솜으로서 문헌상의 재료로 본다면 당연히 오래된 솜이며 새것이 아니다. 새로운 솜이라면 깨끗하고 희기 때문에 이를 다시 표백할 필요가 없다. 직접 옷 안에 두면 솜옷이 된다. 따라서 표백을 요하는 것은 입은 지 오래 된 낡은 옷으로 옷 안의 널찍널찍한 솜이 조각조각으로 변한 것이며 게다가 불순물과 먼지 등이 섞여 색마저 변색되었다. 뿐만 아니라 냄새까지 났을 테니 표백을 반드시 해야만 했을 것이다. 표백하여 빤 뒤에 이를 찢어 다시 널찍한 형태로 만든다. 비록 새 솜과 같은 폭신함이나 깨끗함을 회복 하기는 불가능하지만 표백하여 빤 뒤에는 비교적 점성粘性이 나은 솜이 되어 한 등급 낮은 솜옷을 만들 수 있다. 이렇게 만들어진 묵은 솜은 새 솜(지금은 장면張棉이라 부른다)만큼 따뜻하지는 않으나 좀더 많이 두께 되면 그래도 효과를 볼 수 있다. 다른 측면에서 보면 이렇게 찢어 만든 무정형無定形의 크기가 작은 묵은 솜은 새 솜에 비해 표면이 매끄럽다. 비정식非正式의 상황이 서사의 용도로는 더욱 좋은지도 모른다.

이같이 표백된 솜이 이미 사용되었던 것이며 더구나 거의 쓸 수 없을 만큼 묵은 솜이라면 표백하여 다시 손질한 뒤에도 당연히 가난한 사람에 게 돌아갔을 테고 부유한 사람용은 아니다. 《논어》에서 공자는 『해어진 헌 솜 도포를 입고 여우와 담비의 털로 만든 옷을 입은 이와 같이 서로 이를 부끄럽지 않게 여길 사람은 바로 유일 것이다 衣敝縕袍, 與衣狐貉者 立, 而不恥者, 其由也與』 하였다. 여기서 온포縕袍는 묵은 솜으로 만든 옷인데 묵은 솜은 새 솜만큼 따뜻하지 못하기 때문에 두텁게 솜을 두므로 한 눈에 알 수 있다. 가령 묵은 솜으로 만든 옷이 다시 해어졌다면 당연히 꼴이 말이 아닐 것이다. 여우나 담비로 만든 옷을 입은 사람과 비교한다면 당연히 비교조차 안 된다. 이런 점으로 볼 때 표백하는 사람은 마땅히 가난한 사람이 된다. 《장자》〈소요유逍遙遊〉에 『어떤 사람은 영지를 나누 어 받고 어떤 사람은 묵은 솜 빠는 일에서 벗어나지 못했소 或以封, 或不 免於洴澼洸(即漂絮)』 하였는데 바로 빈부貧富의 대비이다. 묵은 솜이 가난 한 사람이 입는 옷을 만드는 데 쓰였다면 가격이 싸고 얻기에 쉬웠을 것으로 때로는 묵은 명주의 대체품으로도 등장되었다. 이같은 대체품은 묵은 명주의 동물섬유 안에 묵은 마나 낡은 천 등의 식물섬유를 혼합하였 으며 심지어는 전부가 식물섬유인 것을 잘게 찢고 다시 나무껍질류의 점성재료를 더해 붙여서 조각조각의 얇은 부정형의 조각을 만든다. 이런 대체품을 옷 속에 넣으면 비록 명주솜만은 못하지만 마찬가지로 보온용으 로 쓸 수 있다.

패교의 한묘 속에서 발견된 종이는 모두 부정형의 조각들로 상면에 글자가 없었다. 나는 그 종이가 글자를 쓰기 위한 것이라고는 믿지 않는다. 아마도 등급이 낮은 「온포」 속에 넣은 「저著」였을 것이다.(아마 〈공손홍전公孫弘傳〉에서 말한 「포피布被」와 유사한 덮는 물건 같은 것으로 그 중에는 「저」도 있다.) 세월이 오래되었기 때문에 옷의 안팎은 모두 삭아버리고 (옷의 겉과 속은 견직으로 만들었기 때문에 더 쉽게 썩었는지도 모른다. 가령 얇은 마로 만들었다 해도 이같이 비교적 질긴 「종이」보다는 쉽게 썩는다), 단지 내부에 두었던 「저」만 남게 되었는데 이것이 바로 이른바 패교의 종이이다. 그런데 이같은 「종이」는 거연의 문자가 있는 종이와 형식·재료 면에서 같은 부류에 속하고 있다. 가령 서로 다른 곳에서 발견된 사실을 연결하여 생각한다면 서한대(혹은 서한에서 동한에 이르기까지)에 「가종이假紙」에서 「참종이眞紙」로 변화 발전했음을 알 수 있다. 그리고 아울러 중국 종이의 변천과 이집트의 파피루스가 걸어온 길은 완전히 다른 길임도 알 수 있다. 한걸음 더 나아가 말하자면 우리들은 ① 고대 상림桑林 ② 양잠 ③ 명주와 면화를 이용해 저를 만듦 ④ 묵은 명주와 면화를 표백하여 저를 만듦 ⑤ 잘게 찢은 마와 낡은 천으로 묵은 명주·면화의 대용품을 삼음 ⑥ 초기 종이를 만들고 글씨를 씀 ⑦ 제지방법의 개선으로 황제에게 바쳐 궁중용으로 씀 등인데 이로써 문화상의 중요한 도구인 종이의 발명과정이 참으로 평범한 일이 아니었음을 알 수 있다. 인류 문화사상 이것은 끝없는 존숭과 칭송을 받을 만한 가치가 있다.

전존훈 선생의 이 대작은 체제가 방대하고 사고가 정밀하며 중국 전체의 서사 및 명각銘刻의 기원과 변천을 섭렵하고 있으므로 대단히 중요하다. 그의 학설을 이어 다름이 없으니 내게 서序를 써달라고 하였다. 나는 본래 내가 알고 있는 바를 하나하나 소개하고 아울러 보충도 할 생각이었다. 그러나 체제를 위해서 당연히 아주 짧은 형식이 되어야 한다. 그러므로 그 가운데 몇 가지 비교적 중요한 문제만을 내 견해에 비추어 다시 한번 이끌어 내었다. 왜냐하면 이는 일반적인 토론에서는 언급하지 못하였기 때문이다. 물론 한 문제에 대해 토론이 많으면 많을수록 오류가 많아질 가능성도 있다. 이 점에 대해서는 전존훈 선생과 독자들께서 바로잡아 주기를 바란다.

노간勞幹

본서 중문본 《중국고대서사中國古代書史》의 평가

이 글은 본래 《홍콩 중문대학 중국문화연구소 학보》 제1권(1968)에
실렸던 것이며, 작가 이담李棪은 홍콩 중문대학의 교수를 맡고 있다.

《중국고대서사》는 영문본인 《죽백에 쓰다》의 중문역본으로 전존훈錢存
訓 박사의 저작이다. 그는 현재 미국 시카고대학에서 중국문학을 강의하
고 있으며 그 대학의 원동도서관遠東圖書館 관장을 겸임하고 있다. 나는
1967년 8월 미국 미시건대학에서 거행한 제27회 국제동방학자회의에 참석
하였다가 그를 알게 되고 비로소 이 책의 번역을 하게 되었다. 금년 3월
원고를 얻어 읽었는데 그 유창하고 명쾌한 문장과 흥미진진한 서술에
빨려 들어가 시종 손을 놓을 수가 없었다. 그 가운데는 많은 전문적인
학문을 섭급하여 만약 연구 소양이 없었으면 말이 그토록 논리정연하기가
특히 어려웠을 것이다. 이 책은 어려운 내용을 쉽게 풀어 상세하게 서술하
였으므로 문외한으로 중국고대서적의 변천을 이해하고자 하는 사람에게는
필수적인 참고서라 하겠다. 가령 전문가라 하더라도 이 책을 펼쳤을 때
유익하다는 느낌을 갖게 될 것이다.

　《중국고대서사》는 체제가 방대하고 사고가 정밀하며 자료가 풍부하고
구조도 치밀하다. 장章과 장 사이가 마치 유기체와 같이 얽혀 하나를 이루
고 있다. 그러나 이를 나누어 읽어도 각 장마다 한 방면의 지식에 대한
독자의 요구를 만족시킬 수 있다. 작자는 고고자료를 근거로 하고 필요한
원문을 인용한 외에도 이따금 자신의 문장으로 다시 표현하여 전문全文과
하나를 이루었다. 그리고 고고학상의 자료도 흥미진진하게 싣고 있어 독자
들에게 지루한 감을 주지 않는다. 나는 이 책이 학술적 가치도 아주 높고
어려운 내용을 쉽게 풀어낸 좋은 책으로 생각한다.

　그의 원저인 《죽백에 쓰다 Written on Bamboo and Silk : The
Beginning of Chinese Books and Inscriptions》는 1962년 미국 시카고대학
출판사에서 초판되었다. 다음해 허탁운許倬雲이 칭찬하는 글을 지었는데

(《대륙잡지》제26권 제6기 p.186에서 p.188까지에 보인다) 이 책은 영문저술 가운데 지금까지 인쇄술 발명 이전 중국문자의 기록방식을 계통적으로 소개한 유일한 서적이라고 하였다. 그리고 중국의 선인들이 썼던 일필일획까지 상세하게 기술하고 있다. 아울러 이 책은 장章·절節의 목차를 나누어 번역하였고 또한 몇 가지 사실을 가려 특별히 소개하였다. ① 제7장 가운데 작자는 한 절을 종이가 서방에서 중국으로 전래되었다는 억설臆說을 전제로 서술하고 있다. 그는 밀향지蜜香紙가 대진大秦으로부터 온 것을 비록 Edkins는 종이가 서방에서 온 증명으로 인용하고 있으나 견강부회한 의거라고는 할 수 없다고 했다. 그러면서 특별히 중앙연구원이 거연에서 발견한 고지古紙의 연대가 채륜의 시대와 상당히 근접함을 지적하였다. 그런데 그 종이와 Stein이 돈황에서, Sven Hedin이 루란에서, 독일조사단이 고창의 토로번에서 등 각지에서 발견된 고지들은 모두 못 쓰게 된 솜과 마로 만들어졌다. 따라서 작자는 한사코 이집트의 파피루스와 중국의 종이를 같이 보는 것은 사리에 맞지 않는 걸로 여기고 있다. ② 장사 앙천호仰天湖에서 발견된 전국의 붓과 진秦의 전적 가운데 언급하고 있는 붓에 의거하여 몽염 이전의 중국의 붓이 이미 오늘날 사용하는 붓의 모양이나 구조와 별차이가 없다고 판단했다. ③ 칠서漆書가 비록 문헌에는 보이지만 고고학상의 증거는 보이지 않는다. 그러므로 만약 칠이 서사에 사용되었다면 아마도 먹을 만드는 데 배합하는 원료로 쓰인 것이지 절대로 먹물과 같이 서사에 액체로 쓰이지는 않았다고 생각한다. ④ 서도書刀는 곧은 날의 장방형 칼로써 굽은 형인 「삭削」과는 다르다. 기궐은 돌에 새기는 도구이고, 도포刀布는 화폐로 그 용도는 진작부터 나뉘어져 있었다. 작자는 정현鄭玄이 「서도」와 「삭」을 함께 거론한 것에 근거하여 서도는 죽목의 간독에 잘못된 글자를 깎아 내는 데 사용한다고 지적해내었다. 허 선생은 계속해서 하북河北 방산현房山縣 석경산石經山의 경이 새겨진 기둥, 장사에서 1952년에 발견된 37편의 죽간, 1953년 앙천호의 죽간 13개, 1954년 양가만楊家灣의 73개의 죽간, 1957년 신양信陽의 28개의 죽간 등을 소개하였다. 또 감숙 무위에서 1959년 출토된 간독 가운데 완전한 것이 385편, 부서진 것이 225편이 있는데 그 내용은 《의례》7장을 포함하고 있다. 앙천호 전국묘戰國墓에서 붓 한 자루가 출토되었다. 하북

망도望都의 한묘 속에서는 벽화가 발견되었는데 사람 앞쪽에 다리가 셋 달린 벼루가 있고 그 위에 원추형의 먹이 하나 있으며 옆에는 나무그릇이 있다. 또 사천 성도成都 천회산天回山의 한묘에는 광화光和 7년의 서도가 한 자루 있었다. 허 선생은 이로 인해 고대의 문방사보를 간簡·붓·먹·도刀라고 간주하였다. 그리고 그 가운데 붓과 먹은 현재까지 연용되어 큰 변동이 없는 듯하다. 허 선생은 이 책이 인쇄술의 발명으로 단대斷代의 표준을 삼은 것은 확고한 지식과 뚜렷한 견해를 갖춘 결정임을 지적하였다. 작자는 인쇄술 이전의 지식기록·전파·보존의 방식에 대해 토론하고 있는 바 우리는 선명한 대조를 통해 그 문제에 대한 합당한 이해를 얻을 수 있다. 끝으로 허 선생은 이 책 결론의 마지막 절인 중국문자 발전에 영향을 미친 요소에 대해 조기 문헌의 종교성분과 지식이 귀족에게만 국한된 점, 유가가 득세한 후의 고적의 보존과 복원, 불교와 도교의 3세기 이후의 흥기 및 마침내 종교의 수요가 인쇄술의 발명을 자극했다는 등등의 사실을 언급하고 있는데, 작자는 중국문자의 특성에 주의를 쏟은 것 같았으나 이 책의 체제 때문에 충분한 서술을 하지 못하여 독자들이 책을 덮을 때 미진한 감을 느끼게 된다고 하였다. 외국의 학자들이 영문으로 쓴 서평으로 내가 본 것은 다음과 같다.

A. Bulling, Orientalische Literatunzeitung, 61(1966) ; Chang Chun-shu, Harvard Journal of Asiatic Studies, 25(1964—65); Chen Tsu-lung, Tóung Pao, LⅢ(1967); Christian Science Morniter, January 3, 1963; Arthur Hummel, American Historical Review, 68(1963); Hyman Kublin, Library Journal, 87(1962); Lionello Lanciotti, East and West, 14(1963); Joseph Needham, Journal of Asian Studies 23 (1964); T. Pokora, Archiv Orientalni, 34(1966); Richard Rudolph, Archeoloigy, 16(1963); Edwand Schafer, Journal of American Oriental Society, 82(1962); Siegfred Tauber, Börsenvereinder Deutschen Buch handels (Frankfurt), 17(1963); Times(London) Literary Supple ment, April 26, 1963; Wang Yi-tung, Pacific Affairs, 37(1964-65); K.T.Wu, Library Quarterly, 33(1963).

이들의 내용은 대체로 책을 소개하고 중시하는 외에 다시 일일이 예를

들지는 않았다. Needham 교수는 이 책과 T.F.Carter의 명저 《The Invention of Printing in China and its Spread Westward》를 함께 거론하였는데 전자가 후자보다 뛰어남을 은근히 말하고 있다. 이로써 전존훈의 책이 무척 존중되고 있음을 충분히 알 수 있다.

이 책은 내용을 9장으로 나누었는데 이제 그 장절章節의 목차를 개괄하여 중점이 되는 부분을 소개하고자 한다.

제1장 선인의 고대 문화유산으로 말하자면 8세기초에 조판인쇄술이 이미 발명되었음을 지적하였다. 활자판의 응용 또한 유럽의 Gutenberg보다 4백 년이 빠르다. 그밖에 정복貞卜과 청동기문자는 고대의 문자가 사람과 사람 사이의 의사소통의 구실뿐만 아니라 사람과 귀신 사이의 의사소통의 매개이기도 했음을 설명해준다. 더 나아가 관문서官文書와 당안을 토론하였는데 공자 이전의 저술은 모두 관의 문건이고, 전국시대 개인의 장서는 관문서 당고檔庫가 건립된 후의 일이라고 하였다. 진秦의 화를 당한 이후 한무제漢武帝에 이르러서야 비로소 고적들이 계통적이며 광범위하게 수집되기 시작하였다. 그리고 끝으로 종교문학의 성행을 토론하였는데 불경의 대량 빈역은 인쇄술 발명에 자극을 준 원동력이 되었다.

제2장 갑골복사 기원과 성질에서부터 발견과 연구까지 언급하고 있다. 자휘字彙에서부터 상형·회의와 형성자까지 말하고 있다. 재료와 새기는 방법에서부터 복사의 내용과 배열의 방식까지 언급하였다. 끝으로 복사가 아닌 문자기록을 말하였다.

제3장 금문·경문鏡文·전문錢文·인문印文·봉니문封泥文·도문陶文 및 전와문·금속·도기·진흙 등의 기물은 고대에 있어서 흔히 문자기록에 사용되었다. 금문은 보통 동기銅器에 보이는데 상商에서부터 한漢에 이르기까지 계속 사용되었다. 도기와 동기는 결코 같은 류의 물질은 아니나 극히 밀접한 관계에 있다. 동기의 형식은 도기에서 탈태한 듯하며 그들의 겉면에 실린 문자 역시 유사한 부분이 아주 많다. 금속의 인장을 봉니 위에 찍어 목간의 봉니로 사용했던 사실에서 그들 양자의 관계가 밀접함을 알 수 있다. 인장은 간혹 벽돌이나 기와의 관지款識를 찍는 데도 사용되었다. 그러한 제지題識가 실린 전국·한대의 전와가 오늘날까지도 아직

남아있다.

제4장 석각과 옥각 —— 문자의 기록면에서 얘기한다면 석문石文은 면적이 넓다. 현존하는 북경의 석고石鼓 10개는 문자가 실린 돌 가운데 역사적 가치가 있는 유물이다. 진秦의 석각石刻은 모두 단단한 암회색의 암석이다. 한대 이후에 각석은 원주형에서 장방형의 비碑로 변했다. 비는 땅 위에 세우는 것이고 묘 속에 묻는 것은 묘지墓志이다. 보통 2개의 돌로 이루어지는데 하나는 기석基石으로 묘지명墓志銘을 싣고 하나는 개석蓋石으로 묘명墓名을 싣는다. 나중에는 벽돌로 돌을 대신하였는데 이것이 묘전이다. 비에 글을 새긴 외에 산의 절벽에 직접 글을 새기기도 하였는데 이것을 마애摩崖라 일컫는다. 유가경전을 보호하는 데 사용된 석각이 석경이다. 불가와 도가도 석경을 새긴 것이 있다. 옥 역시 서사재료 가운데 하나이나 문자가 실린 고옥古玉으로 오늘날까지 전하는 것은 아주 드물다. 먹물로 돌 위의 글자를 탁본하는 기술이 인쇄술 발명의 선구임은 공인된 사실이다. 그것이 돌이든 금속이든 혹은 나무이든간에 관계없이 모두 종이로 조각물 위에서 부본을 얻는다.

제5장 죽간과 목독木牘 —— 고대문자로서 갑골·금석에 새긴 것이나 도기에 찍은 것은 모두 책이라 할 수 없다. 중국의 각종 서사재료의 사용은 대체로 크게 3기로 나눌 수 있다. ①죽간·목독 : 상고시대부터 서기 3세기나 4세기까지 ② 겸백 : 기원전 5세기나 4세기부터 서기 5세기나 6세기까지 ③ 종이 : 서기 2세기부터 현대까지. 본장은 전국의 죽간과 한·진의 목간木簡을 서술하고 죽목의 손질 및 고대 간의 크기와 길이, 서사에서 행수와 자수 등을 논급하였다. 끝으로 고대 서적의 기본단위와 종류·형식 및 편집·묶는 방식 등을 논술하였다.

제6장 백서帛書 —— 대다수의 고대문자기록과 최근의 과학적인 발굴은 모두 선인들이 비단으로써 의복·악기의 현·서적을 장정하는 재료 및 교역의 통화로 썼음을 보여주고 있다. 그러나 근년의 발굴 및 연구에 근거하면 비단이 서사에 사용된 것은 기원전 6,7세기에 시작되어 그 사용이 근 1천 년이나 계속되었다. 고적의 기록에 의하면 겸백은 그 종류가 무척 많은데 그 가운데 서사에 쓰인 것은 소수일 뿐이다. 전국시기부터 「죽백竹帛」이란 말은 문자기록을 대표하게 되었다. 겸백은 면이 비교적 넓고 가격

역시 비교적 비쌌다. 그러므로 죽목으로써는 담당할 수 없는 특수한 용도에만 사용되었다. 죽서竹書에 첨부하는 그림은 겸백의 특수용도 가운데 하나이다. 《한서》〈예문지〉가 기록하고 있는 병서兵書 790편은 모두 죽서인데 첨부된 그림 43권은 전부 백서이다. 고대의 지도는 본래 나무에다 그렸는데 겸백의 면적이 비교적 넓은 관계로 나중에는 나무를 대신하게 되었다.

제7장 가종이와 지권紙卷 —— 한무제 때에 태자가 종이를 들어 코를 가린 이야기는 기원전 93년에 생겼다. 이 종이는 겸백이 아닌 진짜 종이이다. 채륜이 나무껍질과 신재료로 종이 만드는 법을 발명한 이후에 종이의 사용은 중국에서만 성행한 것이 아니라 세계로 전파되었다. 서기 3세기에 서쪽으로 신강新疆에 이르렀고, 8세기에는 중동中東에 이르렀으며 10세기에는 이집트, 12세기에는 유럽에 이르렀다. 서기 4세기에 동으로 조선에 전해졌고, 5세기에 일본에 이르렀으며 7세기 전에 남으로 인도와 월남에 전파되었다. 돈황의 권축 가운데 날짜가 명기된 것은 모두 서기 406－995년 사이의 물건이며 고대 종이책의 권축형식을 연구하는 데 매우 귀중한 자료를 제공해준다. 「권卷」은 본래 말은 비단의 단위이다. 종이 발명 후에도 마는 책의 전통은 계속되다가 9세기 중엽에 이르러서야 비로소 종이를 꺾어 접어 페이지수를 나누는 서적이 되었다. 그리고 점진적인 변화·발전에 따라 오늘날의 「선장본線裝本」이 되었다.

제8장 서사도구 —— 문방사보文房四寶 ; 종이·붓·먹·벼루는 중국인이 사상을 문자로 기록하는 도구이다. 이러한 서사도구의 개선과 응용으로 중국문자의 서법書法은 예술적인 특수한 형식을 얻기에 이르렀다. 학자들은 붓의 사용은 상주시대에 이미 있었으며 붓으로 쓰기 위해서 유동성의 색소는 빼놓을 수 없는 것으로 여기고 있다. 상대의 갑골문으로부터 당시에 이미 붉은색과 검은색의 먹물이 쓰였음을 알 수 있다. 그때에는 아마 먹물을 섞는 기구가 있었을 것이다. 현재 벼루와 관계된 문자기록은 서기 1세기보다 빠른 것이 없다. 돌 외에도 전와 역시 벼루 제작에 흔히 사용되었다. 옥석·수정·은·철·동·조개껍질과 같은 특수한 물질과 심지어 대·나무 등으로도 벼루를 만들었다. 나무는 아마도 벼루갑이나 벼루의 장식을 만드는 데 쓰인 듯하다. 그밖에 서도書刀는 죽목을 손질하여 서사

에 쓰기 위해 준비하거나 간독의 문자를 고치는 데 쓰는 중요 도구이다.

제9장 결론 —— 모두 9절로 나누었다.

① 서사재료의 종류

② 고대문자의 유전

③ 명문의 시기

④ 서적의 기원과 발전

⑤ 서사와 복제기술

⑥ 중국문자의 변화 발전

⑦ 자휘의 증가

⑧ 중국문자 서사의 순서

⑨ 중국문자기록 발전의 중요요소

이 책을 처음부터 제8장까지 읽어나가다 보면 작자가 말하고자 하는 바가 아주 확연해진다. 이 9장은 그저 개괄적인 결론일 따름이다.

이담李梣

附録 二 —— 《죽백에 쓰다》의 평가

본서 영문본 《죽백에 쓰다》의 평가

본문은 1964년 8월에 출판된 《아주연구학보 Journal of Asian Studies》 제24권 제4기에 실린 것으로 작자는 영국 캠브리지대학 교수와 《중국과학기술사》의 저자인 Joseph Needham이다. 전씨 원서의 명칭은 《Written on Bamboo and Silk》이며 1962년 시카고대학에서 출판하였는데 233페이지에 그림이 28편 들어있다.

이 책은 감탄할 만한 전문저작으로 인류가 사상과 경험을 전파하는 각종 명문銘文과 그 기술을 포함하여 종이의 발명과 개량 및 서사에의 운용, 그리고 인쇄술의 발명에 이르기까지 서술하고 있다. 이 책의 성질과 분량으로 볼 때, 카터의 고전적 역작인 《중국 인쇄술의 발명과 서방전파 The Invention of Printing in China and Its Spread Westwards》와 자매편이 된다. 전존훈과 카터의 두 명작은 어깨를 나란히 하여 서로에게 비길 만한 책이라 단언할 수 있다. 물론 두 사람의 작품이 완전히 같은 것은 아니다. 카터의 책은 주注가 대단히 자세한 반면 전존훈은 자료의 질과 양, 그리고 숫자의 정확성에 대해 특별히 주의를 기울이고 있다. 예를들어 연대문제에 대해 그는 무척 신중하다. 그리고 한대漢代의 석경에 대해 언급할 때, 원석原石의 행관行款과 자수字數를 밝혔을 뿐만 아니라 현존하는 석경의 자수와도 비교하였는데, 이는 과학적으로 훈련된 독자들에게는 더욱 볼 만하게 생각될 것이다. 이런 세세한 점 외에는 전존훈과 카터 모두가 책의 내용이 확실하고 산뜻하며 하고자 하는 말이 번잡하지 않은 저작의 전범典範이다.

이 책 첫머리의 몇 장章은 중국 조기의 문자기록을 서술하고 있는데 갑골 · 복사 · 청동기의 명문 · 준거가 되는 각종의 서지書志 · 제자저작諸子著作 및 기원전 10세기내에 귀중하게 간직되었던 소장서所藏書 등 상술하지 않은 것이 없다. 전존훈은 「분서焚書」사건에 깊은 아쉬움을 표현하였으나 기원전 206년 진秦의 궁실이 반란군에게 포위되어 소실될 때 입은 막대한 손실은 진시황의 분서보다 더 심했을 것이라고 하였다. 다음으로 그는 청동기 명문이 중국문화에 있어 한송이 꽃과 같은 귀한 존재라고 하였으며 아울러 도문과 봉니에 대해 논술하였다. 동銅을 주조하는 과정에서 낱자의 글자 용법은 후대 11세기 활자판 발명의 길을 열었다고 볼 수 있다. 이는 용경容庚의 1941년 작품(역자注 :《상주이기통고商周彝器通考》, 하버드 연경학사 출판) 가운데 말한 바 있으나 전존훈은 언급하지 않았다. 전존훈은 계속해서 옥석玉石과 인장의 문자에 대해 서술하였고 아울러 석경에 대한 연구도 인용하여 넣고 있다.

　이어서 전국시기에서 한대에 이르는 간독에 대해 논술하였다. 여기서 우리는 그 시기의 서적 제작에 관한 최신의 서술을 읽을 수 있다. 그 내용을 보면 서기 94년의 병기책兵器冊의 그림과 죽간에 쓰고 삼끈으로 엮었다는 내용을 담고 있다. 이 책은 또한 1959년 양주涼州(무위)에서 발견된 《의례》의 잔편을 소개하고 있는데 385개의 간으로 7편篇이 남아있다.

　전국시대와 한대에 사용했던 그밖의 서사재료로 견소絹素가 있는데 전존훈은 여기에 관해 상세히 서술하였다. 견소는 지도를 제작하는 데 이상적인 재료이다. 장사에서 발견된 초국楚國의 백서는 출토된 시일이 꽤 오래된 뒤에야 부본을 촬영했는데 원본은 이미 암갈색으로 변하여 판독할 수 없다. 비록 많은 학자들이 이에 대해 연구를 하였으나 지금에 이르기까지 정론定論이라 칭할 만한 성과가 없다. 전존훈은 책 속에서 양잠의 기술을 서술한 바 있는데 양잠은 종이 발명의 근원이다. 일찍이 전국시대 사람들은 누에고치를 물 속에서 매만져 명주실을 얻었는데 실을 빠는 과정에서, 아주 얇은 섬유가 자리 위에 한 층 붙었다가 물이 빠지고 마르고 나면 아주 얇은 편片을 이루는 것을 우연히 발견하였다. 그러나 약 서기 1백년을 전후하여 채륜이 종이를 만들 착상을 했음은 의심의 여지가 없다. 그는 나무껍질·마두麻頭·낡은 천과 어망·못 쓰게 된 솜 등을 이용하여 종이를 만들었다. 현존하는 최고의 글자가 있는 종이는 채륜 시기에 제작되었다. 아마 그가 발명하였던 종이를 황제에게 바치기 전에도 종이는 이미 존재하고 있었을 것이다. 끝으로 전존훈은 붓의 기원과 먹의 제조 및 개량을 서술함으로써 끝을 맺었다.

　이 책은 매우 상세한 참고자료서목과 완비된 중국 자휘를 갖추고 있다.

조셉 니담 李約瑟

圖
版

圖1. 귀복갑복사龜腹甲卜辭(약 기원전 1,300년)
　　우반상右半上, 좌에서 우로 : 丙子卜, 韋貞 : 我受年?
　　좌반상左半上, 우에서 좌로 : 丙子卜, 韋貞, 我不其受年?

圖2. 수골복사獸骨卜辭(약 기원전 1,300년)
복순사卜旬辭가 삼단으로 되어 있으며 모두 128자가 실렸다.

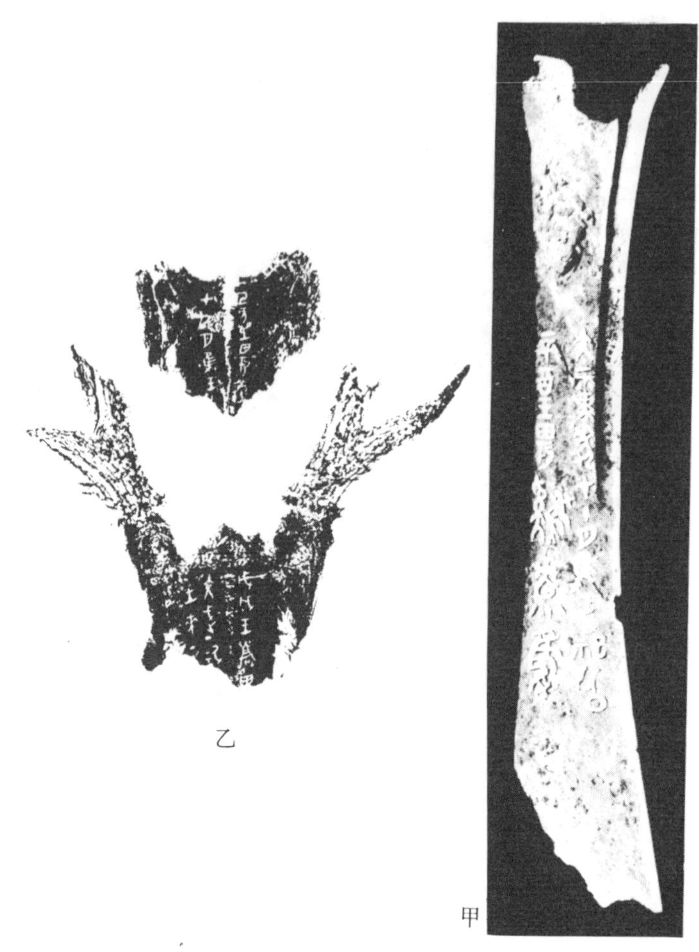

圖3. 수골기사문獸骨記事文
　　(甲)호골각사虎骨刻辭(약 기원전 1152년)
　　(乙)녹두골각사鹿頭骨刻辭(약 기원전 1160년)

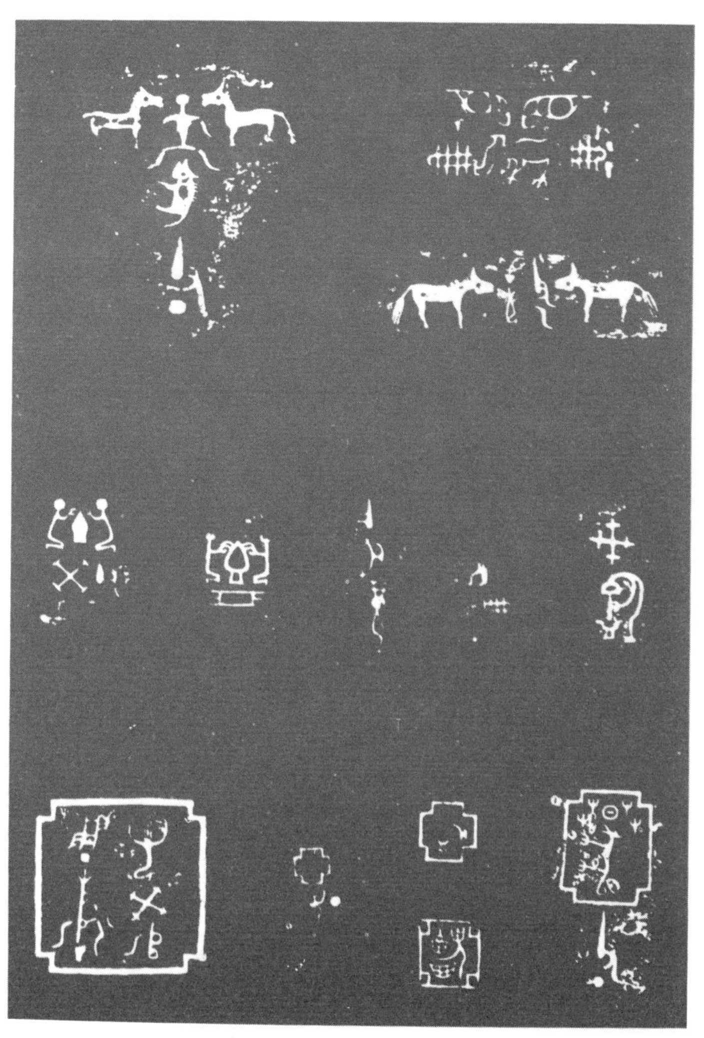

圖4. 상대商代의 금문金文
　　(上)동물이 있는 상형문자
　　(中)인류의 생활을 표현한 문자
　　(下)亞형이 있는 문자

圖5. 주대周代 동기의 명문銘文
    서주西周의 주공구周公設(약 기원전 11세기)
    명문은 그릇 바닥에 새겨놓았다.

圖6. 동경銅鏡의 명문
　　동한東漢의 구리 거울은 무늬가 정교하고
　　세밀하다. 명문銘文은 안의 테두리를
　　구성하고 있으며 둘레에는 네모 반듯한
　　도안이 둘러싸고 있다.

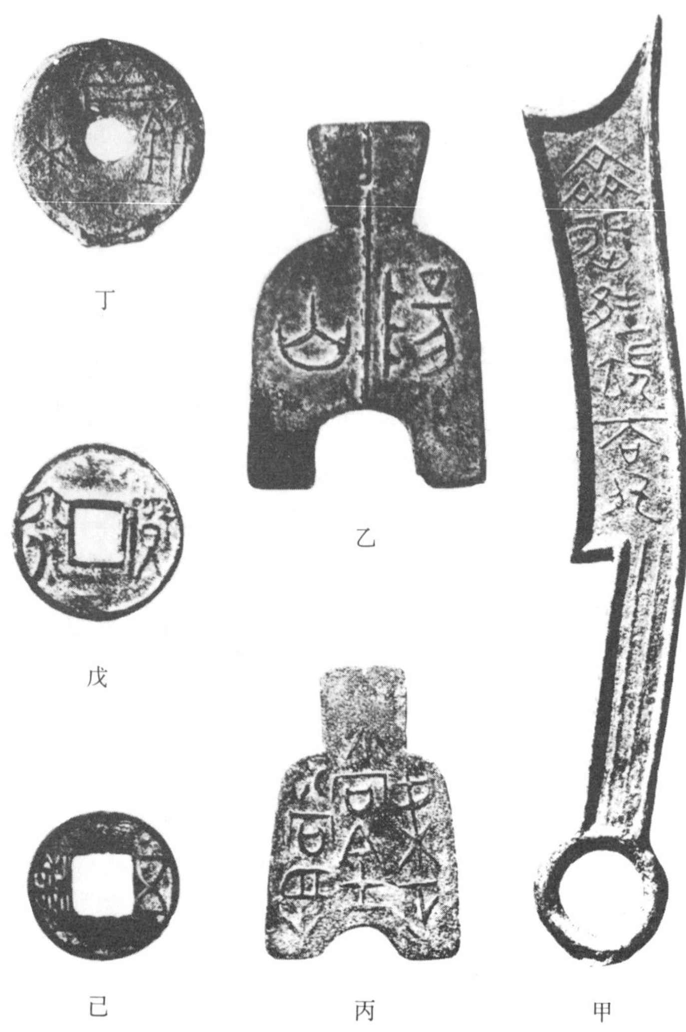

圖7. 고전문자古錢文字
    (甲)도폐刀幣　(乙)(丙)布幣
    (丁)원공전圓孔錢　(戊)방공전方孔錢　(己)오수전五銖錢

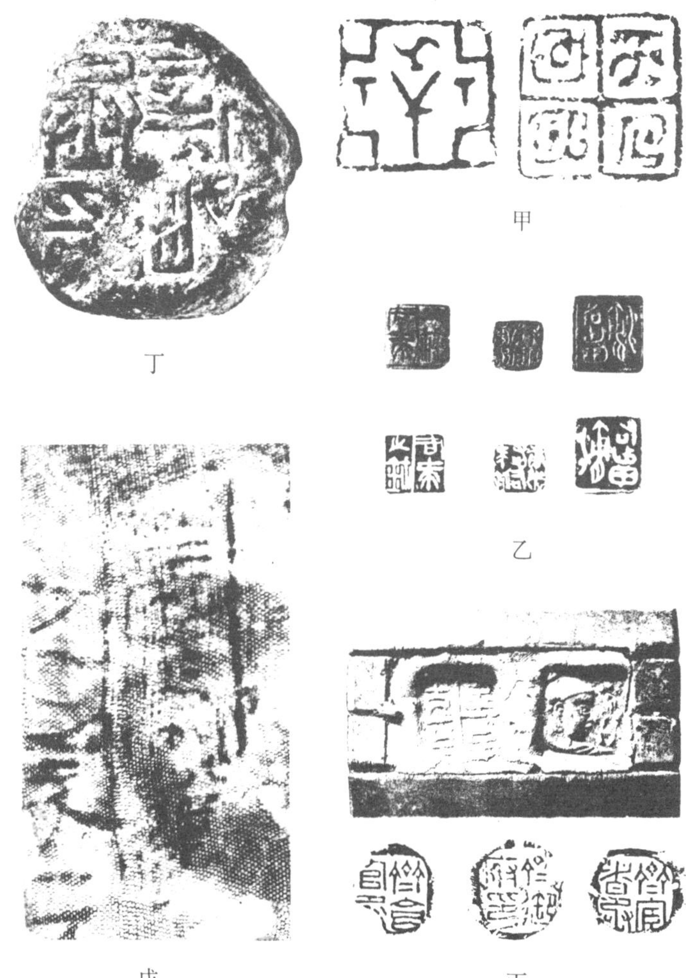

圖8. 인장과 봉니封泥문자
　　(甲)안양安陽의 동인銅印의 인문印文
　　(乙)만주晩周의 동인과 그 인문
　　(丙)봉니
　　(丁)한대漢代의 니인泥印
　　(戊)동한東漢 임성任城의 비단 위의 인문(2배 확대)

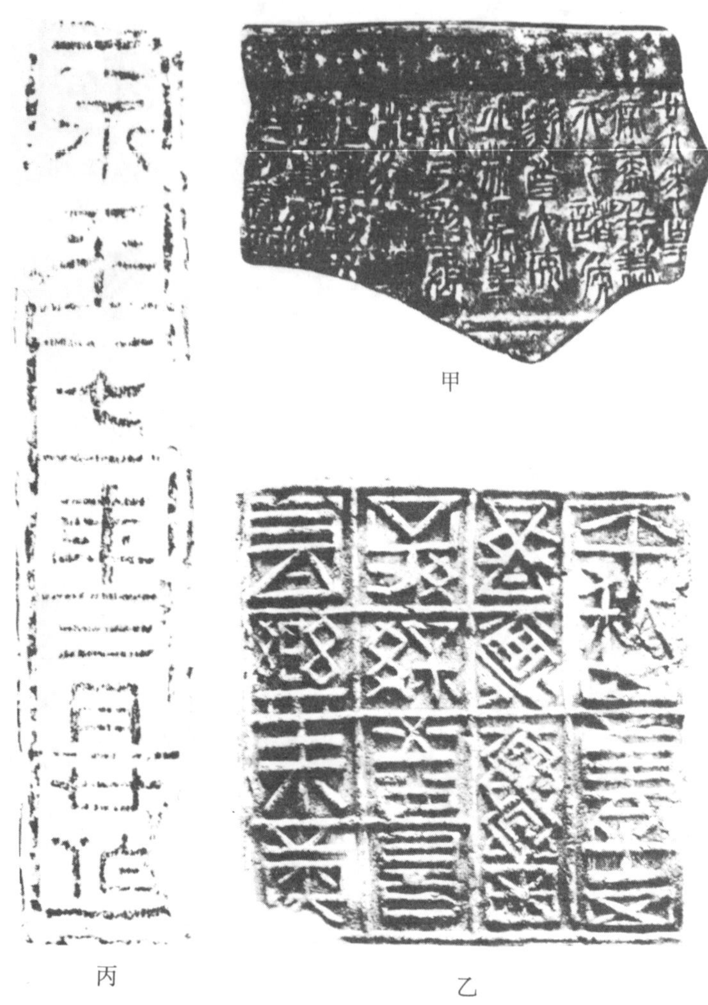

圖9. 도기 및 전와磚瓦의 명문
    (甲)진秦 도량陶量의 잔편
    (乙)한漢 벽돌의 명문
    (丙)영평永平7년(서기 64년)의 벽돌 명문

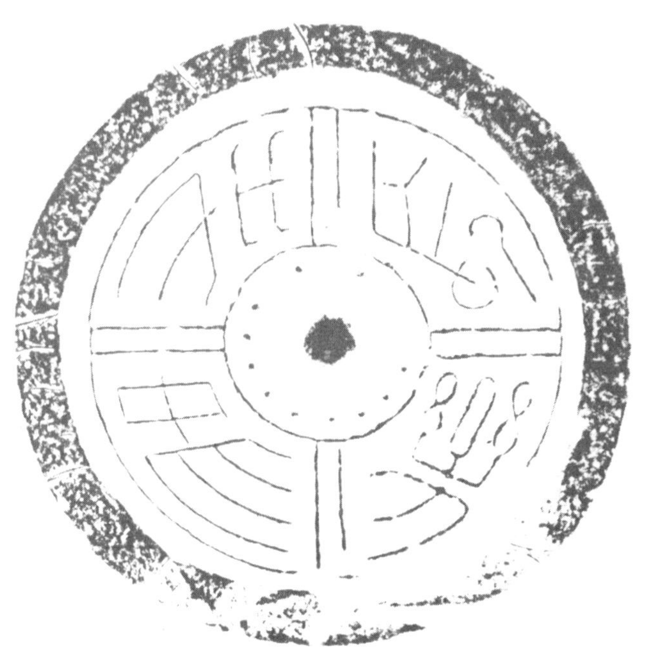

圖10. 와당瓦當문자
　　　한대漢代 와당의 모양(上)과
　　　「장락미앙長樂未央」이란 명문의 탁본(下)

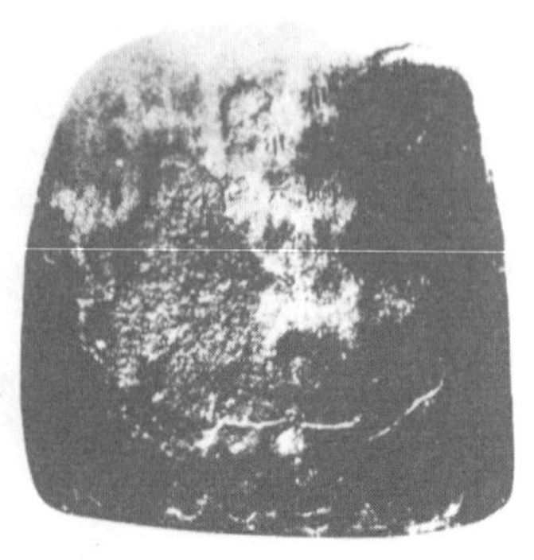

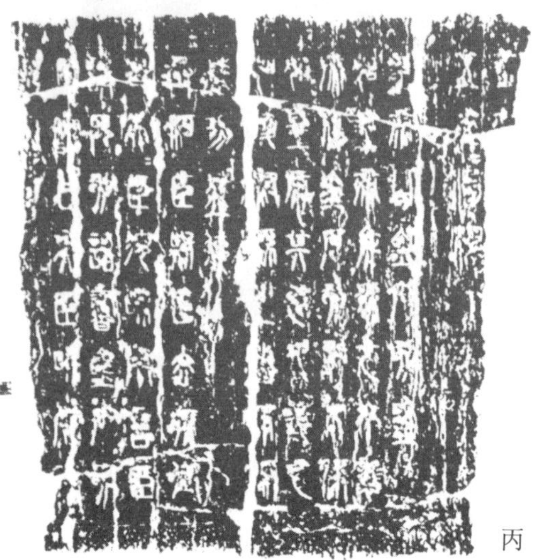

圖11. 진대秦代의 석각
　　(甲)석고石鼓의 모형
　　(乙)석고문 탁본
　　(丙)산동 낭아瑯玡의 석각 탁본

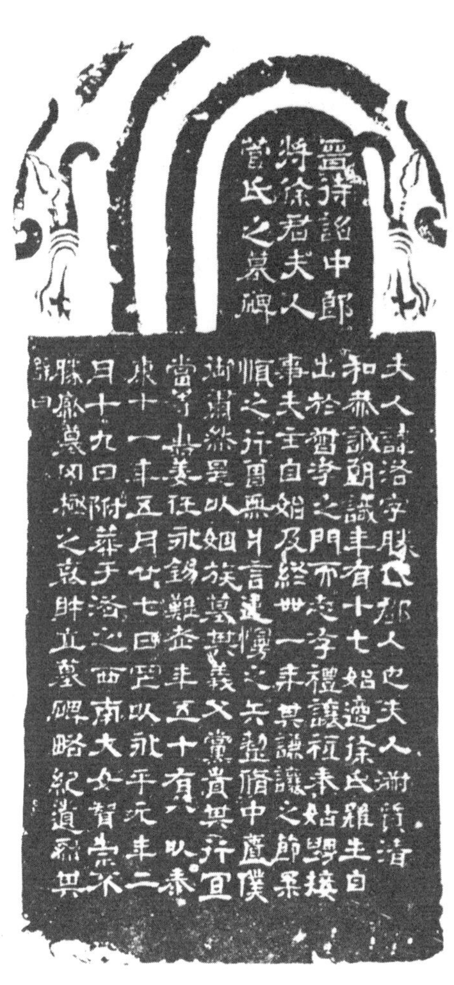

圖12. 묘지명墓志銘과 지권地券
　　　(甲)납으로 된 매지권(서기 85년)
　　　(乙)석각 관낙管洛의 묘비(서기 291년)

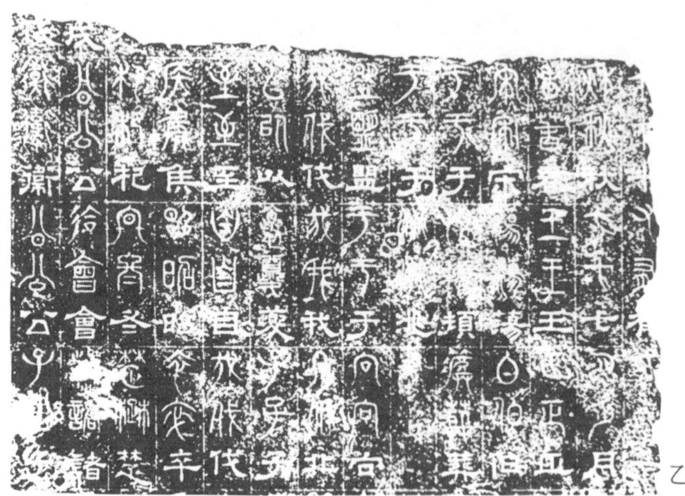

圖13. 석경石經
　　(甲)현존 최대의 동한東漢 때 석경으로 춘추공양전春秋公羊傳의 잔편
　　(乙)위魏의 삼자석경三字石經, 춘추春秋

圖14. 불경석각
하북河北 방산房山에 있는 7천불경 석각의 하나.
서기 550년부터 시작되었다.

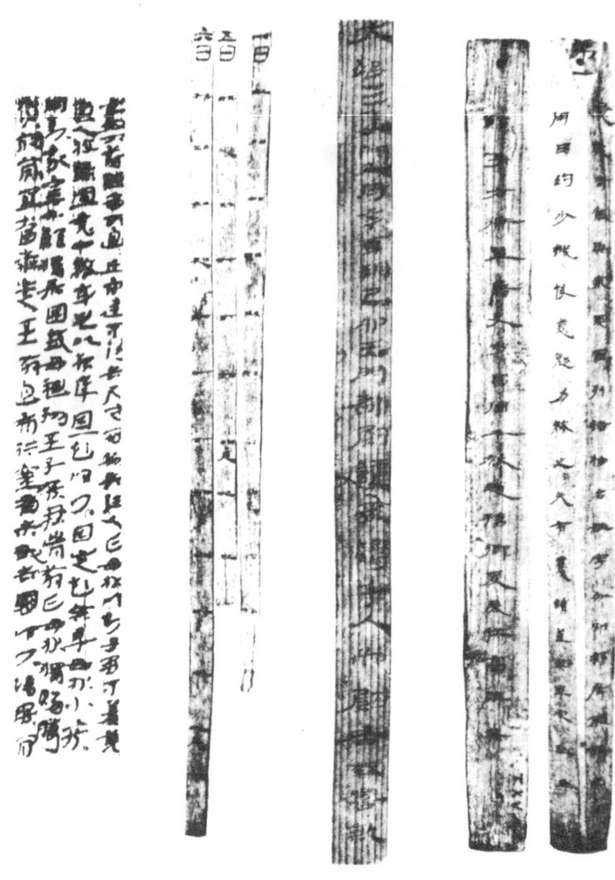

圖15. 한대漢代의 목각木刻
　(甲)교학용으로 쓰인 삼면형 목독
　(乙)한태시漢太始 3년(기원전 94년)의 목독
　(丙)한 원강漢元康 3년(기원전 63년)의 역서曆書
　(丁)4행으로 문자가 기록된 목독

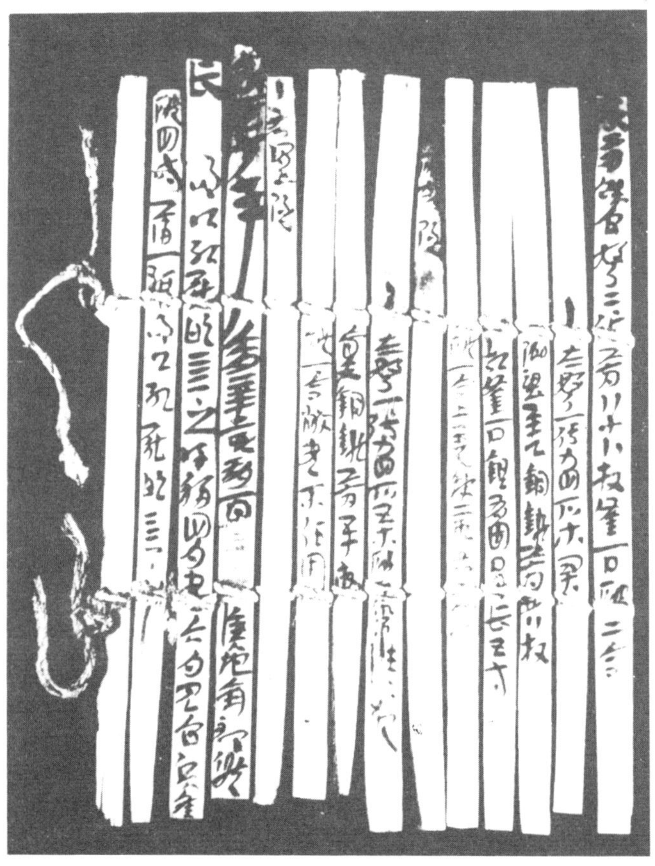

圖16. 동한東漢의 기물책器物册
　　　거연居延에서 출토된 것으로, 영원永元 5년에서 7년
　　　(서기 93년~95년)간에 씌어진 광지廣地의 병기책丙器册
　　　말단으로　모두　목독　77개이며　양끝은　끈으로　엮어져　있다.

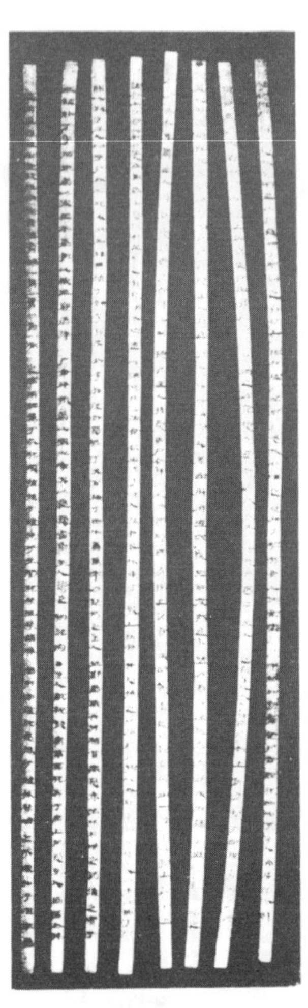

乙　　　　　　　　　甲

圖17. 동한東漢 무위武威의 장간長簡
(甲)특별히 긴 간독의 모양
(乙)장간의 부분

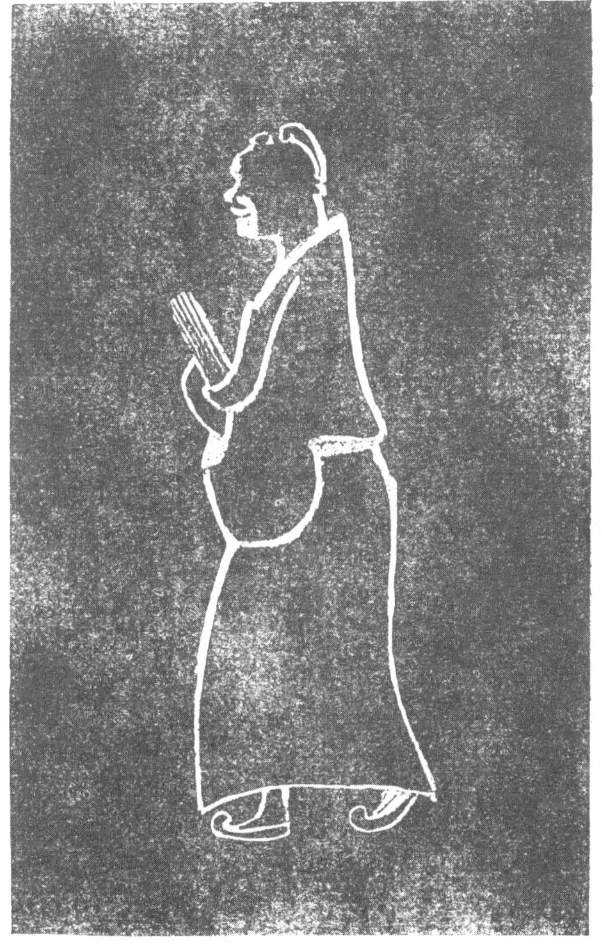

圖18. 포간도抱簡圖
　　　한대漢代 묘전墓磚에 사관史官이 간책 일 속束을
　　　안고 가는 그림이 그려져 있다.

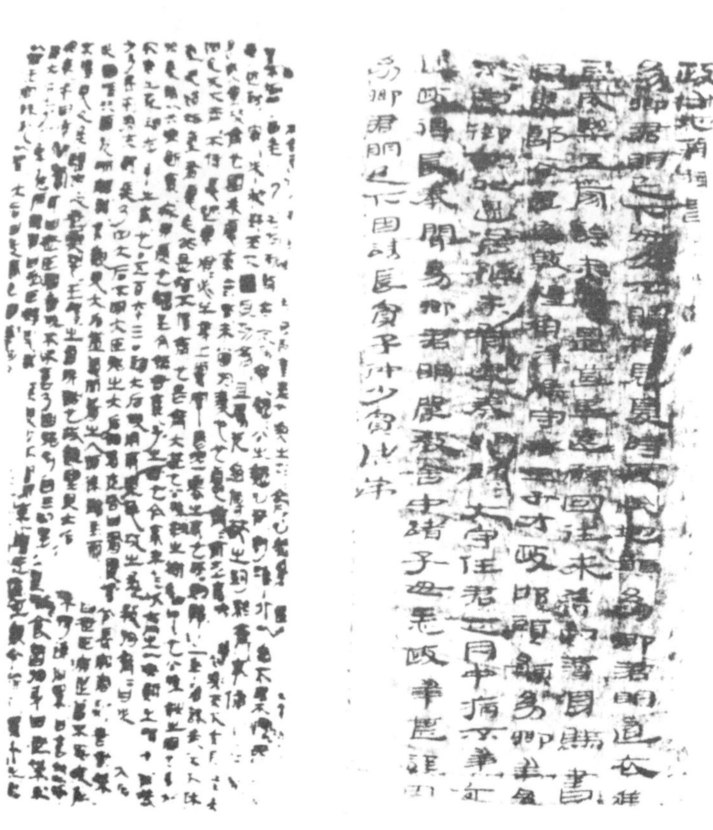

圖19. 한대의 백서帛書
   (甲)돈황에서 발견된 동한의 백서
   (乙)장사長沙 마왕퇴馬王堆에서 출토된 서한西漢의 백서 전국책戰國策

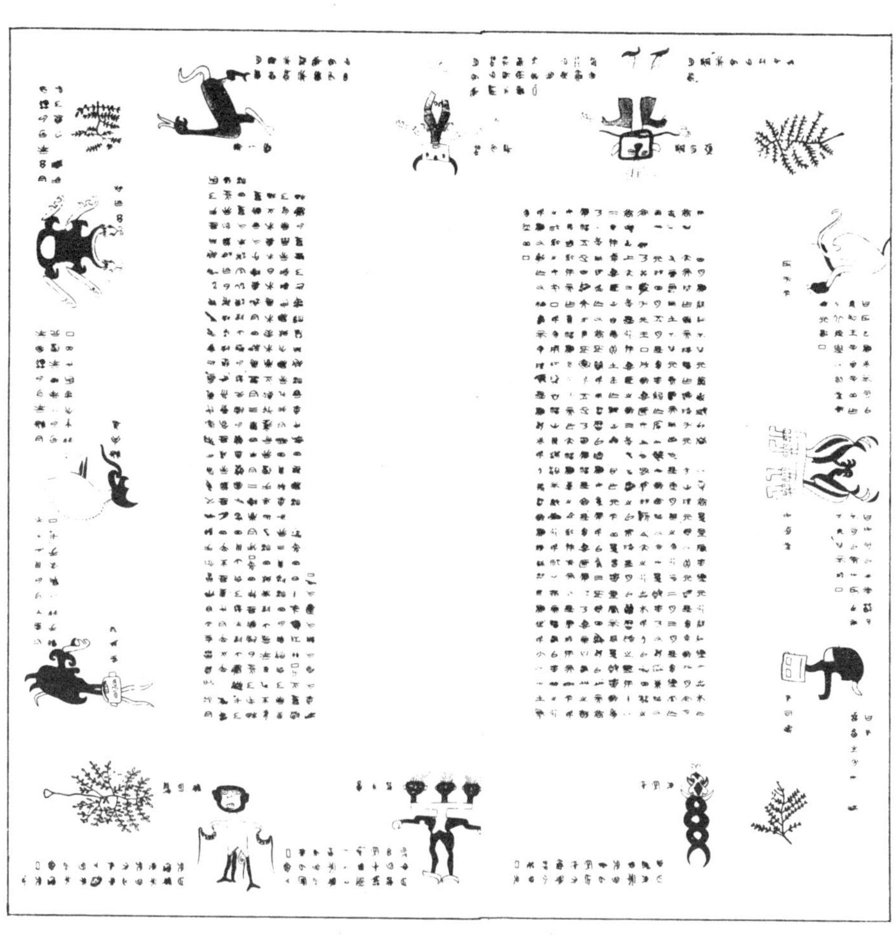

圖20. 전국戰國의 회서絵書

　이 그림은 자외선 사진에 근거하여 손으로 그린 모본摹本이다.
원 그림은 비단 위에 그려져 있으며 정문正文은 2단으로
반대로 배열되어 있다. 사면에는 12월의 신상을 그려놓았고
네 귀퉁이에는 채색 식물이 있다. 그림 중에 흑색은 원래 붉은색이며
짙은 회색은 갈색이고 엷은 회색은 남색이다.

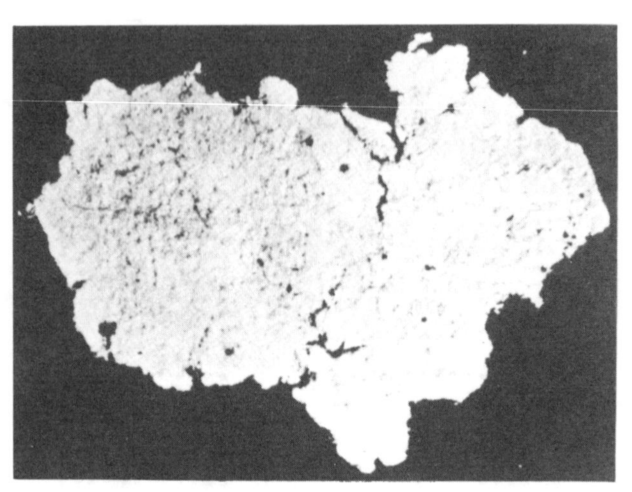

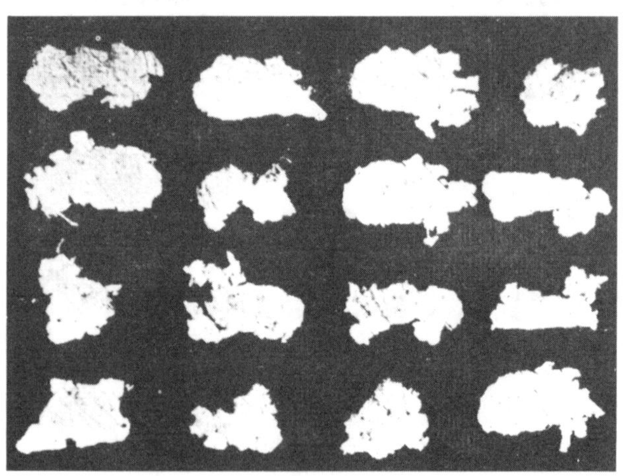

圖21. 서한西漢의 잔지殘紙
    섬서 패교에 있는 서한의 고묘 중에서 발견된 잔지 파편

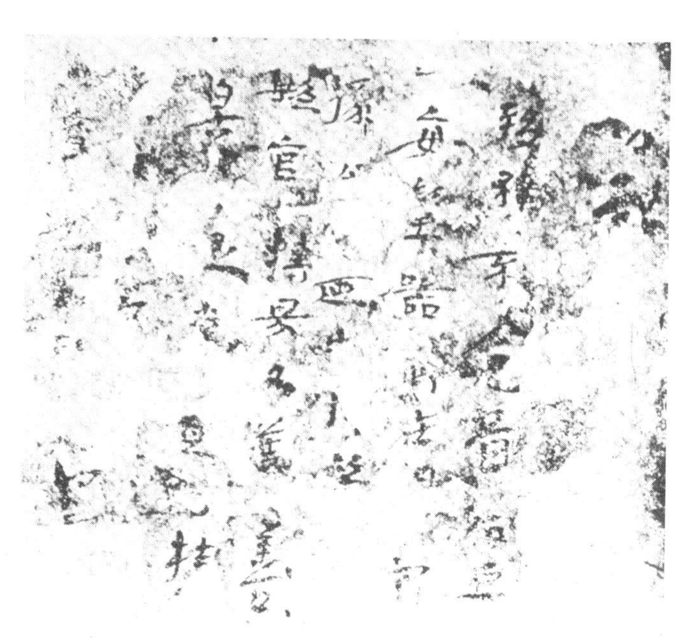

圖22. 동한東漢시의 글자가 있는 잔지殘紙
거연에서 출토된 잔지로 예서隷書 20여 자가 있으며
대략 채륜蔡倫과 동시대였다.

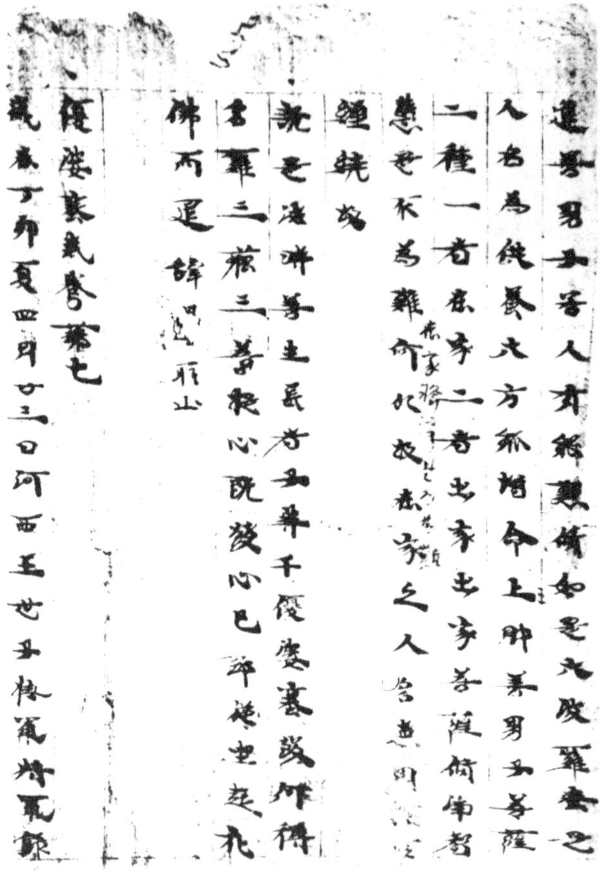

圖23. 동진東晉의 지권紙卷
　　　신강新疆의 토곡욕吐谷峪에서 발견된
　　　서기 4세기경의 불경 사권寫卷

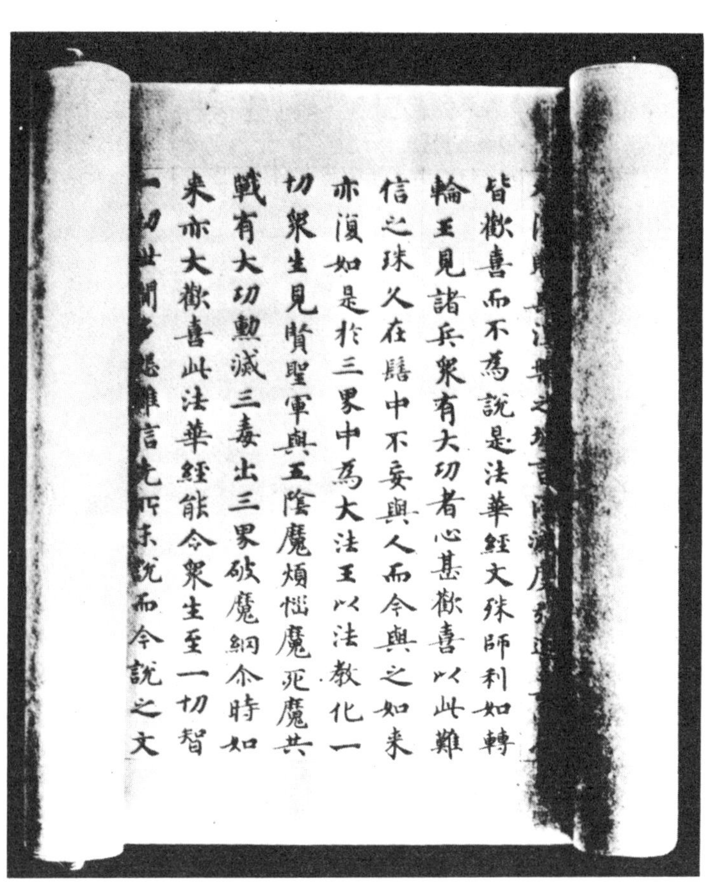

圖24. 당인사경唐人寫經
　　돈황敦煌에서 당 대력大曆 9년(서기 774년)에 쓰여진
　　불경의 지권紙卷이 발견되었다.

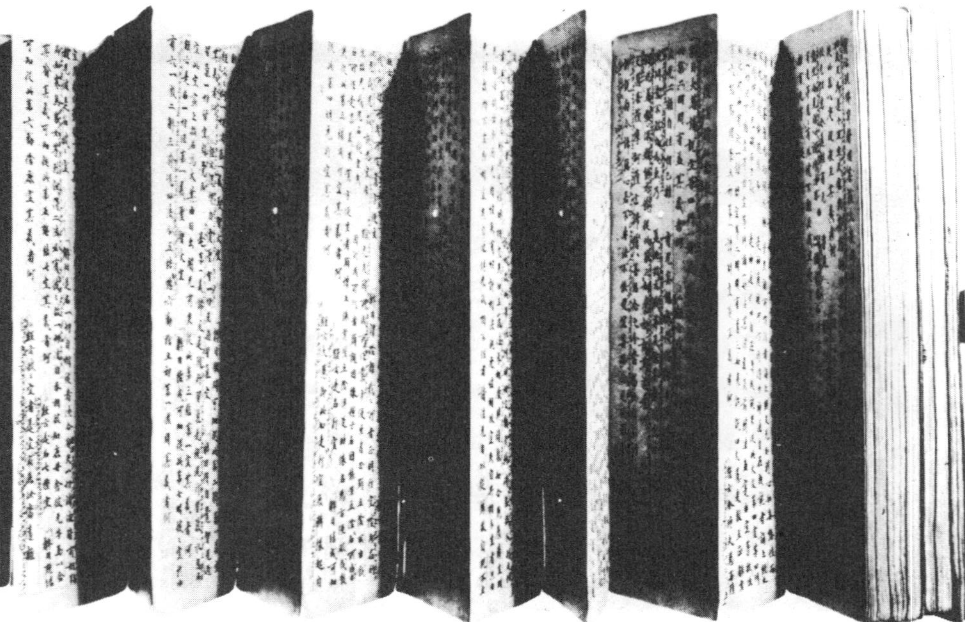

圖25. 당대 경접본經摺本
돈황에서 발견된 입능가경소入楞伽經疏.
계 211엽葉으로 첩첩이 연이어 접혀진 선풍장旋風裝으로 되어 있다.

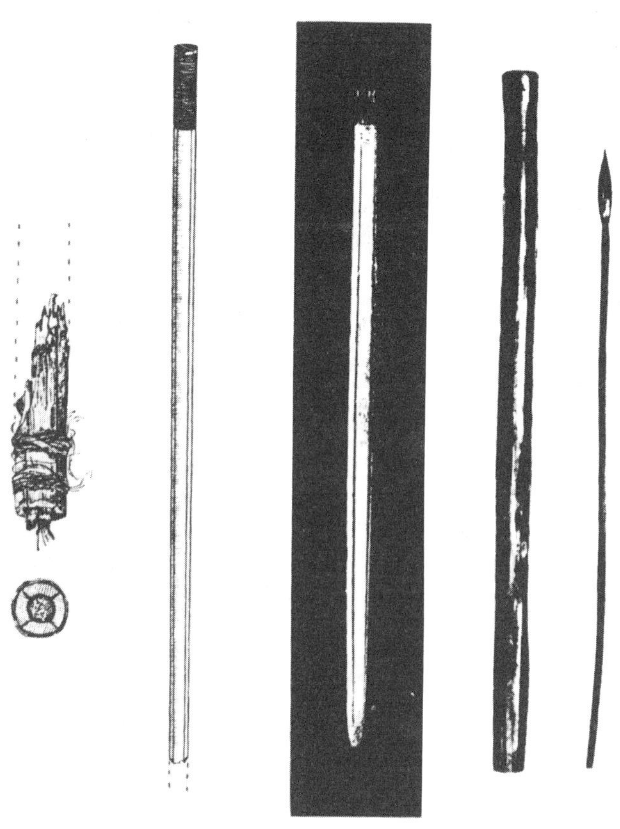

圖26. 고대의 모필毛筆
  (甲)장사에서 출토된 전국시대의 모필과 필관筆管
  (乙)거연居延에서 출토된 한대의 나무 모필
  (丙)거연 부근에서 출토된 목필관木筆管과 모필두毛筆頭

圖27. 한대의 서사 공구
　　하북 망도望都에 있는 한대의 벽화,
　　사관이 세 발 달린 벼루 앞에 앉아있고
　　원추형의 묵환이 벼루 위에 놓여있으며
　　옆에는 물이 담긴 그릇이 놓여있어 먹을 갈 때 사용되었다.

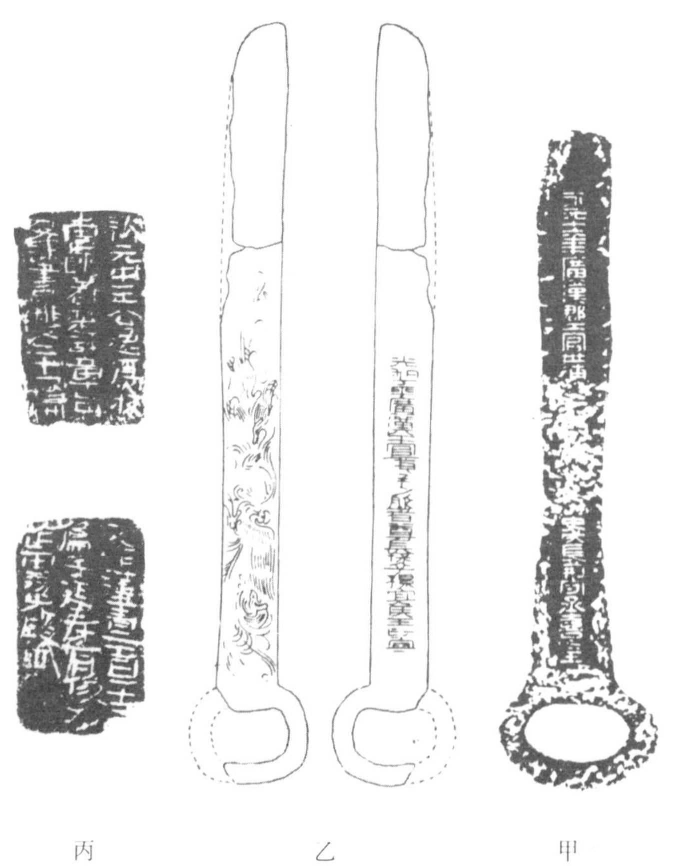

圖28. 서도書刀와 서첨西籤
　　(甲)한 영원永元 16년(서기 106년)의 서도, 명문은 금으로 아로새겼다.
　　(乙)성도成都에서 출토된 한漢 광화光和 7년(서기 184년)의 비봉서도飛鳳書刀
　　(丙)진晉 왕일王逸의 아첨牙籤

金允子

1961년 서울 출생.
성균관대학교 중어중문과 졸업.
현재 대만 국립사범대학에서 문자학 전공

문예신서
11

中國古代書史

초판발행 : 1990년 3월 15일

지은이 : 錢存訓
옮긴이 : 金允子
펴낸이 : 辛成大
펴낸곳 : 東文選

제10-64호, 78. 12. 16 등록
서울 종로구 관훈동 74
전화 : 737-2795
팩스 : 723-4518

ISBN 89-8038-311-8 94720
ISBN 89-8038-000-3(세트)

東文選 文藝新書 125

중국은사문화

馬　華·陳正宏【著】
姜炅範·千賢耕【譯】

　　중국에는 이 세상에서 은사가 가장 많았고, 그 은사들의 생활은 〈숨김(隱)〉으로 인해 더욱 신비스럽게 되었다. 이 책은 은사계층의 형성에서부터 은사문화의 특징에 이르기까지 구체적이고 생동감 넘치는 수많은 사례를 인용하였고, 은사의 성격과 기호·식사·의복·주거·혼인·교유·예술활동 등을 다각도로 보여 준다. 또한 각양각색의 다양한 은사들, 즉 부귀공명을 깔보았던 〈세습은사世襲隱士〉, 험한 세상 일은 겪지 않고 홀로 수양한 〈일민逸民〉, 부침이 심한 벼슬살이에서 용감하게 물러난 조정의 신하, 황제의 곡식을 먹느니 차라리 굶어죽기를 원했던 〈거사居士〉, 입조入朝하여 정치에 참여했던 〈산 속의 재상〉, 총애를 받고 권력을 휘두른 〈처사處士〉, 그리고 기꺼이 은거했던 황족이나 귀족 등 다양한 은사들의 다양한 은거생활과 운명에 대해 서술하였다. 그들 중에는 혼자서 은거한 〈독은獨隱〉도 있으며, 형제간이나 부부·부자나 모자 등 둘이서 은거한 〈대은對隱〉도 있으며, 셋이나 다섯이서 시모임(詩社)이나 글모임(文社)을 이루어 함께 은거하는 경우도 있었다. 그들은 대부분 산 속 동굴에 숨어 살거나, 시골 오두막에 깃들거나, 산에서 들짐승과 함께 평화롭게 살거나, 혹은 시체 구더기와 한방에서 산 사람도 있었다. 이들은 소박한 차와 식사를 했지만 정신만은 부유하여, 혹 산수시화山水詩畵에 마음을 두고 스스로 즐기거나 물외物外의 경지로 뛰어넘어 한가롭고 깨끗하게 지냈으며, 심지어는 마음이 맑고 욕심이 적어 평생 아내를 맞이하지 않기도 하였다. 이 책은 은사생활의 모든 면을 보여 주는 동시에, 중국 고대사회에서 은사들이 점했던 특수한 지위와 중국문화에 은사문화가 미친 영향 등에 대해 깊이 있는 연구를 진행하였다. 풍부하고 생생한 내용에는 재미있는 일화도 있지만, 깊이 있는 견해 또한 적지 않다. 중국문화의 심층을 이해하는 데 상당한 도움을 줄 것이다.

道敎와 中國文化

葛兆光 ──── 著
沈揆昊 ──── 譯

중국에서의 도교는 단지 종교적인 의미보다는 중국문화 전반에 걸친 역사이자 중국인의 삶의 흔적이다. 본서에서는 중국문화의 토양 속에서 도교의 철리와 신의 계보, 의식과 방법 등의 형성과 정형화 되는 과정, 도교의 발전과정, 도교와 사대부, 도교와 문화, 도교와 세속문화의 관계를 상세히 논술하고 있다.

중국문화를 받치고 있는 세 가지 커다란 기둥인 유학·불교·도교를 각기 구분한다는 것은 불가능할 뿐만 아니라 아무짝에도 쓸모없는 일일 것이다.

그러나 보다 정밀하게 살펴본다면, 이 세 가지가 중국문화에 끼친 영향 가운데에는 각기 나름의 고유한 영역이 있으며 그 흔적이 남아 있음을 알 수 있다.

만약 유가의 학설이 사람들의 사회생활 속에서 자아가치를 실현하는 측면에 치중하고 있다면, 불교는 사람들의 내재적인 정신생활의 심리적 만족의 측면에 치중해 있고, 도교는 사람들의 생명의 영원함과 즐거움에 치중해 있다고 말할 수 있다. 또한 유가의 학설이 인간의 의식 심층에 잠재되어 있는 욕망의 역량을 매우 다양하게 사회 이상의 방향으로 승화시키고, 전화시키는 방향으로 노력하고 있다고 말한다면, 불교의 경우는 내심으로 억압하고 소멸시키는 방향으로 나아가고, 도교의 경우는 오히려 이러한 것에 영합하는 쪽으로 나아가 허황된 것일망정 만족과 배설의 기쁨을 만끽하도록 만든다고 말할 수 있을 것이다.

〈중국의 뿌리는 도교이다〉라고 일찍이 노신이 말한 것처럼 이 도교를 모르고서 중국문화, 더 나아가 동양문화를 이해한다는 것은 불가능하리라. 중국에서의 도교는 단지 종교적인 의미보다는 중국문화 전반에 걸친 역사이자 중국인의 삶의 흔적이다.

북경의 청화대학淸華大學의 젊은 학자인 저자는 이 책의 상편에서 중국문화의 토양 속에서 도교의 철리와 신의 계보, 의례와 방술 등의 형성과 정형화되는 과정을, 중편에서는 도교의 발전과정을, 하편에서는 도교와 사대부, 도교와 문학, 도교와 세속문화와의 관계에 대해 논술하고 있다.

그는 특히 이 책에서 이제까지 중국 대륙에서 유행해 온 교조주의적이거나 판에 박은 듯한 틀을 벗어나 사상사나 철학사에 예속된 종교연구이거나, 다만 종교 자체에 대한 논술에 그치지 않고 도교를 완전한 의미의 종교로 환원시키고자 하였으며, 또한 중국문화의 관점에서 이를 연구 검토하고 있다. 한 걸음 더 나아가 도교 역시 인간이 만든 문화일 뿐이라는 사실을 새삼 주지시켜 주고 있다. 이 점은 자칫 빠지기 쉬운 함정, 도교는 귀신에 관한 허황된 이야기일 뿐 우리의 삶과는 하등의 관계가 없다는 오해를 불식시켜 준다.

기독교를 앞세운 서양문화가 이 땅에 밀려오면서 현대화·과학화·사대주의 탈피·미신타파라는 구호 아래 뿌리째 뽑혀 사라져간 우리의 소중한 것들, 민속·무속, 등등. 이것들과 함께 불태워진 우리의 도교문화를 되돌아보고 연구하는 데 일조를 할 것으로 믿으며, 아울러 민족종교라는 이름으로 번창하는 〈종교사업〉들 실상을 냉철하게 바라볼 수 있는 가늠자 역할을 충분히 해낼 수 있으리라고 생각한다.